农业法律研究论丛

（2015）

农业部产业政策与法规司
农业部管理干部学院
中国农业经济法研究会
——编

法律出版社
LAW PRESS · CHINA

卷 首 语

当前，我国经济发展进入新常态，新型工业化、信息化、城镇化、农业现代化持续推进，农村经济社会深刻变革，农村改革涉及的利益关系更加复杂、目标更加多元、影响因素更加多样、任务也更加艰巨，党的十八届四中全会通过了《中共中央关于全面推进依法治国若干重大问题的决定》，对“依法治国”各项工作作出了全面部署，2015 年中央一号文件也指出要“围绕做好‘三农’工作，加强农村法治建设”，要“善于运用法治思维和法治方式做好‘三农’工作”。这昭示着农业法治建设在“三农”工作全局中的地位更加突出、作用更加重大。

农业法律研究是农业农村法治建设的重要内容和基础性工作。加强新时期新形势下的农业法律研究要顺应现代农业内涵愈益丰富、功能不断拓展的发展趋势，在市场化、国际化的大背景下和农业现代化与工业化、信息化、城镇化同步发展的总要求下，着力研究回答现实课题。要把社会公平正义的法治理念、强农惠农的政策导向、发达国家现代农业的建设经验和我国的国情、农情统一到农业法律研究实践当中去，这是服务和促进农业法治建设必不可少的基础。

2011 年至 2014 年，在农业部产业政策与法规司的指导和支持下，农业部管理干部学院和中国农业经济法研究会连续四年出版了《农业法律研究论丛》，受到了农业及法学领域的一致欢迎。今年，我们继续编辑出版《农业法律研究论丛(2015)》。这部专辑分设“特稿”、“立法前沿”、“土地制度”、“农业执法”和“域外法制”五个板块，18 篇论文，涉及农村土地改革、集体经济组织立法、农业执法及国外农业法律发展动态。

开拓新领域、研究新课题、推动新发展，团结同仁、凝聚共识、服务

“三农”,是我们的责任和使命。我们热切期望法学界、农业界和社会各界人士关心支持《农业法律研究论丛》的编辑出版,通过大家的共同努力搭建一个平台,每年推出新成果,为农业法律研究和农业法制实践贡献力量。

编　者

2015 年 12 月

目　录

农业执法

域外法制

特稿

我国农村土地权利的构成及配置研究

课题组*

党的十八届三中全会对深化农村土地制度改革做出了部署。深化农村土地制度改革,其实质是要对农村土地权利的构成和配置进行改革完善,解决集体、农户以及第三方等不同主体对农村土地享有哪些权利的问题。农地权利的合理配置和有效行使,不仅有利于正确处理集体和农户的关系,在坚持土地集体所有的前提下保障农民的土地权益,也有利于促进农村土地市场发育,使土地在流转中实现其资产和资源价值,从而为"落实集体所有权、稳定农户承包权、放活土地经营权"提供具体实现形式。

一、农村土地权利的概念和内涵

权利是某人享有或拥有的某种资格、利益、能力或主张,他人负有不得侵夺、妨碍的义务①。农村土地权利即是指农村土地法律关系当事人对农村

* 课题主持人:陈晓华;课题组成员:张天佐、李生、李迎宾、冯汉坤、冯慧。
陈晓华:农业部党组成员、副部长。
张天佐:农业部产业政策与法规司司长。
李生:农业部产业政策与法规司巡视员。
李迎宾:农业部产业政策与法规司立法协调处处长。
冯汉坤:农业部产业政策与法规司立法协调处副处长。
冯慧:农业部产业政策与法规司立法协调处副处长。

① 夏勇主编:《走向权利的时代》,中国政法大学出版社1995年版,第1~2页。

土地享有的资格、利益、能力或主张。基于土地的财产性质,农村土地权利总体上属于财产权的范畴,但其中的个别权利,如继承权等,也带有人身权的属性。

农村土地权利具有多样化的特点。依据《物权法》、《土地管理法》、《农村土地承包法》的规定,农村土地权利总体上包括集体土地所有权、土地承包经营权、宅基地使用权、其他集体建设用地使用权四种,第一种属于所有权范畴,解决的是土地归属问题;后三种属于用益物权范畴,解决的是土地利用问题。在上述四种权利之下,还有若干的子权利,如转让权、出租权、抵押权等。因此,农村土地权利是包括诸多权利在内的一组权利束。

与土地权利相关的还有财产权、产权、物权、所有权等概念。在民法上,财产权是与人身权相对应的。广义的财产权,包括物权、债权、继承权和知识产权中的财产权利。但在传统意义上,财产权往往就是指物权。产权是经济学上常用的术语,对于其内涵有不同的观点。一种观点认为产权就是财产所有权。如《辞海》将产权解释为"财产的所有权。一般指不动产所有权"①。所谓的"农民对土地没有产权"就是在这个意义上使用的。另一种观点将产权与所有权并列,如有学者认为"土地制度包括两个基本制度,一是土地的所有制度,它主要解决土地的归属问题,明确土地所有权主体。二是土地的产权制度,它所涉及的是土地如何利用和有效使用问题,主要包括土地使用以及土地流转和转让制度。"②第三种观点认为,产权即是指财产权。考察产权的英文"property rights",第三种观点无疑更为准确,也具有更多的共识。党的十六届三中全会通过的《中共中央关于完善社会主义市场经济体制若干问题的决定》就将"物权、债权、股权和知识产权等各类财产权"都纳入了产权的范畴。物权和所有权则是财产权的下位概念,物权是指权利人依法对特定的物享有直接支配和排他的权利,包括所有权、用益物权和担保物权。所有权是物权中最重要也最完全的一种权利,具有绝对性、排他性、永续性三个特征,享有占有、使用、收益、处分这四项权能的全部。

土地是典型的不动产,农村土地权利总体上属于物权范畴。根据"物权法定"的原则,物权的种类和内容,由法律规定;物权的取得和行使,应当遵守法律。据此,农村土地权利的名称、数量、权能等,只有在法律有明确规定

① 辞海编纂委员会:《辞海》缩印本,上海辞书出版社1989年版,第4672页。

② 高尚全:"土地制度改革的核心是建立新型的产权制度",载《经济研究》1991年第3期。

的情况下，才能构成法律意义上的权利。

二、明晰农村土地权利的意义

作为“一切生产和一切存在的源泉”①，土地与国计民生、治乱兴衰直接相关。围绕土地权利展开的土地归属及利用问题，始终是我国历代统治者关注的头等大事。

新中国成立以来，我国通过农业合作化和人民公社运动，逐步建立了“三级所有、队为基础”的农村集体土地所有制。改革开放后，针对“集体所有、集体使用”导致的“大锅饭”、平均主义弊端，我国又在农民自发创造的基础上建立了农村土地承包经营制度，形成了“集体所有、农户使用”的格局，实现了农用地所有权和使用权的分离，极大地解放了农村生产力。以“一户一宅，限制面积；福利分配，长期使用；限制权能，无偿收回”为特征的宅基地使用制度保证了农民“居者有其屋”，其他集体建设用地使用制度也保证了农村公共设施和公益事业以及集体经济发展的需要。作为社会主义改造和改革开放的成果，我国当前的农村土地制度及其权利安排，总体上是符合我国国情和生产力发展实际的，应当毫不动摇地坚持。

但任何制度都需要根据形势的发展不断改革和完善。应当看到，当前我国农村土地制度面临的形势已经与改革开放初期乃至十余年前有了很大不同，工业化、城镇化的快速发展给我国农村土地制度带来巨大冲击：一是工业化、城镇化进程中占用了大量农村土地，在导致耕地快速减少的同时，也带来了国家、集体和农民利益分配上的各种矛盾；二是工业化、城镇化进程客观上也促使农村人才和青壮年劳动力加速外流，在导致务农人口老龄化的同时也带来了进城农民土地如何安置的问题；三是农村土地承包和宅基地使用制度的巩固完善增强了农民的土地财产意识，农业税费的取消和农业补贴的发放、土地流转价格的攀升和征地补偿的提高进一步激发了农民“惜地如金”的心理，客观上在影响土地规模经营的发展和耕地保护；四是工业化、城镇化进程带来的土地升值的现实和预期，使得农村土地成了各种利益主体觊觎的“唐僧肉”，以合法、非法途径到农村买地租地囤地、买房建房卖房的现象比较突出，不仅削减了国家对土地的严格调控和监管力度，也对现行土地制度带来冲击，甚至产生倒逼效应。

---

① 《马克思恩格斯选集》（第2卷），人民出版社1972年版，第109页。

农村土地领域存在的上述问题,既与传统经济发展模式下政府职能错位、执法监管缺位以及司法保障不到位密切相关,也与土地权利构成和配置不完善有很大关系:一是农村土地权利不清晰。目前除《农村土地承包法》对农村土地承包经营权作了较为详尽的规定外,宅基地使用权和其他农村集体建设用地使用权在国家层面只有《土地管理法》和《物权法》的原则性规定,导致村集体、农民及第三方在相关法律关系中享有哪些具体权利和义务缺乏明确界定,相应带来了诸如村集体能否要求农民放弃宅基地上楼、宅基地能否继承、集体经营性建设用地流转谁说了算等问题。二是农村土地权利的具体权能不完善。如在家庭承包取得的土地承包经营权的具体权能上,尽管法律允许采取转包、出租、互换、转让或者入股合作等方式流转,但基于对农民失地的担心,目前还不允许抵押。随着农村社会保障制度的完善,土地承包经营权对于农民生活的保障功能已有所弱化,从完善财产权权能出发,有必要赋予农民土地承包经营权以抵押权能。三是农村土地权利的配置不够科学。如按照目前规定,农村宅基地使用权没有期限,农村村民出卖住房完全自主,不需要经过集体同意,本集体成员也不享有优先购买权,这种权利配置与土地集体所有制相冲突,也增强了农民宅地私有的观念,为农村宅基地私下随意交易提供了可乘之机。

土地权利是土地制度的核心。明晰农村土地权利构成并全面、科学配置各方的权利,不仅可以有效解决现实中存在的问题,还具有以下重要意义:

一是有利于健全国家对土地的调控机制。土地问题在各国从来都不是单纯的经济问题,而首先是政治问题。特别是在人多地少的我国,国家强力干预土地归属和利用的特征十分明显。但长期以来,我们关注宏观制度多、剖析具体权利少,强调理念层面多、研究实现路径少,相应导致了理论、制度和实践的相互脱节。比如,尽管我们一再强调坚持土地集体所有,但由于在土地权利配置上缺乏相应的体现,导致集体所有在一些地方、一些环节有被虚化的倾向。通过设定土地权利的构成,并根据形势的发展调整土地权利在各方的配置,既可以实现制度和理念的具体化,也可以提高国家对土地的调控能力和水平,实现理论、制度和实践三者的协调统一。

二是有利于促进土地资源高效利用。明晰的土地权利是土地资源高效利用的基本前提。新中国成立以来的土地制度发展史已经证明,不明晰的农地产权,既不利于调动生产者投资农业和发展农业生产力的积极性,也不利于农村土地资源的有序流转以实现农村土地资源的优化配置。通过明晰农村土地权利构成和配置,有利于稳定各方预期,促进土地资源的市场化配置,加快形成农业适度规模经营的新格局。

三是有利于维护各方当事人的合法权益。定分才能止争。明晰的土地权利构成和配置,有利于清楚界定农村土地法律关系各方当事人的权利义务,从而有效遏制土地权利主体之间相互、非土地权利主体对土地权利主体、尤其对农民土地权益的非法侵害,有效保护土地流入方的投资权益,相应也有利于预防和化解农村土地争议,维护农村社会和谐稳定。

三、完善农村土地权利的原则

完善农村土地权利的构成与配置,涉及农村土地资产的再分配和农村生产关系的再调整,事关农业农村经济发展和农村社会和谐稳定,必须把握好改革的方向和需要坚持的基本原则。

一要坚持农村土地集体所有制。农村土地集体所有制,是我国社会主义改造和建设的成果,具有其历史必然性。实践证明,农村土地集体所有制的实施,对于防止我国历史上反复出现的土地兼并和贫富分化,保障广大农民安居乐业和国家长治久安起到了重要作用。特别是我国创造性地建立了农村土地承包和宅基地使用制度,在土地集体所有的框架下充分尊重和保障农民的个体权利,从而最大限度地实现了土地利用上公平和效率的统一,不仅有效地维护了最广大农民的根本利益,也有力地促进了农业农村发展。正因如此,广大农民对农村现行土地制度及其权利安排总体是满意的,在众多调查中,多数农民对农村土地归谁所有认识不清,恰恰从侧面说明农民认为土地集体所有并不存在问题,所谓的“农民希望土地私有”只是个别学者在书斋中的臆测。因此,坚持农村土地集体所有,应当成为完善农村土地权利不可动摇的一项基本原则。但强调坚持土地集体所有,不是重走归大堆、少数人说了算的老路,必须防止两种倾向:一种是只强调“统”的一面,随意收回农民土地搞所谓的“统一经营”、“整体开发”;另一种是将集体经济组织的管理机构乃至个人等同于集体,绕过集体成员民主议决的程序作决策、签协议,甚至侵蚀集体成员的土地财产权益。同时,还要针对集体土地所有权虚化等问题,积极探索社会主义市场经济体条件下农村集体产权制度的有效实现形式,着力做好健全集体所有权主体、规范集体所有权行使、完善民主监督机制等方面的工作。

二要坚持赋予农民长期而有保障的土地使用权。在市场经济条件下，财产归属与财产利用的分离是一个普遍现象，在土地领域更是如此。20世纪以来，各国纷纷改变了以土地所有权为中心的土地立法，转变为以土地现实利用人为中心的土地立法，对土地所有权的绝对性加以限制，产生了"土地所有权向土地用益权让步"的现象。针对"集体所有、集体经营"的弊端，改革开放以来，我国也在土地公有制的基础上，逐步建立起农村集体土地用益物权制度，相应产生了土地承包经营权、宅基地使用权和集体建设用地使用权等土地权利，并得到了国家不断强化的保护。仅就土地承包经营权看，其权能不断扩展，从最初的劳动自主权，到后来的生产经营自主权、收益权，再逐渐发展到现在包含占有、使用、收益等诸多权利的权利束，其权利期限也不断延长，从最初的15年到30年再到"长久不变"。事实证明，在坚持土地集体所有制的基础上赋予农民长期而有保障的土地使用权，有助于农民安居乐业，也有利于提高土地利用效率，应当毫不动摇地坚持。个别同志认为强化农民土地权利会影响集体所有的想法可以理解，但应当看到：第一，集体存在的目的是每个成员的利益，集体不应有独立于成员的自身利益，保障农民个体的土地使用权与坚持集体所有并不矛盾。第二，通过合理配置集体与成员间的权利义务，强化集体作为土地所有权主体的相关权能，完全可以防止集体所有虚化、弱化的问题。

三要着力提高土地的利用效率。土地是人类赖以生存和发展的最重要资源，也是宝贵而又稀缺的社会财富。对于人多地少的我国而言，土地权利的创设和配置既要考虑公平，也要注重效率，特别是要适应工业化、城镇化快速发展的形势，构建有利于农地向规模经营主体流转的权利安排。要在保障集体、农户利益的前提下，对土地经营者享有的权利进行更加清晰的界定，赋予经营者更多的权能，以稳定他们的预期，激发他们投身农业、务农种粮的积极性，保护他们的投资利益。当然，为防范极有可能出现的土地投机问题，在权利配置上对第三方经营者倾斜不能超过必要限度。将非农活动取得的资金用于"求田问舍"（所谓的"以末致财，用本守之"）是我国的传统，历史上因土地集中、土地兼并引发社会财富分配极端不平衡的严重后果，在人地矛盾紧张、投资渠道缺乏、土地升值预期强烈的今天仍值得高度警惕。

四要顺应工业化、城镇化的发展方向。工业化、城镇化是人类社会发展的客观趋势，也是推动我国经济社会持续健康发展的强大引擎。农村土地权利的构建和配置，要顺应这一趋势，有利于促进农村剩余劳动力向非农产业转移、农村居民向城镇居民转变，而不能让众多农民死守住“一亩三分地”不愿舍弃，更不能让城镇居民到农村买房置地等“逆城市化”现象成为潮流。否则，不仅工业化、城镇化进程会受到阻滞，农业规模经营和农业现代化发展也无从谈起。这恰恰是当前和今后一段时期我国农村土地领域面临的突出问题。与我国农地情况类似的日本等国的实践也表明，清晰的土地权利界定并不必然有利于土地流转，反倒可能加剧农民的惜售、惜让心理，影响土地规模经营。这就要求我们充分发挥土地集体所有的优越性，探索既体现集体所有又尊重成员权益的土地退出时的权利配置方案，稳步实现农地的规模经营。同时，还要从我国人多地少、城乡差距仍然很大的国情出发，认清城镇居民到农村买房置地所蕴含的土地投机、土地兼并风险和对农民居住空间、耕地保护的巨大压力，严格限定农村土地权利的流转对象和程序，切实保障农民群众的根本利益。

四、农村土地权利的构成及配置

按照土地用途，农村土地可分为农用地、宅基地、其他建设用地三类，在不同的土地类型上，不同主体有不同的权利内容。

（一）农用地权利构成与配置

新中国成立至今，我国农用地归属和利用模式经历了“个人所有、个人经营”到“集体所有、集体经营”再到“集体所有，个人承包经营”的变迁，农用地权利构成及配置也经历了农民个体土地权利由完整到消失又到逐步完善强化的过程。随着工业化、城镇化的发展，近年来“土地承包者即经营者”的情况发生了很大变化，土地承包主体与经营主体分离成为新的趋势。适应形势要求，有必要按照中央提出的“落实集体所有权、稳定农户承包权、放活土地经营权”的思路，进一步完善农用地权利构成与配置，形成农村土地所有权、承包权、经营权“三权分离”的格局。

1. 农民集体的权利

根据《农村土地承包法》和《土地管理法》，目前农村土地集体所有权主要包括发包权、土地使用监督权、调整权、流转管理权、收益和补偿取得权、收回权六项权利。这六项权利贯穿了土地承包的整个过程，体现了农民集体的土地所有权人地位，已经比较充分。今后完善的重点，应当是进一步明确权利的行使条件和程序。

(1)发包权。作为承包经营权的权源,集体所有权首先通过发包权的行使体现出来。即使二轮承包到期后不再重新发包和调整承包地,集体经济组织作为所有权主体的地位也不应改变,作为所有者享有的发包权利应当继续保留,但发包权今后还能不能行使、如何行使要由法律规定。目前,《农村土地承包法》对发包的原则和程序都作了规定,应当说发包权行使的法律制度是健全的,今后的实际问题是二轮承包到期后还要不要重新发包,还要不要明确承包期限。我们认为,发包权是集体所有权处分权能的重要体现,为与中央"现有土地承包关系要保持稳定并长久不变"的要求一致,并考虑到土地确权将在5年内完成的实际,今后集体的发包权在法律上可以保留,但原则上不再行使,也就是说,二轮承包到期后不再搞打乱重分式的重新发包,而以顺延为主,只允许少数存在历史遗留问题、人地矛盾突出的农民集体在民主协商、公平合理的基础上,对个别农户之间的土地进行适当调整,并由集体与调整后的成员个别签订新的承包合同。此后一律不再搞重新发包,将土地承包经营权证书作为证明和确认土地承包经营权的唯一依据,以体现和加强物权保护。在是否确定具体的承包期限上,我们认为,为体现集体所有,防止农民和农村集体在土地流转后的失地风险,并为今后根据经济社会发展适时调整农地使用制度留下空间,今后无论赋予承包经营权多少权能,无论承包关系有多长久,应当确定一个承包期限。从目前情况来看,将承包期限定为70年有较多共识,应优先考虑。

(2)土地使用监督权。对土地使用情况进行监督,是土地所有权人的当然权利。《农村土地承包法》明确集体有权监督承包方依照承包合同约定的用途合理利用和保护土地,制止承包方损害承包地和农业资源的行为;承包方给承包地造成永久性损害的,集体有权要求承包方赔偿损失。从坚持土地集体所有出发,这一权利应当继续保留。但同时也要看到,在土地由承包方长期使用和集体经济组织运行机制不健全的情况下,集体成员和干部缺乏足够的动力、手段来制止承包方损害承包地和农业资源的行为。因此,今后应完善集体土地使用监督权的具体权能,明确承包方擅自改变土地用途经限期改正后拒不改正的,集体可以收回承包地另行发包。

(3)调整权。集体对承包地的调整权,既是集体所有权的体现,对于解决承包期内的人地矛盾也具有重要意义。但为保持农村土地承包关系的长期稳定,《农村土地承包法》对集体的调整权设定了实体和程序两方面的严格限制。在实体限制方面,一是限于因自然灾害严重毁损承包地等特殊情形，二是仅可以在个别农户之间进行调整，三是仅可以对耕地和草地进行调整，四是承包合同约定不得调整的，一律不得调整。在程序限制方面，调整承包地须经村民会议 2/3 以上成员或村民代表同意，并报乡镇政府和县级农业部门批准。这些规定在大部分地方得到了严格执行，但从有关调查来看，还有一些以农为主的村庄，仍在按照“三年一小调、五年一大调”的模式对承包地进行调整；一些村庄在土地被征收后，为平衡成员利益，也采用“钱平分、地重分”这种“血战到底”的模式调整土地。这种做法尽管得到了多数成员的支持，但存在以下问题：一是不利于农村社会稳定。频繁调整土地，与中央精神和法律规定不一致，存在“多数人的暴政”（多数人侵害少数人财产权利）的问题，一些村干部将调地作为“寻租”手段，导致很多纠纷。二是不利于现代农业发展。频繁调整土地，加剧了农地碎片化，影响了农民对土地投入的积极性；要求调地的农民绝大多数也并非对务农情有独钟，而是看中了土地的财产价值。三是不利于农村人口转移。频繁调地除了在客观上起到鼓励多生乃至超生的作用外，还使得农村人口不愿将户口迁出，在一定程度上影响了城镇化进程。四是与“长久不变”和土地确权的精神相违。频繁调整土地，土地承包关系就难以保持稳定，更难以长久不变，正在开展的土地确权工作也将失去意义。考虑到当前因家庭人多地少而致贫的现象极少，且未来农村社会保障水平将稳步提高并实现城乡社会保障一体化，土地的社会保障功能会逐步弱化，今后应当进一步严格集体调整权的行使条件，建议二轮承包到期对承包地作个别、适当调整后，取消集体的调整权，一律不再调整承包地。对个别人多地少而又缺乏非农就业能力农户的生活困难，通过社会保障和社会救助解决。

（4）流转管理权。基于土地所有权人的地位，集体对于承包方流转土地承包经营权的，有知情权和同意权。依据《农村土地承包法》，采取转包、出租、互换或者其他方式流转的，应当报集体备案。采取转让方式流转的，由于涉及承包权的丧失，考虑到“我国绝大多数农村的农民在较长时期内还得依靠承包经营的土地为生，不能因随意转让而丧失赖以生存的土地”①，《农村土地承包法》设定了“承包方有稳定的非农职业或者有稳定的收入来源”并经“发包方同意”的条件。集体对土地流转的同意权、备案权，是集体所有权的体现，应当坚持。

① 全国人大法律委员会关于《中华人民共和国农村土地承包法（草案）》修改情况的汇报。

(5)收益和补偿取得权。依据《农村土地承包法》,对于不宜采取家庭承包方式的荒山、荒沟、荒丘、荒滩等农村土地,集体可通过招标、拍卖、公开协商等方式发包,以收取承包费的方式直接获取收益。在承包土地被征收后,依据《土地管理法实施条例》,土地补偿费归农村集体经济组织所有。实践中,由于承包期内“增人不增地、减人不减地”政策的实施,在很多地方土地补偿费也按照“承包方占大头、集体占小头”的原则在集体和承包方之间分配,有3:7的,也有 2:8 乃至 1:9 的。收益和补偿取得权是集体所有权的重要体现,但其涉及集体、农民之间经济利益的分割,又极易引发矛盾纠纷,突出体现在集体内部如何分配土地补偿费问题上。我们认为,征地本质上影响的是被征地农户的利益,对集体并不会产生实质上的不利影响,建议今后将土地补偿费全部分配给被征地农户,这样不仅与“长久不变”的要求相衔接,便于操作,也有利于防止因集体留存部分补偿资金而带来的今后农民要地问题。在征地补偿全部给农民的情况下,考虑到目前各地在征收中基本上都为被征地农民提供了相应社会保障,今后保障水平还会进一步提高,应当明确在承包到期后,被征地农户不再以土地被征原因参与分配土地。

(6)收回权。收回权是集体所有权的突出体现,但从保护农民权益出发,目前也受到严格限制。1998 年《土地管理法》第 37 条第 3 款规定,承包经营耕地的单位或者个人连续二年弃耕抛荒的,原发包单位应当终止承包合同,收回发包的耕地。但 2002 年颁布的《农村土地承包法》仅规定在承包方全家迁入设区的市转为非农业户口的情形下,集体方可收回承包地。《土地管理法》规定的抛荒收回规定还能否适用,目前理论上存在争议,实践中基本形同虚设。我们认为,财产权要履行社会义务已是各国公认观念,农用地的社会性很强,在取消农业税费、稳定承包关系的大背景下,土地承包经营权人不能仅享受权利而不履行义务,《土地管理法》的上述规定不宜废止而应坚持。同时,对于今后是否还收回全家迁入设区的市并转为非农业户口的农户的承包经营权,存在不同看法。有的认为进城落户农民已丧失成员权,且享受城镇社保等公共服务,不能“两头沾光”,应当强制收回,但由集体给予补偿。有的认为是否收回应尊重农民意愿,农民自愿交回的,由集体给予补偿。有的认为既然今后土地承包关系“长久不变”了,就不应当收回。我们认为,是否收回农民土地要与深化农村集体产权制度改革和户籍制度改革联系起来考虑。成员权与承包经营权属于经济和财产范畴,户口则属于政治和社会范畴,两者之间不存在等同关系。历史上由于城乡分割、农村间很少人口流动，将户口作为认定成员的依据有一定的合理性并简便易行，但随着城乡间、农村间人口流动的日趋频繁，再把户口作为认定是否属于集体经济组织成员、是否享有承包权的标准已不符合实际，也引起了很多矛盾。何况，今后户籍和社保制度改革的大方向是城乡统一，在很多地方已取消了农业和非农业户口之分，国务院也于2014年2月决定在全国范围内建立统一的城乡居民基本养老保险制度，以户口和社保作为收回理由已明显缺乏合理性和可操作性。即使沿袭这一标准，农民也完全可以通过“进城不落户”来应对，仍然难以避免“不在地主”的产生。考虑到农民市民化过程的漫长性和复杂性，我们认为，今后不宜因为农民进城就认定其丧失成员权，进而收回土地，而要加快推进农村集体产权制度改革，以户为单位将集体经济组织成员固定下来。对进城落户的集体经济组织成员，承包期内是否交回承包地要尊重其意愿，交回的由农村集体经济组织或新承包方按土地补偿费标准支付其补偿，不交回的须遵守土地不得抛荒的要求，否则集体有权收回重新发包。承包到期后，进城农户仍有权承包土地，但应向集体支付承包费，并同样遵守土地不得抛荒的要求。这样既尊重农民意愿，又体现集体所有权，还可以解决“不在地主”带来的不关心农业生产、土地流转价格过高等问题。此外，承包方擅自改变土地用途经限期改正后拒不改正的，集体也可以无偿收回承包地另行发包。

2. 承包经营农户的权利

赋予农民长期而有保障的土地使用权，是改革开放以来中央的一贯方针，对于促进农业农村以及整个国家经济社会的发展都起到了重大作用。十八届三中全会在重申坚持家庭经营在农业中的基础性地位、依法维护农民土地承包经营权、稳定农村土地承包关系并保持长久不变的同时，进一步提出：“赋予农民对承包地占有、使用、收益、流转及承包经营权抵押、担保权能，允许农民以承包经营权入股发展农业产业化经营。鼓励承包经营权在公开市场上向专业大户、家庭农场、农民合作社、农业企业流转，发展多种形式规模经营。”按照全会精神，农户承包经营权应当包含以下九项具体权利：

（1）依法承包土地权。承包经营权是农户基于其集体成员身份而享有的财产权利。《农村土地承包法》规定，集体成员有权依法承包集体发包的农村土地，任何组织和个人都不得剥夺、非法限制。当前，农户依法承包土地权面临的突出问题是：《农村土地承包法》规定集体成员有权依法承包土地，是否意味着为保障新增人口的土地权利和集体成员间的权利平等，二轮承包到期后应当对承包地打乱重分？我们认为，法律上的平等强调的是起点平等而非结果平等，我国农村土地在当初发包时实行的是“按人分地，按户承包”，每户和每位集体成员的权利及其起点是平等的。此后因人口增减而出现的土地占有情况的变化，只是承包家庭内部人均土地份额的增减，从法律上讲并不是“死人占着地，活人没有地”，也不能因此就要求将其他家庭的承包经营权拿来重分。中央反复重申“现有土地承包关系要保持稳定并长久不变”，《物权法》也规定“承包期届满，由土地承包经营权人按照国家有关规定继续承包”，实际上已体现了党和国家今后不对土地承包关系作大调整的精神。因此，二轮承包到期后应以顺延为主，只允许少数存在历史遗留问题、人地矛盾突出的农民集体在民主协商、公平合理的基础上，对个别农户之间的土地进行适当调整。按照《农村土地承包法》，本集体经济组织成员依法平等地行使承包土地权利的前提是在“按照规定统一组织承包时”，据此，二轮承包到期后不打乱重分并不违反《农村土地承包法》的规定。

（2）请求行政确认权。即请求行政机关确认土地承包经营权的权利。目前土地承包经营权登记属于依职权而非依申请的行政行为，根据《农村土地承包法》和《物权法》，县级以上地方政府应当向承包方颁发土地承包经营权证，并登记造册，但登记仅属行政确认性质，不影响土地承包经营权的设立（承包经营权自承包合同生效时设立）。在农村土地承包经营权确权登记颁证工作完成后，为巩固确权登记颁证成果，体现承包经营权的物权性质并加强其保护，应当改目前的“合同生效主义”为“登记生效主义”，承包经营权自登记时生效，登记由当事人向登记机关提出申请。

（3）对抗发包方非法侵害权。作为用益物权，农户的土地承包经营权一经设立，即有在法定范围内对抗作为所有权人的发包方非法侵害的权利。依据《农村土地承包法》，在承包期内，发包方若违法干涉承包人依法从事正常的生产经营、擅自调整或收回承包地、擅自终止承包合同、强迫流转、将承包地抵顶欠款等，承包方均有权要求发包方承担停止侵害、返还原物、恢复原状、排除妨害、消除危险、赔偿损失等民事责任。实践证明，此项权利有利于保护承包方的合法权益，应当保留。同时，要从健全农村土地承包经营纠纷仲裁和人民法院案件审理机制入手，加大对相关纠纷的调解和裁决力度，强化承包方权利保护，将法律上的权利转化为现实中的权利。

（4）其他方式优先承包权。在家庭承包之外，《农村土地承包法》还规定了招标、拍卖、公开协商等其他方式的承包。其他方式的承包，虽然承包主体不再局限于集体成员，但根据《农村土地承包法》的规定，在同等条件下，集体成员享有优先承包权。我们认为，这一规定有利于体现农村土地集体所有的性质，有利于保护农村集体经济组织成员的权益，应当保留。

(5)流转权。根据《农村土地承包法》，农户有权以转让、互换、出租、转包、入股从事农业合作生产等形式流转土地承包经营权。在这方面，当前的一个理论问题是：承包地流转到底流转的是何种权利？有观点从"三权分离"和保护农民利益出发，认为流转的是经营权，承包权仍属于农户，意味着无论何种形式的流转(包括抵押、入股)，都不会使农户失去承包权。我们认为，这一观点值得肯定，不过，在承包经营权有固定期限的情况下，即使不明确流转的是经营权，就法理而言流入方获得的也只是约定期限或者剩余期限内的承包经营权，合同或承包到期后基于承包经营权的身份性，流出的土地仍应由农户依法承包。从形势发展来看，农户流转土地承包经营权的权利有必要在以下三方面完善：一是将出租、转包两种流转形式合并，统一以"出租"称之。按照目前通说，转包与出租唯一区别是流转对象不同，前者为本集体成员，后者为非本集体成员。这种区别仅有学理意义，也不容易为农民群众掌握，建议归并为"出租"一种即可。二是按照十八届三中全会精神，增加抵押这种流转方式。但可考虑明确两点：第一，抵押权实现后，农户丧失的只是在剩余承包期限内占有使用土地的权利，不影响农户和集体的承发包关系，债权人和抵押权人也不能因此取代承包方的集体成员地位。第二，为防范农民失地风险，抵押的土地应有数量限制。可限定比例，如成都市规定抵押的承包地不超过三分之二；也可限定剩余的最小面积，如根据联合国粮农组织划定的标准，人均0.8亩以下的土地仅具有生活资料的价值，故可限定只有在多于0.8亩的承包地上才能设立抵押。三是明确农民可以承包经营权入股发展农业产业化经营。从十八届三中全会决定来看，农业产业化经营的范围要远远大于目前《农村土地承包法》所限定的"从事农业合作生产"，意味着农民可以承包经营权入股农业企业，相应带来了"企业破产后农民失地怎么办"的问题。我们认为，可以有两种解决方法：一种是按照"承包权和经营权分离"的思路，明确农民入股的是一定时期内的(最长不超过剩余承包期限)经营权，这样不会导致农民事实上的失地；另一种是通过法律明确企业破产后承包经营权不纳入破产清算范围。相比较而言，第一种解决方法更为合理公平。

(6)继承权。按照《土地承包法》的规定，林地的承包人死亡，其继承人可以在承包期内继续承包,而耕地、草地等其他农村土地的承包人死亡,继承人只能够继承其应得的承包收益。这主要是基于不允许城镇居民占有承包地和农村一户因继承占有两份土地的考虑。我们认为,在今后集体成员按户确定资产份额且股份可继承后,也可按照前述收回土地的有关要求,允许土地承包经营权依照《继承法》继承,但附加土地不得抛荒的要求,否则集体有权收回重新发包。承包到期后,在城镇就业居住的成员仍有权承包土地,但应向集体支付承包费,并同样遵守土地不得抛荒的要求。从长远来看,条件成熟时可参照国外做法,对承包经营权实行长子继承或一人继承,以防止土地细碎化。

(7)自愿退出权。按照《农村土地承包法》的规定,承包期内,承包方可以自愿将承包地交回发包方,但应提前半年以书面形式通知发包方,并不得再要求承包土地。承包方对其在承包地上投入而提高土地生产能力的,有权获得相应补偿。这一规定是在国家和集体仍在对承包地征收农业税费的背景下制定的,随着农业税费的取消、农业补贴的实行和土地财产价值的提高,近年来农民自愿退出承包地的情形基本绝迹,在承包方流转权能进一步完善的情况下,今后应当尽可能通过农户之间的土地流转、发挥市场作用解决有人不愿种地、有人无地可种问题,但从法律制度和权利体系的完整性来看,农户的自愿退出权仍应保留(可取消提前半年通知发包方的规定),同时要考虑以下两个问题:一是提前退出应否单独补偿?依照目前规定,仅对提高土地生产能力的投入给予补偿,对退出本身没有补偿,远不足以鼓励进城或务工农民退出土地,从发展规模经营考虑,应当给予农户退出补偿。但若给予补偿,又存在钱从哪里出的问题。我国绝大多数农村集体缺乏足够的经济实力,难以一次性给予退地农民补偿,接手承包地的农民也存在同样问题。我们认为,在这种情况下,应当在受益人承担主要补偿责任的前提下,充分发挥政府的支持引导作用。可以由政府给予接手承包地的农民以贷款贴息,帮助其向退出农户提供一次性补偿,补偿标准可参照征地补偿费标准(否则农户依然没有动力退出)。二是退出土地的农民承包期内不得再要求承包土地,但承包到期后是否有权要求再承包土地?从与“长久不变”政策相衔接和促进土地规模经营出发,考虑到已给予退出方相应补偿,我们认为,承包到期后也不宜允许退地农民重新取得承包地。

(8)到期继续承包权。《物权法》明确规定,承包期届满,由土地承包经营权人按照国家有关规定继续承包。我们认为,这一规定有以下两重含义:

一是承包期届满后，原则上由原土地承包经营权人继续承包，意味着法律至少不提倡打乱重分。二是不排除通过“国家有关规定”对继续承包附加一定的前提或条件，意味着法律没有封死个别调整的口子。从贯彻“长久不变”要求、增强农民的投入信心、保护农业生产力出发，我们认为二轮承包到期后应以顺延为主，原则上不得打乱重分。

(9)获得征地补偿权。根据《土地管理法》《物权法》和相关规定，在承包地被征收时，承包经营权人有权获得地上附着物和青苗补偿费，在集体不重分土地的情况下，还可以获得安置补助费和大部分土地补偿费。今后为与“长久不变”相衔接，应当明确征地后不再打乱重分土地，集体获得的征地补偿费全部分配给被征地农户。

3.第三方经营者的权利

第三方的经营权是从农户承包经营权中分离出来的一种相对独立的权利，对于在更大范围内优化配置耕地资源，促进农业规模经营具有重大意义。

尽管都称为“经营权”，但我们认为，承包方的经营权和流入方的经营权在权利性质上存在本质区别，前者属于用益物权，法律已经明确规定；后者应属于债权，这主要是基于以下四点考虑：一是按照物权法定原则，物权不能由当事人通过合同任意设定，且法律规定优于合同约定；而流入方的经营权是基于流转合同产生的，权利内容由当事人自主约定，且合同约定优于法律规定。二是按照物权排他性原则，同一标的物上不能存在互不两立的物权。农户土地承包经营权和流入方经营权的权利客体，都是集体土地的地表，互相排斥，不能相容。三是在今后相当长一段时期，作为承包经营权人的农户应当是制度设计中的优先保护对象，而如果将第三方的经营权确定为用益物权，则无疑加大了对第三方的保护而限制了农户的权利，会损害农户对农地的控制和收益。四是不将第三方经营权确定为物权也不妨碍对第三方的特定保护。如果要对第三方的特定利益作出保护，法律可以进行单独规定（如允许经营权抵押），同样能够实现预期目的。目前法律对于诸如借用、租赁等直接支配特定物的事实仍作为债权规范，但规定一些特设制度（如买卖不破租赁原则）保护借用人、租赁人的权利，就鲜明地体现了这一点。

目前，《农村土地承包法》对第三方经营者的权利基本未作规定，今后应当充实完善。在第三方经营权的权利配置方面，我们认为，既不能损害承包方的利益,又要体现对实际从事农业生产经营者的保护,还要根据不同的权利性质合理配置权利的范围和行使权利的强度。

(1)占有使用权。经营者可以在合同确定的流转期限内占有土地从事农业生产经营。对于规模经营主体而言,往往同时经营多个承包主体的土地,他们的占有使用权应当区别于单个农户的使用权,应当允许第三方经营者在得到农户同意的情况下对土地进行整理,以利于机械化作业和田间管理。同时需要明确,第三方使用土地也应当遵守农地用途管制和利用规划的要求,不得改变土地性质。为保护第三方的经营权,稳定第三方预期,根据"买卖不破租赁"原则,应当明确在第三方享有经营权期间,承包方将承包权转让或退出承包的,其承包地上设立的经营权继续有效。

(2)收益权。第三方经营者的收益权主要体现在通过农业生产经营获得收益上。此外,政府补贴也可能是今后第三方经营者获取收益的重要来源,在这方面,应当注意三个问题:第一,为防止实践中存在的乱挂牌、假流转来套取补贴问题,补贴应以产出而非主体为依据。第二,为防止现金补贴可能带来的土地租金上涨等问题,补贴应侧重于实物而非资金。第三,为防止直接补贴带来的市场机制扭曲和"寻租"风险,补贴应尽可能运用市场机制间接实施。

(3)获得补偿权。在所经营的土地被征收时,经营者应享有地上附着物和青苗的补偿权。基于承包权和所有权的土地补偿费、安置补助费等,经营者无权享有,但可以作为流转合同的当事人一方,要求承包权人赔偿其提前终止合同造成的违约损失。

(4)处分权。处分权主要表现为第三方经营者对经营权的流转权。由于经营者的经营权来自承包方,属于债权,故经营者对经营权再次流转的,应当征得承包方同意,同时应明确经营权再流转应限定在一定次数内(如两次),以防止对农地的投机炒作。至于第三方经营权能否抵押,我们认为,从还权赋能和为第三方经营者提供更多的融资机会考虑,可以允许第三方经营者在征得承包方同意后将经营权抵押,但抵押不影响承包方的承包主体地位。同时还应指出,对经营权抵押的融资效果不宜高估。由于目前流转费绝大多数是"一年一付",且抵押权实现后经营权的处置受到很多制约,金融机构并不会有多大积极性接受抵押,融资额度也不可能高。因此,允许经营权抵押,还权赋能的法律意义远远大于其实际效果。解决农村金融问题还是需要多措并举特别是发挥政府的主导作用,不能过多寄望于赋予经营权抵押担保权能。

（二）宅基地权利构成与配置

宅基地是农村集体建设用地的重要组成部分，在其上的权利有农民集体的土地所有权和农村村民的宅基地使用权。目前，有关法律法规和规定赋予了农民集体宅基地分配权与收回权，赋予了农村村民（宅基地使用权人）对宅基地的占有使用权和出卖、出租住房权。建议今后要适应统筹城乡发展、保护耕地和增加农民财产性收入的需要，一方面赋予农民集体在特定条件下收取宅基地使用费的权利，另一方面要在试点探索的基础上，明确宅基地使用权可以随同住房一并抵押、继承，在被征收时也可获得相应补偿。

1. 农民集体的权利

（1）宅基地分配权。基于所有权人的地位，农民集体享有宅基地分配权。从历史沿革来看，这一权利一直得到国家的确认。1963 年 3 月发布的《中共中央关于各地对社员宅基地问题作一些补充规定的通知》的规定，农村社员需新建房又没有宅基地时，由本户申请，经社员大会讨论同意，由生产队统一规划，帮助解决。1982 年 2 月颁布的《村镇建房用地管理条例》规定农村社员建房需要宅基地的，应向所在生产队申请，经社员大会讨论通过，生产大队审核同意后方可报公社管理委员会批准。2004 年 11 月发布的《国土资源部关于加强农村宅基地管理的意见》对宅基地审批程序作了进一步规范，明确农村村民建住宅需要使用宅基地的，应当向本集体经济组织提出申请，并在本集体经济组织或村民小组张榜公布。公布期满无异议的，报经乡（镇）审核后，报县（市）审批。今后，应当针对实践中存在的个别村干部私自决定宅基地分配方案的问题，参照《农村土地承包法》的规定，在宅基地立法中明确，宅基地分配方案应当经本集体经济组织成员的村民会议三分之二以上成员或者三分之二以上村民代表的同意，以切实维护农民集体的利益，防止宅基地私相授受。

（2）宅基地收回权。在特定情形下收回宅基地使用权，是农民集体宅基地所有权题中应有之义。《土地管理法》第 65 条规定，在为乡（镇）村公共设施和公益事业建设需要使用土地、不按照批准的用途使用土地、因撤销迁移等原因而停止使用土地等三种情形下，农村集体经济组织报经原批准用地的人民政府批准，可以收回土地使用权（第一种情形应给予土地使用权人适当补偿）。这其中自然包括宅基地使用权。但上述规定涵盖所有农村集体建设用地，针对性不强，也不够具体明确，建议在今后宅基地立法中明确农民集体可以收回宅基地的具体情形,包括以下六类:一是宅基地使用权人主动交回的;二是因乡村公共设施和公益事业建设占用宅基地的;三是一户占有两处以上宅基地或者非本村村民因继承占有宅基地,在两年内未转让给符合宅基地取得条件的村民的;四是宅基地使用权期满后不再符合宅基地取得条件,在两年内未转让给符合宅基地取得条件的村民的;五是自依法批准之日起,满两年未建的;六是法律法规规定的其他情形。对第一种情形下的收回,地方人民政府或者有条件的农村集体经济组织应当给予奖励;第二种情形下的收回,应当按照宅基地使用权人的意愿为其重新分配宅基地或者给予货币补偿;第三种情形下的收回,应当征得使用人同意,使用人不愿交回的,应当向集体交纳宅基地有偿使用费;对前四种情形,还应当对房屋及其他地上附着物予以补偿。

(3)宅基地有偿使用费收取权。这一权利目前没有得到法律认可。宅基地在人民公社化运动中转为集体所有后,1963 年印发的《中共中央关于各地对社员宅基地问题作一些补充规定的通知》明确"社员新建住宅占地无论是否耕地,一律不收地价。"20 世纪 80 年代末 90 年代初各地曾试行过宅基地有偿使用,但基于减轻农民负担的考虑,在 1993 年 6 月被国务院叫停。不过,实践中很多村集体仍在宅基地分配环节以拍卖等形式一次性收取宅基地费用。2010 年 3 月发布的《国土资源部关于进一步完善农村宅基地管理制度切实维护农民权益的通知》也提出:"经济条件较好、土地资源供求矛盾突出的地方,允许村自治组织对新申请宅基地的住户开展宅基地有偿使用试点。"现在看来,宅基地无偿使用制度尽管有效保障了农民的居住权,但同时也带来了"公地悲剧",导致农民想方设法"占好地、早占地、多占地",农村建房失控,耕地大面积减少。考虑到目前农民负担形势与以前相比有很大不同,绝大多数农村的宅基地实际供需矛盾也有了很大缓解,今后应当与允许宅基地使用权在更大程度上市场化流转的政策走向相衔接,明确农民集体在特定情形下可收取宅基地有偿使用费:一是人地紧张的农村,经民主讨论通过并经批准后,今后可对新增宅基地实行有偿使用,但对家庭经济确实困难的农户应予减免。二是不符合宅基地申请条件的人(包括农村村民和城镇居民)因继承取得宅基地使用权的。三是非法占地(含一户多宅、面积超标)行为超过强制执行申请时效或因客观原因难以强制拆除的。四是如果今后条件成熟时允许城镇居民到农村购房,也要对其收取宅基地有偿使用费。吸取目前城市房地产税收只针对取得和转让环节、未针对保有环节带来的土地投机问题的教训,同时也为了减少一次性收取使用费而带给农民的负担压力,建议有偿使用费按年按面积收取,对非本集体成员还可加倍收取。为防止有偿使用导致的富人多占滥占宅基地问题,可以参照农村土地家庭承包和城市建设用地使用的做法,对农村宅基地设立70年的使用期限。到期后符合宅基地取得条件的村民可以继续延展,不符合宅基地取得条件的人(如交纳有偿使用费使用宅基地的继承人)必须将宅基地转让给其他符合条件的村民或者交回集体(房屋及其他地上附着物应当予以补偿),或者加倍交纳宅基地有偿使用费。这样做不属于不合理增加农民负担(从农村实际来看,征收对象主要是农村的富裕阶层和老家在农村的城镇居民),而且有利于保护耕地,有利于增强农民土地集体所有的观念。

2. 宅基地使用权人的权利

(1)建房居住权。这是宅基地使用权人的核心权利。《物权法》第152条明确规定,宅基地使用权人依法对集体所有的土地享有占有和使用的权利,有权依法利用该土地建造住宅及其附属设施。目前,在此项权利的行使上,主要存在因宅基地无偿使用及执法不严、监管不力导致的"一户多宅"、违法占地建房问题。针对上述问题,建议一是要坚持"一户一宅"原则,并明确"一户一宅"是限制而不是权利,不意味着一户必须有一宅。二是要建立宅基地有偿使用制度,防止"公地悲剧"并促进闲置宅基地流转。三是要强调在宅基地上建设房屋,应当符合村镇建设规划和建设要求。四是建立宅基地使用权收回制度,防止占而不用,减少"空心村"现象。五是设定宅基地使用期限,参照城市住房用地使用权期限规定,将宅基地使用权定为70年,体现集体所有权,并为到期收回不符合宅基地取得条件者的宅基地创造条件。

(2)住房(宅基地)出租权。这一权利得到《土地管理法》第62条的间接认可。依据该条"农村村民……出租住房后,再申请宅基地的,不予批准"之规定,农村村民可以出租住房。依据"地随房走"的原则,宅基地使用权也相应转移。与住房(宅基地)出让不同,农村村民出租住房(宅基地)的对象没有限制,城镇居民目前也可以租赁农村住房从而获得租期内的宅基地使用权。考虑到出租属于债权关系,不会导致物权性质的宅基地使用权流转为非本集体成员持有,今后对承租方仍可不限定范围。但为体现土地集体所有,并防止以出租为名行出卖之实,农村村民出租住房,应遵守《合同法》第214条"租赁期限不得超过二十年"的规定。为保护耕地,应坚持目前"出租住房后不再批准宅基地”的规定。

(3)住房(宅基地使用权)出卖权。与将住房出租类似,依据《土地管理法》第62条“农村村民出卖……住房后,再申请宅基地的,不予批准”之规定,农村村民可以出卖住房。依据“地随房走”的原则,宅基地使用权也相应转移(由于转移的仅是宅基地使用权,因此与国有土地使用权出让一样,并不损害土地所有者的所有权)。不过,依据1999年5月发布的《国务院办公厅关于加强土地转让管理严禁炒卖土地的通知》和2004年10月颁布的《国务院关于深化改革严格土地管理的决定》,禁止城镇居民在农村购置宅基地。一些专家学者认为国务院这一禁令有违法嫌疑。但根据《土地管理法》第43条中“除兴办乡镇企业、村民建设住宅、建设乡(镇)村公共设施和公益事业可以使用农民集体所有的土地外,任何单位和个人进行建设需要使用土地的,必须依法申请使用国有土地”的规定,国务院禁令是有法律依据的。近年来,很多学者从统筹城乡、增加农民财产性收入的角度建议废止这一禁令。我们认为,目前全面放开这一禁令的条件还不成熟:一是与宅基地制度的设立目的不符。宅基地制度的出发点是为了保障本村村民“居者有其屋”的居住需要,而不是满足城镇居民的居住需要。二是不利于保护本村村民居住利益和耕地。宅基地的排他性强、社会性弱,如允许转让给非本村居民,不仅会挤压利用闲置宅基地解决本村新增人口居住问题的空间,还会阻塞将闲置宅基地收回复垦为耕地的渠道。三是无助于促进农民市民化。农民进城定居是一个系统工程和自然过程,需要相应的经济社会条件特别是就业、社保等为基础和保障。放开宅基地转让对那些已进城定居的农民可能会“锦上添花”(但他们由于不缺钱,很可能不会流转),对多数农民并不能起到“雪中送炭”的作用,推动农民进城定居更不啻是天方夜谭。四是可能助长土地投机。允许宅基地流转,极可能出现工商资本、城镇居民竞相购买、炒作宅基地的热潮,对经济发展和社会和谐稳定都会产生不利影响。但今后可以按照十八届三中全会要求,根据城镇化和耕地保护形势的发展,在试点探索的基础上,逐步放宽农民住房(宅基地使用权)出售对象限制,首先可将出让对象放宽到本乡(镇)或本县符合宅基地申请条件的农户,待条件成熟时再放宽到本乡(镇)或本县城镇居民,全面放开则不应有时间表。在逐步放宽转让对象时,应当明确以下原则:一是宅基地使用权只能附随住房一并转让,禁止空白宅基地单独转让,以防止“炒地皮”等土地投机行为。二是为保护耕地,应坚持目前“出卖住房后不再批准宅基地”的规定。三是为体现集体所有原则,优先保障本集体成员的居住权利,应明确出卖住房(宅基地)的,本集体成员有优先购买权。住房(宅基地)出卖给非本集体成员的,应参照“四荒”地对外发包的规定,经本集体成员2/3以上多数同意,并报乡(镇)人民政府批准。四是为保障集体利益,减少土地投机,对非本集体成员通过购买住房取得本集体宅基地的,集体可以按年按面积收取宅基地使用费。

(4)住房(宅基地使用权)继承权。依据《继承法》第3条规定,包括农村房屋在内的“公民的房屋”可以作为遗产继承,依据“房随地走”原则,宅基地使用权也相应继承。实践中,因住房(宅基地使用权)继承而导致的问题有二:一是农村村民因继承而产生的“一户多宅”问题;二是城镇居民继承农村住房(宅基地)的问题。2008年7月国土资源部下发的《关于进一步加快宅基地使用权登记发证工作的通知》事实上承认了前者的合法性:“除继承外,农村村民一户申请第二宗宅基地使用权登记的,不予受理。”而后者目前处于模糊地带:国务院只禁止城镇居民到农村购买宅基地,并没有禁止城镇居民通过继承住房而继承宅基地使用权。但国土资源部前述《通知》并未规定对这种情形可予以确权发证。我们认为,这两种情形的继承实践中普遍发生,农民群众也普遍接受,如单纯禁止很可能引起普遍的抵触而难以施行,建议优先采用经济手段处理宅基地使用权继承问题:一是符合宅基地申请条件的本村村民继承房屋的,不需要交纳宅基地有偿使用费。二是不符合宅基地申请条件的本村村民继承房屋的,可以根据继承人的意愿,由其流转给符合宅基地申请条件的其他村民或由集体在补偿其房屋等附着物价值后收回宅基地,或者收取宅基地有偿使用费,在征地和村庄整治拆迁中,其宅基地使用权不纳入补偿范围。三是非本村村民(含城镇居民)继承房屋的,可以根据继承人的意愿,由其流转给符合宅基地申请条件的其他村民或由集体在补偿其房屋等附着物价值后收回宅基地,或者在宅基地使用期内收取宅基地有偿使用费,到期后收回(今后允许城镇居民购买农村住房时可取消到期后收回的规定)。在征地和村庄整治拆迁中,其宅基地使用权不纳入补偿范围。

(5)住房(宅基地使用权)抵押权。目前,《担保法》第37条、《物权法》第184条均明确禁止宅基地使用权抵押,其出发点主要是为了保障农民的居住权,并防范土地兼并。但随着工业化城镇化的发展,许多农民到城镇购房居住,一些农民开展生产经营急需融资而又缺乏有效的担保物,农村住房抵押在一些地方有迫切的需求,实践中一些地方也开展了所谓"住房抵押"试点。按照"地随房走"的原则,实际上宅基地使用权也一并抵押。按照十八届三中全会要求,今后可选择若干试点,慎重稳妥推进农民住房财产权抵押、担保,我们认为,为防范住房(宅基地使用权)抵押带来的农民失房、土地投机和农民集体利益受损风险,应对住房(宅基地使用权)抵押设定以下条件:一是住房和宅基地使用权应一并抵押而不能单独抵押。二是为保障宅基地使用权人的居住权,并确保不能偿债时抵押权顺利实现,宅基地使用权人将住房(宅基地使用权)抵押的,应当提供另有住房的证明。三是抵押权实现时,本集体成员有优先购买权。四是非本集体成员的农村村民通过抵押权实现取得本集体宅基地的,集体可以按年按面积收取宅基地使用费。

(6)获得征收补偿权。《土地管理法》仅规定了耕地的补偿安置费用及标准,对宅基地的补偿没有规定,而是授权省、自治区、直辖市规定。实践中,一些地方只补偿房屋,未补偿宅基地使用权,不利于保障农民的财产权利。建议今后在《土地管理法》修改或制定农村土地征收专门法规中明确:征收农村宅基地,应对宅基地使用权予以补偿。具体制度设计可包括以下内容:一是除重划宅基地外,征收农民住房的补偿安置应将宅基地使用权作为计算因素。二是为体现"违法者不得益"原则,维护村民之间的公平,对超标的宅基地、第二处以上宅基地使用权及其他不符合宅基地取得条件的宅基地不予补偿。三是宅基地使用权补偿可以由政府规定标准直接支付给使用权人,也可以在土地补偿费的基础上按照主要补偿使用权人的原则,规定集体和使用权人的分配比例。

(三)集体建设用地权利构成与配置

农村集体建设用地是指农村集体所有的进行各项非农业建设所使用的土地,除宅基地外,还包括乡(镇)村公共设施和公益事业等公益性用地与乡镇企业等经营性用地两类。由于公益性公共设施用地承载着农村的交通、水利、供电、医疗、福利等功能,由农民集体成员共同使用,一般不参与流转,因此本部分主要讨论农村经营性建设用地的权利构成及配置。

农村集体建设用地既是重要的农村土地资源,又是农民集体的重要财产,但由于不能流动,严重影响了土地资源的优化配置和土地的增值收益。针对上述问题,十八届三中全会作出了"在符合规划和用途管制前提下,允许农村集体经营性建设用地出让、租赁、入股,实行与国有土地同等入市、同权同价"的决定。按照全会精神推进农村集体建设用地制度改革,就要在严格规划和用途管制的前提下，取消对农村集体流转建设用地的不合理限制，努力释放农村集体建设用地财产潜能，允许其直接参与工业化、城镇化进程，让农民获得更多土地收益。

1. 农民集体的权利

（1）兴办企业或者共同开办企业权。现行《土地管理法》明确规定，在符合乡（镇）土地利用总体规划和土地利用年度计划，并按规定办理审批手续的前提下，农民集体可以在建设用地上兴办企业或者与其他单位、个人以土地使用权入股、联营等形式共同举办企业。出于保护耕地的考虑，《土地管理法》明确，对此类用地必须严格控制，由各省规定用地标准。这一权利有利于发展壮大集体经济，应当继续坚持，但为防止因未明确用地企业土地使用期限而导致的农民集体在企业破产、兼并后的失地风险，今后应当规定：农民集体以土地使用权入股的，应当约定使用权入股的期限；没有约定的，参照城镇国有土地中工业用地使用权出让期限，一律为 50 年。考虑到企业经营的风险较大，应当明确农民集体兴办企业或者与其他单位、个人以土地使用权入股、联营等形式共同举办企业的，应当经集体成员 2/3 以上多数通过。

（2）出让、出租权。十八届三中全会赋予了农民集体以出让、租赁方式流转集体建设用地使用权的权利。我们认为，出让是指农民集体将一定年限的土地使用权有偿转移给其他单位或个人，并一次性收取出让价款的行为；出租则是指农民集体将一定年限的土地使用权有偿转移给其他单位或个人，并按照约定分期收取租金的行为。出让与出租的主要区别有二：一是收取价款的方式不同，出让为一次性收取，出租则为分期收取；二是流入方获得的土地使用权的性质不同，出让情况下流入方一次性支付了价款，相应获得了用益物权性质的土地使用权，出租情况下流入方获得的则为债权性质的土地使用权。在出让、出租权的行使条件上，为确保集体成员权益，应当作出如下规定：一是考虑到如果允许流转后的土地用于商品住房开发，实际上会导致农民集体事实上的失地，极可能引发今后农民群众与居民群众之间的矛盾冲突，在农民集体经济运行机制不健全、少数人操控明显这一问题没有得到根本解决前，不应允许出让、出租的土地用于商品住宅开发，但在符合规划的情况下，可建设房屋出租。二是按照同地同权原则，集体建设用地使用权出让年限可参考国有土地使用权出让年限，即工业用地、仓储用地 50 年，商业、旅游、娱乐用地 40 年；出租年限则应与《合同法》租赁期限的规定一致，定为不得超过 20 年。三是为防止集体利益受损，对流转期较长、风险较大的出让方式流转,应当附加经集体成员 2/3 以上多数通过的条件;对风险较小的出租方式流转,附加经集体成员或集体成员代表会议 1/2 以上通过的条件即可。

(3)抵押权。目前依据《物权法》和《担保法》的规定,只有乡(镇)、村企业的建设用地使用权方可抵押,且只能与乡(镇)、村企业的厂房等建筑物同时抵押而不能单独抵押。从实现农村集体资产价值、给予农民集体更多自主权的角度考虑,今后应当允许农民集体对其所有的农村集体经营性建设用地使用权都可以直接抵押,但可附加以下条件:一是设定抵押应当经集体成员 2/3 以上多数通过;二是抵押权实现后,土地使用权受让人的使用期限不得超过 50 年;三是抵押土地的用途须符合土地利用规划,且不得用于商品住宅开发。

(4)收回权。现行《土地管理法》规定,在为乡(镇)村公共设施和公益事业建设需要使用土地,不按照批准的用途使用土地,以及因撤销、迁移等原因而停止使用土地这三种情形下,农村集体经济组织报经原批准用地的人民政府批准,可以收回土地使用权,其中,为乡(镇)村公共设施和公益事业建设需要收回土地使用权的,应当给予土地使用权人适当补偿。收回权是农民集体作为土地所有权人的当然权利,上述规定总体上符合实际,应当保留。但考虑到作为集体建设用地使用权流转法律关系中的一方,农民集体为乡(镇)村公共设施和公益事业建设需要收回土地使用权,实际上对使用者(不包括宅基地使用权人)构成一种违约行为,应当承担违约责任而非补偿责任,因此应当对上述补偿规定作相应修改。此外,从规定的周延性考虑,还应当明确土地使用权期满时,农民集体也可以收回建设用地使用权。

(5)获得征收补偿权。集体建设用地在被征收时,农民集体作为土地所有权人应当获得相应的补偿。对于由农民集体直接占有、使用的集体建设用地,所有补偿毫无疑义应归农民集体,并按照民主程序决定其分配和使用。但对于已流转出去的集体建设用地,其征收还涉及第三方使用者的权益,如何分配补偿款是一个需要深入研究的问题。

2. 集体建设用地使用权人的权利

(1)占有使用权。在取得集体建设用地使用权后,直接占有相应土地进行生产经营,是集体建设用地使用权人最基本的权利。今后除对这一权利在法律上予以明确外,还应当规定,占有使用权的行使须符合土地利用规划和土地使用权流转合同约定。

(2)转让、出租、入股、抵押权。按照十八届三中全会关于农村集体经营性建设用地与国有土地同等入市、同权同价的原则,集体建设用地使用权人原则上也应当与国有建设用地使用权人一样,享有土地使用权的转让、出租、入股和抵押权,无需征得作为土地所有权人的农民集体同意。但考虑到集体建设用地出租形成的使用权属于债权性质,集体建设用地承租人不宜享有用益物权人可以享有的转让、入股和抵押权,其转租土地的,应当按照《合同法》规定事先取得出租土地的农民集体的同意,否则出租方可以解除合同。此外,还应明确两点:一是集体建设用地使用权人以转让、出租、入股、抵押方式流转集体建设用地使用权的,流转期限不得超过其集体建设用地使用权的剩余期限。二是以转让、抵押方式流转的,农民集体在同等条件下有优先赎回权。

(3)获得征收补偿权。在拥有使用权的土地被征收时获得相应补偿是土地使用权人的重要权利。现行《土地管理法》第46条也明确,国家征收土地的,被征收土地的使用权人应当在公告规定期限内,持土地权属证书办理征地补偿登记。建议今后进一步明确,集体建设用地被征收的,建筑物、地上附着物的补偿费归建筑物、地上附着物的所有者所有,其他补偿费归农民集体所有,但第三方使用者有权因农民集体提前解除合同而要求赔偿。

对上述农村土地权利的列举和分析,主要是围绕民事主体之间的关系展开的。这些权利能否实现并得到有效保障,不仅需要农民集体、农民和第三方依照法律和合同处理好相互关系,还需要国家公权力处理好与土地权利人私权利的关系。当前,在国家与土地权利人关系问题上,有两种截然相反的观点:一种认为既然农村土地权利属于农民,今后土地流转给谁、如何使用等都应该由农民说了算,国家不应进行干预而应完全依靠市场机制调节;另一种则认为我国政府目前在土地制度中的角色比较合理,特别是现行土地征收制度对我国快速工业化、城镇化起到了重要作用,不宜轻言改变。我们认为,这两种观点都有失偏颇。完善农村土地权利构成与配置,要充分发挥市场在配置土地资源方面的决定性作用,但不能因此否认和排斥国家对土地开发利用的必要干预。西方发达国家尽管普遍实行土地私有制,但土地的开发使用均不能由产权人自行决定,而要受到国家通过规划和用途管制施加的严格干预。“建筑不自由”已成为深入普通公民头脑的法治观念。[①]

① 华生:《土地制度改革的焦点分歧(上)》,载 http://blog.sina.com.cn/s/blog_48e91e520101ik1v.html。

我国人多地少、国人土地情结浓厚,如果对土地这一不可再生而社会性很强的资源不予以必要管制,很可能重蹈历史上土地投机和土地兼并的覆辙。同时也要看到,当前政府“越位”代替土地权利人行使权利的问题比较突出,特别是因征地范围宽、补偿标准低、征地程序不规范导致的征地矛盾和纠纷,以及在“发展规模经营”名义下强迫农民流转土地等现象,严重影响了党群干群关系和农村社会和谐稳定,确有改革的必要。今后,政府对土地开发利用的干预,不能走政府直接进入土地市场当“运动员”的老路,而应当纳入法治轨道,主要通过规划、用途管制等间接、事前、可预见的手段以及加强行政执法和司法追究等方式实施;同时,还应按照中央要求,加快征地制度改革,缩小征地范围,规范征地程序,完善对被征地农民合理、规范、多元保障机制,切实尊重和保障农民的土地权利。

五、保障措施

完善农村土地权利构成及配置,涉及农村土地制度的方方面面,需要与相关措施协同推进。

一是扎实推进农村土地确权登记工作。全面开展农地确权登记颁证,解决农村土地权属不明、面积不准、四至不清等问题,并将其作为土地流转、抵押贷款、征地补偿、补贴奖励等的重要依据,是一项关系农地制度全局的基础性工作,具有长远性和根本性。赋予土地权证作为土地权属唯一载体的效力,不仅将进一步夯实保障农民土地权益的法律基础,也将为促进土地流转和规模经营提供良好的制度环境。

二是加强农地流转市场建设。建立土地流转交易市场,一方面有利于通过市场配置农村土地资源,最大限度地实现其资源资产价值;另一方面也有利于信息公开和交易双方信息对称,促进交易公平、公正,保障交易双方特别是集体成员的合法权益。随着土地流转数量和规模的日益扩大,今后应当着力加强农地流转市场建设,让市场成为土地交易的基石。

三是深化集体产权制度改革。农民集体缺乏有效载体、集体成员缺乏明确界定、权力运行缺乏实际约束,是完善农村土地权利配置的重要掣肘。这一问题不解决,农村土地权利配置将成为无源之水、无本之木,农村土地制度改革也可能成为少数人得益而广大农民群众受损的“盛宴”。因此,必须深化农村集体产权制度改革,使农民真正成为集体资产的主人,切实维护和保障农村集体经济组织成员民主选举、民主决策、民主管理、民主监督和收益分配的权利。

四是强化司法保障。“有权利必救济”。在农民土地权利受到侵害时，必须确保能够通过有效途径予以解决。司法是实现社会正义的最后屏障，农地权利最终还是要靠司法予以保障。当前，司法对农地权利的保护还有不适应的地方，一些纠纷还不能进入司法程序、一些案件还不能得到科学公正的裁决。其中原因是多方面的，关键一点在于，农村土地问题十分专业、复杂，具有很强的政策性、法律性，还涉及历史问题和现实国情，非一般司法人员能够胜任。特别是在农地的所有权、承包权、经营权实现分离以及农地可以抵押担保的情况下，农地上的权利主体包括了集体、农户、经营者、金融机构等多个方面，权益纠纷会更加复杂，这对司法能力提出了更高的要求。因此，要注重加强农村土地纠纷仲裁和司法体系建设，充实相关专业人员，加强对现有人员的培训，为农村土地权利配置提供权威和有公信力的司法保障。

立法前沿

《农村集体经济组织法》的立法问题研究

袁以星　侯廷永　张建官*

党的十八届三中全会决定第六部分关于“健全城乡一体化体制机制”中明确指出:要“坚持农村土地集体所有权,依法维护农民土地承包经营权,发展壮大集体经济”;要“保障农民集体经济组织成员权利,积极发展农民股份合作,赋予农民对集体资产股份占有、收益、有偿退出及抵押、担保、继承权”。

农村集体经济不仅是我国社会主义公有制经济的重要组成部分,而且是加强农村社会基层政权建设的经济基础,也是提高农村集体经济组织成员收入的物质保障。党中央高度重视农村集体经济的发展和农村集体经济组织成员权利的保障。鼓励和支持作为我国公有制经济的重要组成部分的农村集体经济发展既是法律的规定,也是一种政策取向。

然而,我国现有的农村集体经济组织面临着体制不顺畅、产权不明晰、地位不明确等方面的尴尬局面,亟须从国家层面加快研究《农村集体经济组织法》的立法问题,为农村集体经济组织健康有序发展提供坚实的法律保障。

---

* 袁以星:上海市郊区经济促进会会长;
侯廷永:上海市农村经营管理站站长;
张建官:上海市农村经营管理站副站长。

一、加快《农村集体经济组织法》的立法研究刻不容缓

长期以来,由于农村集体经济组织的法律地位模糊,目前尚未形成一部体系较为完整的专门法律,造成农村集体经济组织与其他经济或社会组织的关系不清,比如村集体经济组织与村委会的职责关系问题、乡镇集体经济组织与乡镇政府的职责边界问题、乡村集体经济组织与其他经济组织的法律关系问题等,由于有关农村集体经济组织方面的立法相对滞后,使之处在各项法律关系的夹缝当中。

农村集体经济组织相对其他所有制经济组织在立法方面存在较大差异。虽然,我国在《宪法》《民法通则》《土地管理法》《农村土地承包法》《物权法》等法律法规中对农村集体经济组织作了规定;农村集体经济组织也有自己的名称、组织机构和场所,但是由于还没有一部《农村集体经济组织法》或者是赋予农村集体经济组织法人地位的法律,造成了农村集体经济组织长期面临法人地位缺失,甚至名实皆无的窘境。这些状况既限制了农村集体经济组织的民事权利和行为能力,又制约了农村集体经济组织作为市场主体独立从事经营活动而稳步发展壮大。

农村集体经济组织的法人地位缺失,已经造成严重的影响:

一是不能取得经营资格,限制了自主经营活动。法人地位缺失,限制了农村集体经济组织的民事权利能力和民事行为能力。突出表现在:农村集体经济组织不能在工商部门登记取得经营资格,也就不能独立开展经营业务;于是就不能在国家质量技术监督部门取得组织机构代码证,也就没有依法参与社会经济活动的通行证,既不能在银行开账号,更不能从金融部门获得贷款,连在税务部门申请购买税票的资格都没有。因此,目前的农村集体经济组织只能依附在其他经营主体上,只能将其资产以入股、承包、租赁等方式参与其他经营主体的经济活动,进而成为难以发展壮大的“小矮人”。

二是政经不分,模糊了集体资产权属。由于农村集体经济组织缺少应有的法人地位,导致现行的乡村治理结构中,在农业地区,村民委员会与村集体经济组织基本是两块牌子、一套班子,村民委员会代行村集体经济组织的权力,同时行使两种组织的职能;而在城镇化或基本城镇化地区,村集体经济组织承担了本应由村委会或政府承担的职能,造成了政经不分,一方面模糊了集体资产的权属关系,另一方面也弱化了集体经济发展功能。

三是法人地位不明,所有者权益受损。由于农村集体经济组织法人地

位缺失,而由村民委员会代行村集体经济组织职能,致使农村集体经济组织承担起本属于政府提供公共服务的职能,从而挤压了集体经济的资本积累,甚至在政府及有关部门指派"任务"的压力下,不少村的开支远远超出村级组织财力及农民的承受能力,导致收不抵支,形成大量的债务。最终农村集体经济发展滞缓则成为一种"必然"。

二、加快推进《农村集体经济组织法》立法的依据和基础

(一)法律依据

我国《宪法》总纲第6条明确了:中华人民共和国的社会主义经济制度的基础是生产资料的社会主义公有制,即全民所有制和劳动群众集体所有制。

《宪法》总纲第8条还明确了:农村集体经济组织实行家庭承包经营为基础、统分结合的双层经营体制。农村中的生产、供销、信用、消费等各种形式的合作经济,是社会主义劳动群众集体所有制经济;国家保护城乡集体经济组织的合法的权利和利益,鼓励、指导和帮助集体经济的发展。

《宪法》总纲第17条规定,集体经济组织在遵守有关法律的前提下,有独立进行经济活动的自主权。

《宪法》《物权法》《农业法》《土地管理法》和《民法通则》等相关法律,都对农村集体经济组织的范围、权利和义务作了相应的规定。

《物权法》第58条规定:"集体所有的不动产和动产包括:(一)法律规定属于集体所有的土地和森林、山岭、草原、荒地、滩涂;(二)集体所有的建筑物、生产设施、农田水利设施;(三)集体所有的教育、科学、文化、卫生、体育等设施;(四)集体所有的其他不动产和动产"。第62条规定:"集体经济组织或者村民委员会、村民小组应当依照法律、行政法规以及章程、村规民约向本集体成员公布集体财产的状况"。第63条第1款规定:"集体所有的财产受法律保护,禁止任何单位和个人侵占、哄抢、私分、破坏"。

《农业法》第2条第2款规定:"本法所称农业生产经营组织,是指农村集体经济组织、农民专业合作经济组织、农业企业和其他从事农业生产经营的组织"。第10条第3款明确:"农村集体经济组织应当在家庭承包经营的基础上,依法管理集体资产,为其成员提供生产、技术、信息等服务,组织合理开发、利用集体资源,壮大经济实力。"

《土地管理法》第8条第2款明确:"农村和城市郊区的土地,除由法律

规定属于国家所有的以外,属于农民集体所有;宅基地和自留地、自留山,属于农民集体所有"。第10条明确:"农民集体所有的土地依法属于村农民集体所有的,由村集体经济组织或者村民委员会经营、管理;已经分别属于村内两个以上农村集体经济组织的农民集体所有的,由村内各该农村集体经济组织或者村民小组经营、管理;已经属于乡(镇)农民集体所有的,由乡(镇)农村集体经济组织经营、管理"。第43条第1款规定:"任何单位和个人进行建设,需要使用土地的,必须依法申请使用国有土地;但是,兴办乡镇企业和村民建设住宅经依法批准使用本集体经济组织农民集体所有的土地的,或者乡(镇)村公共设施和公益事业建设经依法批准使用农民集体所有的土地的除外。"

《民法通则》第74条第2款规定:"集体所有的土地依照法律属于村农民集体所有,由村农业生产合作社等农业集体经济组织或者村民委员会经营、管理。已经属于乡(镇)农民集体经济组织所有的,可以属于乡(镇)农民集体所有"。

上述相关法律都对农村集体经济组织采用"集体"、"集体经济组织"、"农村集体经济组织"等多种表述,将《宪法》规定具体化,从不同层次明确农村集体经济组织的法律地位,并规定严格保护其各项合法权益。

这些法律条文不仅规定了农村集体经济组织的经营制度,更重要的是从《宪法》层面明确了其法律地位。《宪法》赋予了农村集体经济组织无可争议的法律地位。因此,抓紧开展《农村集体经济组织法》的立法研究具有法律依据。

(二)事实基础

我国农村集体经济组织是在20世纪50年代初的农业合作化运动中开始逐步形成的。1953年年底至1955年上半年,处在初级生产合作社阶段;1955年下半年至1956年年底,进入高级合作社阶段。当年,通过对农村小农经济的社会主义改造,形成了从农业初级社到高级社的农村集体经济组织的雏形。

1953年年底,党中央颁布了《关于发展农业生产合作社的决议》,指出:农民在生产上逐步联合起来的道路,也就是经过简单的共同劳动的临时互助组和在共同劳动基础上实行某些分工分业而有某些少量公共财产的常年互助组;到实行土地入股,统一经营而有较多公共财产的、半社会主义性质的初级农业生产合作社;再到完全实行集体所有制的社会主义性质的高级农业生产合作社。

1956年6月30日,第一届全国人民代表大会第三次会议审议通过了《高级农业生产合作社示范章程》。农业生产高级合作社的诞生,标志着我国农村基本实现土地等生产资料的集体所有制经济。

《章程》总则第1条明确:“农业生产合作社(本章程所说的农业生产合作社都是指的高级农业生产合作社)是劳动农民在共产党和人民政府的领导和帮助下,在自愿和互利的基础上组织起来的社会主义的集体经济组织。”

《章程》总则第2条明确:“农业生产合作社按照社会主义的原则,把社员私有的主要生产资料转为合作社集体所有,组织集体劳动,实行‘各尽所能,按劳取酬’,不分男女老少,同工同酬。”

《章程》第13条第1款规定:“入社的农民必须把私有的土地和耕畜、大型农具等主要生产资料转为合作社集体所有。”

随着农业生产高级合作社的建立,农村社会关系得到彻底的改革,生产资料归集体所有,集体经营和集体劳动使农村社会凝聚力得到空前提高,农民的生活水平有了很大的改善。这个时期农村集体经济组织产权关系的主要特征是三句话12个字:“自愿合作、按资分配、产权明晰”。所谓自愿合作,就是农户自愿以土地、牲畜、农具等生产资料入股合作;所谓按资分配,就是合作生产的劳动成果凭借农户入股的生产资料获得相应的股金分配收入;所谓产权明晰,就是农户对入股的生产资料享有所有权,合作社只有使用权。

之后,由于农村集体经济组织受到“人民公社化”的制度冲击和影响,使农村产权关系变得模糊。但是综观农村合作化以来的农村产权关系,基本是三个阶段:在改革开放前,我国农村的产权制度是“三级所有、队为基础”;改革开放后,农村实行家庭承包制度,农村产权制度进入了“集体所有、户为基础”的新阶段;随着农村改革的不断深入,沿海发达地区的农村产权制度已经出现“集体所有、股为基础”的新变化。而本来意义上的农村集体经济组织是“农村劳动者的劳动联合和劳动者的资本联合”的根本事实没有改变,只不过是没有按照“两个联合”的原则进行收益再分配罢了。

随着改革开放进程的不断深入,农村不少地方积极推进集体经济组织产权制度改革,发展和创新了农村集体经济组织多种实现形式,比如农村社区经济合作社、农村社区股份合作社等。按照法律法规,新型集体经济组织制定了新的章程规则和民主管理的原则，农村集体经济组织的资产依法（按照确定的量化依据和标准）量化给集体经济组织成员，明确了农民在集体中的股份或者份额，农民对集体资产享有所有权、使用权和分配收益权。全国有些地区同时按照农业部第二轮农村集体产权改革试验区的要求，在成员占有集体产权股份的继承、有偿退出、抵押担保等领域进行探索试验。

因此，加快开展《农村集体经济组织法》的立法研究具备事实基础。

三、开展《农村集体经济组织法》立法研究的重点

（一）立法要赋予农村集体经济组织的法人地位

农村集体经济组织是我国社会主义公有制经济的重要形式之一，是团结和带领广大农民群众经营与管理农民集体所有的资产、实现共同富裕的区域性经济组织，也是除国家以外对土地拥有所有权的唯一组织。因此，立法要明确赋予农村集体经济组织的法人地位。因为农村集体经济组织具有合作性、区域性、封闭性特征，所以决定了它既具有经济属性，又具有社会属性；它是既不同于企业法人，又不同于社团法人，更不同于行政事业机关法人，可以认定它是区域范围内经营和管理属于农民集体所有的土地及其他财产，实行自主经营、独立核算、自负盈亏，独立承担除土地以外的民事责任，并为集体成员提供服务的市场经济主体。为此，必须明确农村集体经济组织的登记管理机关，对农村集体经济组织负责登记注册，并由农村集体经济组织向登记管理机关提交组织名称、组织机构、法人代表、办公地址、组织章程及自有资产的证明材料等文件。

（二）立法应该赋予农村集体经济组织完整的权能

目前绝大部分集体经济组织投资主体缺位，产权虚置，权能尚不完善。虽然《宪法》《村民委员会组织法》《土地管理法》和《物权法》等法律对农村集体经济组织都做了相应的规定，但是农村集体经济组织究竟是怎么样的机构或组织，法律上尚不明确。而且，集体经济组织是否属于《民法通则》规定的自然人、法人、其他组织这三种民事主体也含混不清，导致集体经济组织作为法律主体在性质认定上存在困难和事实上的主体缺位。由此带来的问题是农村集体经济组织的产权权能不完善。

由于上述原因，农村集体经济组织法人地位不明确，权能不完善，因此农村集体经济组织在农村资源配置中始终缺乏主动权，而处于附属地位。主要表现在：一是农村集体土地被征用中处于从属地位，征地单位一般只与

地方政府部门进行谈判,特别是征地方式转变为地方政府实行大包干之后更是如此;二是农村集体建设用地至今没有取得与国有土地"同地同价"的地位,土地在二级市场上取得的增值收益很少让集体经济组织及其成员共享;三是农村集体土地被征用、使用指标等分配权完全由政府掌控。

按照产权的概念,完整的产权其所有人就拥有它的占有、使用、收益、处分的权利。由于当前法律的限制,农村集体经济组织产权制度改革并未从根本上赋予农村集体经济组织全部的产权权能,宅基地使用权、集体建设用地使用权等尚不能进入市场进行交易、抵押融资等(全国已选择部分县市开展试点)。随着城乡一体化进程的加快,农村集体经济组织要更好地融入社会主义市场经济运行体系,迫切需要国家出台相关法律,真正赋予农村集体经济组织各项产权权能,建立农村集体产权交易中心,搭建平台让农村产权流动起来,产生更多的效益,实现农村各类要素的优化配置。

(三)立法应该规范农村集体经济组织法人治理结构

法人是具有民事权利能力和民事行为能力,依法独立享有民事权利和承担民事义务的组织,是社会组织在法律上的人格化。法人制度是规范经济秩序以及整个社会秩序的一项重要法律制度。农村集体经济组织作为市场经济的法人主体,在遵守国家法律法规,遵循市场法则的前提下,依法开展经营活动。同时,要建立和健全组织内部的法人治理结构,参照现代企业管理制度,在组织内部建立成员(代表)大会议事制度,理事会经营决策议事制度,监事会的监督议事规则等。

农村集体经济组织的法人治理架构包括成员(代表)大会、理事会、监事会和经营管理四个层次。农村集体经济组织通过章程规范各项权力在法人治理架构之间的分配。健全农村集体经济组织法人治理架构的核心,是切实贯彻民主管理的原则。最终形成成员(代表)大会的最终控制权,理事会的经营决策权,监事会监督权,总经理的经营指挥权,"三会四权"既相互制约,又相互依存,互为一体。

(四)立法应该明确农村集体经济组织成员资格及权利义务

党的十八届三中全会《决定》提出,要"保障农民集体经济组织成员权利,积极发展农民股份合作,赋予农民对集体资产股份占有、收益、有偿退出及抵押、担保、继承权"。这从国家层面上明确了农村集体经济组织成员应享有的权利。那么如何界定本集体经济组织成员的问题就显得日趋紧迫。成员资格未明确,成员的权益问题无从谈起。

由于当前农村集体经济组织成员具有时间跨度大、流动性大、区域差异大的特征，因此必须通过较高层级的立法明确农村集体经济组织成员的界定原则、界定依据和界定标准，并根据各地农村社区群体人员的情况，在符合法律基本精神的前提下由地方制定农村集体经济组织成员界定具体细则。

农村集体经济组织成员资格的界定应当依据法律、尊重历史、照顾现实、实事求是。农村集体经济组织成员资格的确认应该尊重《高级农业生产合作社示范章程》的精神，基于由本组织较为固定的成员所组成的具有延续性的共同体，其成员原则上应该在本组织所在地长期固定地生产、生活，形成事实上的权利义务关系及管理关系，并结合是否具有依法登记的本组织所在地常住户口来进行确认。成员资格的界定应充分尊重农村集体经济组织的自主权。

在界定农村集体经济组织成员资格的同时，要立法规定其权利和义务。

农村集体经济组织成员应享有的权利，包括：一是政治权利，主要包括成员在集体经济组织内部享有选举权和被选举权；二是农村土地承包经营权，《农村土地承包法》规定，在农村土地承包经营法律关系中，承包人享有承包土地的生产经营、收益权利；三是经济权利，主要包括：集体资产收益分配权，各类集体经济活动事项的决策权、参与权、监督权和知情权等；四是宅基地使用权，宅基地使用权人对宅基地享有占有、使用、收益和部分处分权利；五是农村集体经济组织为其提供各类服务的权利，主要包括成员的医疗卫生、社会保障、文化、教育、福利等；六是法律规定的其他权利等。

农村集体经济组织成员应承担的义务，包括：一是遵守集体经济组织章程，维护和保护集体经济组织利益的义务。二是妥善使用承包土地，独立承担风险，接受集体经济组织对于其生产经营活动的合法监督。如承包人连续两年弃耕抛荒的，发包人有权终止承包合同，收回发包的耕地等。

四、推进《农村集体经济组织法》立法面临的几个难点问题

（一）关于法人地位问题

我国目前各领域的法律法规日趋完善，国有企业、私有民营企业、外资企业等在设立登记、股权管理、交易、税收等方面都有比较完善的法律体系。《宪法》明确的“城镇中的手工业、工业、建筑业、运输业、商业、服务业等行业的各种形式的合作经济，都是社会主义劳动群众集体所有制经济”，它们都

已经取得了法人资格,包括农村中的许多市场主体,如农村承包经营户、个体工商户、私营企业、乡(村)办企业等也先后按照《民法通则》《个人独资企业法》《乡镇企业法》等规定,取得了相应的法律地位,独立参与市场经济活动。为什么唯独农村集体经济组织至今仍是市场经济的"黑户"? 究其原因,是我国法律把农村集体土地作为保障资产,农村集体经济组织也就因此没了"灵魂"。这是《农村集体经济组织法》立法的制约因素。

而这不应该成为制度障碍,应该从立法上规范农村集体经济组织职责权限。如通过立法明确:农村集体经济组织的职责是依据法律规定,管理其区域范围内的集体资产、资金、资源,独立开展经营活动,承担除土地以外的民事责任,并为集体经济组织成员提供生产和生活等方面的服务;农村集体经济组织应建立健全产权制度,通过明确组织与成员的财产关系,建立起以产权联结为纽带、成员共享发展成果、激励成员齐心协力共同发展集体经济的长效机制;明确乡镇级、村级和组级集体产权与成员在存量财产上的关系;建立健全集体经济组织资本扩张管理制度、集体经济组织财产外部监督管理制度等方面的规定;实行农村集体经济组织"三资"管理、重大事项决定、收益分配等公开管理制度。

(二)关于成员资格界定问题

关于农村集体经济组织成员资格的界定,目前理论界和地方实践都没有统一明确的说法,各地的做法也不尽相同,主要困惑:

1. 成员资格取得的起始时间如何确定。有的地方从 1956 年农业生产高级合作社起算;有的从 1958 年人民公社起算;有的从 20 世纪 80 年代初农村实行家庭联产承包、统分结合的双层经营体制起算。

2. 成员界定的范围如何确定。有原始取得成员资格,即户籍在本集体经济组织所在地的土生土长农村居民,包括其婚生或非婚生、计划生育或非计划生育子女,并从事本集体经济组织农村农、林、牧、副、渔生产和乡镇企业的人员;有法定取得成员资格,即因婚姻、收养和其他政策性移民,办理合法手续并迁入本集体经济组织所在地户籍,按相关政策取得成员资格;有程序取得成员资格,即对于原始取得和法定取得范围之外的部分特殊情况和人员,经本农村集体经济组织成员(代表)大会等相关程序讨论表决通过后取得成员资格的人员。

3. 成员资格的终止如何认定。比如曾经是本集体经济组织成员,由于参军提干的、集体土地征用落实城镇户籍的、举家外迁的、户籍转性的、劳教服刑释放的或已经亡故的等，这部分特殊群体如何确定其成员资格去留问题，以及其原享受的集体资产股份权益如何处置问题等，都是立法的难点。

目前理论界对集体经济组织成员资格界定有以下一些观点：

一是认为以户口来认定集体经济组织成员。只要户口登记在本集体经济组织所在的村或村民小组内，就承认其为该集体经济组织成员。但是有人认为“以户籍行政管理确定经济组织的成员资格”，与法理相悖，且也不符合实际情况，尤其在面临户籍改革的形势下，更不合时宜。

二是认为以村民身份来认定为集体经济组织成员。凡是具有村民身份就具有所在集体经济组织的成员资格。这种观点是基于当前农村基层自治组织与农村集体经济组织在地域上和部分职能上有重合的现实。但是，这二者毕竟在权利义务的属性上完全不同。现实中，属于村民而非集体经济组织成员的情况已不少见。因此，不能混淆村民与集体经济组织成员的本质区别。

三是认为以取得土地承包经营权来认定为集体经济组织成员。这种做法忽视了农村土地承包经营的几个法律问题：其一，农户土地承包经营是以户为承包主体，而非以集体经济组织成员为承包主体；其二，随着户内人口变化，变化后的成员也都享有本户土地承包经营的权利；其三，农村土地承包合同是有期限的，在上轮承包时有的农户自愿放弃承包或交回承包地的，不等于下轮承包时不能享有承包经营权；其四，农户土地承包经营权可以依法转让流转，但其集体经济组织成员资格并没有也不可以转让。

四是认为以与集体经济组织是否存在权利义务关系来认定为集体经济组织成员。只要向集体经济组织交纳了一些费用，或者享受过集体经济组织福利，双方存在权利义务关系，即取得成员资格。这种说法有失偏颇。因为，判断权利义务的构成，必须以集体经济组织提供基本的生活生存保障为前提，而且农村集体经济组织与成员的关系，本质上是劳动者的劳动联合与劳动者资本联合关系，否则即不构成集体经济组织与其成员的基本权利义务关系。

综上所述，研究农村集体经济组织成员资格问题，需要把握好以下几个原则：

第一，尊重历史原则。在计划经济时代，由于二元结构体制，人口结构长期处于封闭状态，因此成员在集体经济组织内部是没有边界的，祖辈是集体经济组织成员，其子女必然继承取得集体经济组织成员资格。

第二,严格法律政策界限原则。首先要明确,农村集体经济组织的集体资产的根源是从20世纪50年代实行农业生产高级合作社入股起始的。而部分法定取得成员资格的对象通常与本集体经济组织并无生产和生活的历史关系,完全由于来自法律政策的赋权,因此,必须严格控制批准权限,严格尊重集体经济组织的意愿,严格规定通过程序。

第三,严格区分资格和资产关系的原则。目前,随着国家人事制度改革和劳动关系的变化,特别是在当前全国加快推进户籍登记管理制度城乡一体化改革的背景下,农民就业呈多样性、选择性和不稳定性,城与乡、农与非农的关系也模糊起来,如招干、提干、大中专院校毕业生非农就业、随军、转业、农转非、知青回城等,农村集体经济组织的成员资格不变是相对的,变化是绝对的。但是要严格区分成员资格和成员资产股份处置的关系。成员资格的终止并非是原有资产股份权益的终止,而股份权益的处置应该按照本集体经济组织章程办理。

(三)关于与相关组织关系问题

农村集体经济组织目前处在农村社会基层管理组织和企业等其他社会和经济团体的夹缝当中,造成人人可以管也没有人管,也造成集体经济组织什么都要管的境地。关键在于农村集体经济组织与农村其他组织之间的关系没有明确,包括职责、权利、义务等。

1. 与农村基层社会管理组织职责重合。按照《村民委员会组织法》规定,农村基层社会的自治组织虽然是村民委员会和其下设的村民小组,但在当前的农村基层组织中,大多是农村集体经济组织与村民小组或村民委员会是同一机构,即两枚印章一套机构。然而,村民委员会既不同于企业法人,又不同于社会团体,也不同于行政机关,有其独特的政治性质和法律性质。

村民委员会与农村集体经济组织更是不同性质的基层组织。村民委员会的主要职能是办理村中的公共事务和公益事业,调解民间纠纷,协助维护社会治安,并向乡镇人民政府反映本村村民的意见等,而不能完全代行村集体经济组织的职能。

但从全国来看,目前大部分乡镇、村或村民小组都没有成立相应的集体经济组织,一般都由乡镇政府或村民委员会代行集体经济组织功能管理农村集体资产。这与农村集体经济组织独立自主经营相违背的,而且不利于农村集体经济发展。

2. 与其他所属集体企业的关系。农村集体经济组织利用自身劳动积累、筹资筹劳、融资贷款等途径举办集体企业，但由于农村集体经济组织不具有法人资格，因此其作为企业投资人的地位没有真正体现出来，不能作为企业出资人进行登记或变更，其投资人地位只能由基层政权组织代行，造成农村集体企业产权模糊，边界不清。

基层政府、村民自治组织和集体经济组织的职能是完全不同的，前者是农村社区公共事务的管理者，公共服务和产品的提供者，而后者则是农村集体经济的经营者，为集体经济组织成员提供服务。农村集体经济组织拥有农村集体资产，其目的是用集体资产实现农民的生产和福利，开展经营活动并承担一定的市场风险。因此要通过立法明确两者职责权限。并且在研究《农村集体经济组织法》立法的同时，修改《村委会组织法》，删除第 5 条中有关村民自治组织有经济职能的规定。

关于《农民专业合作社法》修订完善的几点思考

黄胜忠*

《中华人民共和国农民专业合作社法》(以下简称《农民专业合作社法》)颁布实施以来,农民专业合作社在全国范围内获得了长足的发展,已经进入数量快速增长与质量稳步提升的新时期。整体而言,农民专业合作社已经广泛引入农业各产业和各生产环节,并且呈现出多成员"参与"和"共享"的发展态势,在带动农户进入市场、发展农村集体经济、创新农村社会管理等方面发挥着不可替代的重要作用。然而,面对蓬勃发展的形势和丰富多彩的实践,《农民专业合作社法》在实施中面临诸多挑战和现实问题,法律的规定与农民专业合作社实际运行情况存在不少出入。有鉴于此,2013 年中央一号文件就提出要"抓紧研究修订农民专业合作社法",2015 年中央一号文件进一步明确提出"适时修改农民专业合作社法"。从各界反映的情况来看,关于《农民专业合作社法》修订完善涉及内容比较多,例如,法律的名称、法律调整的对象、登记注册完善、政府扶持政策完善、主管部门及监管机制完善、内部制度安排等。笔者仅就部分内部制度问题进行探讨。

一、高度重视成员异质性问题

成员异质性问题是认识中国农民专业合作社内部制度安排的一个重要出发点。就农民专业合作社的形成逻辑而言,作为主体的农业生产者,产前的农资供应商,产中的技术推广服务机构,产后的农产品经销商,以及关联的农业企业、农业投资者、社区、政府等个体、群体和组织都需要利用农民合

* 黄胜忠:西南政法大学新农村发展研究院院长、教授。

作社解决各自需要完成的工作，以不同的形式参与其中，并且进行一定的专用性投资和承担一定风险，因此，这些主体都是农民专业合作社的利益相关者。

由于“高合作成本，低合作收益”，一般中小户生产者牵头创建的合作社非常少见，热心组织创办合作社的多数是那些大户农业生产者、农业投资者、农业企业、农产品销售商、农资供应商、技术推广服务机构、社区领袖、供销社等主体。因此，绝大多数农民专业合作社从一开始都是典型的异质性成员之间的合作：(1)成员之间在年龄、受教育程度、工作经历上存在差别；(2)成员之间的资源禀赋（资本资源、自然资源、人力资源和社会资源等）有着明显不同；(3)成员之间在生产规模、生产成本、技术水平、生产策略上差别明显；(4)在农产品纵向一体化体系中，不同成员处于产业链的不同位置；(5)成员之间在风险偏好和利益诉求方面存在差别。

作为“弱者”的小农通过联合来维护其自身利益是农民专业合作社发展的初衷，然而，实践中绝大多数农民专业合作社的形成和发展主要依赖于大户农业生产者、农业投资者、农业企业、农产品销售商、农资供应商、技术推广服务机构、社区领袖、供销社等少数处于相对“强势”地位的非小农群体，成员异质性无疑对农民专业合作社的运行制度产生深刻影响，这是中国农民专业合作社发展必须面临的重要现实问题。

修订建议：由于对成员异质性问题的认识不足，《农民专业合作社法》语境下的农民专业合作社主要指向农民、农户，强调公平逻辑，侧重保护生产者成员的利益；而大户农业生产者、农业投资者、农业企业、农产品销售商、农资供应商、技术推广服务机构、社区领袖、供销社等主体领办和主导的现实中的农民专业合作社则主要指向农业、农村，强调效益的逻辑，侧重保护自身利益。当法律的制度逻辑与多数农民专业合作社现实运行的实践逻辑出入较大时，有必要对《农民专业合作社法》立法的宗旨、目标进行重新检视和调整。

二、高度重视章程虚问题

作为一个人口大国、农业大国，农民和农业在全国各地的差异性显著，法律规定过细、过死不利于农民专业合作社实践的发展，加之农民专业合作社是“民办、民管、民受益”的互助性经济组织，因此，《农民专业合作社法》把很多问题留给合作社章程加以规定。据统计，《农民专业合作社法》中41

处提到合作社章程,其中有39处规定要由章程决定。由此可见,章程在农民专业合作社制度安排中具有基础性地位。

农民专业合作社是具有不同资源禀赋、利益要求和充当不同角色的利益相关者共同缔结的"联盟"组织。这种"联盟"性质决定了农民专业合作社在内部制度安排上需要各参与主体在特定的市场环境下基于资源禀赋、利益偏好和角色扮演等因素进行有效地"博弈",才能找到一种均衡结果。《农民专业合作社法》规定合作社设立大会时"章程应当由全体设立人一致通过",而且规定成员大会行使"修改章程" 职权。因此,在成员异质性条件下,合作社章程的制定过程就是参与各方通过"博弈"达成的"共识"的过程。一旦达成"共识","在社遵章"就应该是所有成员必需的行为模式。

然而,实践中许多农民专业合作社在创立时没有根据自身的实际情况,对合作社章程进行充分讨论并形成共识,而是照抄照搬农业部出台的示范章程,应付登记注册。同时,有些基层的工商部门也存在把示范章程当做规定要件的疏忽。当合作社的章程没有经过参与各方的反复博弈而草率出炉时,农民专业合作社就会面临章程虚置的现象,这会严重影响成员的参与行为。由于没有参与章程的讨论和制定,很多成员理所当然就会选择无视章程、自行其是的做法。

修订建议:鉴于合作社章程的重要性和实践中存在虚置问题严重,《农民专业合作社法》在修订时有必要对合作社章程的有关内容进行完善,对章程的核心内容、程序性问题、成员违反章程行为的可诉性等提出明确的可操作性意见。

三、理清成员资格界定问题

"使用者所有、使用者控制、使用者受益"原则是界定农民专业合作社的参与者和服务对象的基本方向。《农民专业合作社法》要求参与者是从事同类农产品生产经营,或者为成员提供同类服务,在法律层面,强调"同类"其实暗含了成员同质性的前提,强调成员的共同利益。然而,绝大多数农民专业合作社践行的却是不同要素所有者之间的多要素合作,允许处在同一农产品产业链条上具有上游、下游业务关联的相关利益群体共同联合。因此,"同类产品"或者"同类服务",不仅给工商部门登记注册带来界定难题,而且存在与实践不符的问题。

按照《农民专业合作社法》确定的原则,农民专业合作社对成员不能有歧视性选择行为、对成员采取公平的激励行为。在成员异质性条件下，面对公司等主体的竞争压力、农业的产业化变革以及市场环境的快速变化，如果合作社在选择成员时，不设要求和标准，只要成员愿意加入，不考虑其资源能力、参与意愿和态度、团队意识、技术水平等因素，会导致入社成员参差不齐、难以采取有效的集体行动。在激励机制上，限制资本收益、主要按交易量(额)分配盈余，缺乏对要素投入和承担风险的成员的激励，容易挫伤部分承担资本、技术、管理等稀缺要素并承担经营风险的成员的积极性。同时，内部自愿与开放的成员原则使得农民专业合作社的经营规模处在不稳定的状态中。在大多数农民专业合作社中，当成员参与合作社事务的积极性不高，参与意愿不强，很多成员对合作社的事情漠不关心、事不关己、高高挂起的心态普遍存在，“有利则来，无利则往”的成员大量存在，合作社很难实现规范运作和可持续发展。面对上述困境，部分农民专业合作社开始调整其成员选择与激励政策，以克服集体行动的困境。

为了体现农民的主体性，《农民专业合作社法》要求农民成员的比重不低于80%。在实践中，随着户籍制度改革的推进，部分农民在户籍上已经转为城市居民，但仍然保留土地承包经营权，他们中有的仍然希望继续从事农业生产经营活动。对于这部分群体，是否以农民身份参与合作社，在工商部门登记注册时如何界定有待进一步明确。另外，部分国有农场实行职工家庭承包经营后，也参与发展农民专业合作社，对于这些农场职工如何界定其身份也是不明确的问题。

修订建议：考虑到成员异质性问题和农村改革发展中出现的新情况新问题，《农民专业合作社法》应当对成员资格问题进行重新审视，并对实践中涌现的各类情况进行充分梳理，使得成员资格界定具备适应性和可操作性。

四、明确成员出资问题

成员出资问题是农民专业合作社的重要问题之一。在成员出资问题上，《农民专业合作社法》只原则性规定“有符合章程规定的成员出资”，但并未对成员出资做出明确的强制性规定。不强制规定成员出资会带来下列问题：一是照顾了许多低收入农民参加合作社的意愿和能力，但也为其“搭便车”提供了机会。出于资本资源有限和不愿承担过多风险等因素，部分成员要么不出资，要么象征性出资。由于跟合作社没有资本纽带，这部分成员缺乏组织认同感，也缺乏义务意识，愿意就把农产品交售给合作社就卖给合作社,不愿意把产品交售给合作社,合作社也拿这些成员没有办法。二是为少数成员占有合作社多数股份提供了便利。资本资源、人力资源和社会资源等稀缺的关键生产要素的所有者,如何确保其对投入要素的控制权和收益权对他们而言至关重要。在对其所投入的资本资源、人力资源和社会资源要素产权残缺的条件下,由于对人力资源和社会资源的贡献难以直接量化,部分成员必然倾向于股份化的产权结构。通过占有合作社相对多数股份,这部分成员可以获得合作社的实际控制权,进而通过有利的剩余分配方式实现对投入合作社的稀缺资源的控制权和收益权。三是造成合作社内部不平衡的权利。在法律对出资没有明确规定的条件下,有些合作社里的大户农业生产者、农业投资者、农业企业、农产品销售商、农资供应商、技术推广服务机构、社区领袖、供销社等主体有意拒绝其他农户成员出资,更有些合作社在章程中就有意设置不平衡的权利。

关于出资方式,《农民专业合作社法》规定成员可以用货币出资,也可以用实物、知识产权等能够用货币估价并可以依法转让的非货币财产作价出资。随着实践的发展,农民专业合作社不仅仅停留在单一产品的生产或销售层面,劳务合作、土地合作、资金合作等新情况不断涌现,多种生产要素合作的局面日益丰富。多要素合作实现了"有人出人、有力出力、有钱出钱、有地出地"的发展态势,有机整合了各种生产要素的优势,使得合作社更具竞争力。当然,多要素合作也带来了合作社内部各种生产要素的评估作价、不同要素所有者之间的利益平衡问题。由于非货币财产的作价出资及产品交易价格的确定关系到农户的切身利益,问题的有效解决能够促进农户积极参与合作社事务,对维护合作社稳定和保障持续发展具有积极意义。

在不改变土地集体所有性质、不改变土地农业用途、不损害农民土地承包权益的前提下,实践中还出现了成员以土地承包经营权作价出资组建的农民专业合作社的探索。从各地的实际情况来看,以地入股农民专业合作社主要呈现以下特征:成员将土地承包经营权按数量、年限、质量等级由全体成员评估作价以后作为出资入股合作社,并与货币、实物等其他出资形式并存;合作社的理事会和监事会,掌握合作社在发展战略、定价机制和收益分配等关键事务的决策权;对以地入股统一经营产生的收益主要采取"基本收益 + 按股分红"方式进行分配。上述基于现实博弈形成的剩余索取权安排满足了参与各方的利益诉求,是一种相对均衡的制度安排。以地入股农民专业合作社上述剩余索取权安排是否违背了《农民专业合作社法》规定的盈余分配原则呢？这需要本着实事求是的态度客观地加以分析。对于以地入股农民专业合作社而言，少数成员作为资本资源、人力资源和社会资源的拥有者，一般跟合作社没有产品交易；以地入股农户将土地承包经营权让渡给合作社集约经营以后，与合作社也不再有产品交易，因此，坚持"按成员与本社的交易量(额)比例返还，返还总额不得低于可分配盈余的60%"显然不具有可操作性。由于以地入股农民专业合作社集聚了成员的土地资源、资本资源、人力资源、社会资源，通过集约经营的方式生产产品，成员跟合作社之间存在要素合约关系，因此，按成员的股份分配盈余在某种程度上是"按交易量返利"的间接体现。问题的关键在于，以地入股成员的分红和没有入股的成员的交易返利总额是否低于法律规定的"可分配盈余总额的60%"，而这又很大程度上取决于合作社的资本结构，特别是土地承包经营权的作价出资所占的股份份额，例如，调高土地承包经营权的作价出资额，其在合作社的股份中所占的比例也会相应提高，对以地入股成员获得更多可分配。

修订建议:《农民专业合作社法》对成员的出资行为，包括是否必须出资、出资的比例、出资的方式、出资参与盈余分配等问题，需要进一步明确规定，同时对合作社出资的内外部监管机制也要予以明确。

五、完善盈余分配问题

除了获得合作社的使用权以外，对成员而言参与合作社的价值还在于分享合作社的剩余。对农民专业合作社的可分配盈余而言，重要的问题是确定盈余分配的基础。由于成员在合作社存在多种要素投入，例如，有的成员同时向合作社提供产品和资本，有的成员只向合作社提供资本，有的成员只向合作社提供产品，有的则只从合作社购买投入品，这就使得多种分配基础存在可能。盈余的分配既可以通过交易价格调整的方式返还给成员，也可以依据成员的出资以分红的形式返还给成员。出于公平和保护生产者成员利益的考虑，《农民专业合作社法》第37条规定，可分配盈余主要按照成员与本社交易量(额)比例返还，返还总额不得低于可分配剩余的60%。然而，当实践中普遍存在的盈余分配模式偏离合作社惠顾返还价值的现象时，如何构建公平合理的盈余分配机制事关农民专业合作社的健康可持续发展。

从实际运行情况来看，在农民专业合作社的运行过程中，大户农业生产者、农业投资者、农业企业、农产品销售商、农资供应商、技术推广服务机构、社区领袖、供销社等核心成员往往投入较多的初始资本并将所生产的产品全部交付给合作社,同时积极参与合作社的经营管理;相对于前述成员,合作社的普通成员多为分散农户,由于缺少资金往往不出资或者象征性地对合作社注入少量资金,除此之外普通成员往往存在机会主义行为,有时会直接将产品销售给市场或者只出售少部分产品给合作社。普通成员参与合作社交易时大多期望以优惠价格的方式(销售产品高于当地市场销售价格、采购农资低于当地市场采购价格)一次性现金交付,不愿意承担交易风险,也不愿意接受延期支付。由于普通成员出资较少或者不出资,合作社的资本风险主要由核心成员来承担;由于合作社在收购普通成员的产品时已经支付了现金,产品销售的风险也主要由核心成员来承担。合作社建立的初衷是为构建一体化的组织以增强其市场竞争力,然而,当前主要由核心成员来承担资本风险和交易风险的状况确是不争的事实。

在农民专业合作社实践中值得关注的问题是,大多数与合作社有产品交易关系的成员对“二次返利”不太在意,而对以价格改进方式实施的“一次返利”比较重视。农民专业合作社通过价格改进确实可以提高成员的收益,例如,营销合作社将为成员产品支付更高的价格,供应或服务型合作社将向成员提供价格较低的供应或服务。然而,农民专业合作社的这种定价机制也存在一些问题:第一,提供价格改进使合作社的收支均衡面临一定困难;第二,通过价格改进形式返还合作社盈余将会使成员对于他们产品或投入的真实价值产生错误印象,成员可能根据错误的价格信号而做出行动,甚至购买低于市场价格的产品作为投入,制造高于市场价格的产品;第三,成员将价格回报视同于惠顾返还,会低估股份投入的作用。此外,考虑到价格改进收益的存在,合作社面临测算“一次返利”收益并转化为“二次返利”收益的难题。

修订建议:《农民专业合作社》在确定盈余分配时,要从成员异质性的现实出发,妥善处理好要素贡献与收益分配之间的关系,成员参与收益分配之间的关系、风险分担和收益分配之间的关系,制定出兼顾各方利益诉求的制度安排。

农民专业合作社成员权利的行使及其保障制度研究*

许　英**

《农民专业合作社法》作为一部市场主体法，又是一部促进法，通过规范农民专业合作社组织及其行为，保护农民专业合作社及其成员的合法权益，提高农民的自组织能力以及带动农民进入市场的能力。然而，《农民专业合作社法》能否从“纸面上的法”转化为“行动中的法”，实现保护农民专业合作社及其成员的合法权益的法律目标，不仅需要科学地明确地赋予其成员合法的权利，而且还应为成员权利的行使提供有效的保障。否则，这部法律就难具可操作性，其保护成员合法权益的法律目标就会只是一个宣示性的口号，而没有任何实际意义。因此，关于成员权利的行使及其保障制度是农民专业合作社法律制度的重要内容，成员权利能否得到有效行使和保障，也是我们判断法律能否发挥实效的重要依据。基于此，本文重点探讨现行立法关于成员权利行使及其保障的制度设计，通过对其制度缺陷的拷问，以期为农民专业合作社法律制度的完善提供理论分析和实际建议。

一、农民专业合作社成员权利行使的保护制度之阐释

（一）农民专业合作社成员权利保护的依据

我国农民专业合作社成员权利保护的规定在内容上既包括《农民专业合作社法》所明确的基本原则、列举的成员权利和义务内容、对合作社机关

* 本文系教育部人文社会科学研究青年基金项目“农民专业合作社社员权制度研究”（项目批准号：13YJC820089）阶段性成果。

** 许英：女，法学博士，副教授，肇庆学院政法学院副院长。

的设置和职能等规定,也包括该法做出原则性规定或未明确规定而赋予合作社章程具体规定的内容。其中,《农民专业合作社法》既规定了成员享有的权利也规定了成员承担的义务,既强调了合作社机关之间的相互制衡,又强调了理事、监事对合作社所负的义务和责任。除了社员权的固有权利义务由《农民专业合作社法》强行规定之外,更多的社员权利和义务内容是由合作社章程加以具体规定的。《农民专业合作社法》中存在很多诸如"合作社章程另有规定的除外"、"由合作社章程规定"等表述。当然,正如有著述所指出,"当事人的意思自由只是在国家设定的高低不同的栅栏中流动,私法自治的领域,事实上自始充满了各种国家强制力"①。也就是说,只有在不违反公序良俗、强制性法律规范以及合作社本质的前提下,合作社章程可对社员权的内容予以适当的限制或扩张。② 然而,我国《农民专业合作社法》作为一部市场主体法,相较于《公司法》《合伙企业法》等,条文较少,其中很多规定还比较原则性甚至存在模糊性。作为处理合作社社员之间的关系以及社员与合作社之间的关系的重要制度安排,合作社章程可以对社员享有哪些权利、怎样行使权利以及如何使权利得到保障等内容加以详细规定。

合作社主要为人的联合,与其他经济组织如公司相对比而言,合作社社员的权利与公司股东的权利有较大的不同。合作社社员的权利既包含了公司股东享有权利的绝大部分内容,又包含公司股东权所不能涵盖的权利类型。一般来说,社员权包括社员会议参加权、决议权、选举权与被选举权、社员大会决议撤销诉权、社员大会决议无效诉权、理事会决议无效或撤销的诉权、社员大会召集请求权、股息分配请求权、剩余财产分配请求权等。对社员权的这种复杂组合,可以称其为"整合构造"。③ 在这些权利类型中,我国《农民专业合作社法》明确规定的主要是参加成员大会的权利、表决权、选举权和被选举权、查阅权和临时成员大会召集请求权。除此之外,根据《农民专业合作社法》第 2 条、第 16 条的规定,农民专业合作社的成员还享有接受服务权、分享盈余权。我国《农民专业合作社法》明确规定了"入社自愿、退社自由"的合作社原则。当社员因业务的变化而无需从合作社中获取服务

① 苏永钦:《走入新世纪的私法自治》,中国政法大学出版社 2002 年版,第 3 ~4 页。

② 欧阳仁根等:《合作社主体法律制度研究》,人民出版社 2008 年版,第 153 页。

③ 郑景元:"农村信用社社员权的整合构造及其分离行使——兼论权利的二元救济",载《中国政法大学学报》2011 年第 3 期。

时，参与合作社对其没有任何益处，允许其退出合作社为社会之常理。[①] 因此，在自愿入社的前提下，社员也享有自由退社权。

根据权利义务相一致原则，加入合作社后，社员不仅享有一定的权利，同时也应承担一定的义务。实际上，要正确理解合作社的社员应承担的义务，应将社员的义务加以法定义务和约定义务的区分。法定义务由合作社法的强制性规范加以明确，约定义务则赋予章程具体规定。这样做，一方面是为通过《农民专业合作社法》对社员基本义务的规定保证合作社的有效运转；另一方面是尊重合作社的自治原则，赋予合作社根据实际情况做出适合本合作社稳定发展的规定。我国《农民专业合作社法》第18条采取列举的方式对社员义务加以了规定，但同时又赋予了章程很大自主权以对成员义务进行具体规定。其中，"执行决议的义务"实际上是与成员拥有参加成员（代表）大会的权利和享有表决权相对应的。而关于出资、交易、承担亏损的义务则由章程具体规定。

（二）合作社成员"异质性"组成与控制安排

根据我国《农民专业合作社法》对"成员"的规定，虽然合作社成员主要由农民组成，但是合作社的成员并不是单一的农民，企业、事业单位或者社会团体也可以成为合作社的成员。该法规定，农民不少于成员总数的80%，成员人数在20人以下的允许一个从事与农民专业合作社业务直接有关的生产经营活动的企业、事业单位或者社会团体进入，成员人数超过20人的其也不得超过5%。即合作社可以由不同的利益主体组成，在成员组成上具有"异质性"特点。然而，对农民成员组成比例的控制表明了立法者对既最大限度地保持合作社成员"同质性"特征同时又保留资本进入空间所做的努力。

实际上，我国《农民专业合作社法》关于非农民成员的引入是在借鉴了其他国家合作社立法的经验，并充分考虑我国农民专业合作社在发展过程中对资金的实际需求所做的制度安排。一方面，由于在传统合作社制度中，一个社员只要向合作社缴纳了最低股本额就可以享有合作社社员的全部权利，而且合作社对资本实行报酬有限原则，合作社社员缺乏向合作社进行更多投资的动力；同时，合作社作为弱者的联合，社员自身的资金有限，因此社员客观上也不可能向合作社进行更多投资。因此，在传统合作社的制度安

① 屈茂辉等：《合作社法律制度研究》，中国工商出版社2007年版，第179页。

排下,资金短缺成为制约各国合作社发展的普遍问题,也被视为合作社的主要制度缺陷。为此,随着市场经济的不断发展,为应对合作社内外经济条件的变化,各国合作社法通过制度创新对合作社资本的筹集方式做出了多种探索,如瑞典 1987 年《合作社法》允许合作社向非社员发行债券,加拿大 1998 年《合作社法》允许发行没有票面金额的投资股份和社员股份。[①] 另外,日本农业协同组合中有"准组合社员",意大利合作社中有"融资社员",美国新一代农业合作社中有"优先股股东"等这些不同类别的社员都是各国合作社为了融资的需要所做的社员制度创新。另一方面,我国农民合作社发展的实情是,囿于农民资源禀赋的差异,如广大分散经营的小农户,一缺资金,二缺生产技术,三缺营销能力,四不愿承担投资入股风险,一些农村能人、大户和部分涉农企业在过去一个时期就成了发起、创办合作社和维持合作社正常运转的重要力量,而且,如果没有能人、大户以至公司企业的加入和带动,合作社就很难组织起来并有效运转,[②]也就是说,在实践中纯粹由农民组成的专业合作社往往难以运作成功,在这种情形下,《农民专业合作社法》允许非农民成员加入合作社,为农民专业合作社吸引外来资本投入打开了方便之门,因此对成员结构做出了异质性的制度安排。

当然,成员异质性在我国农民专业合作社的发展实践中还将继续存在,而且还具有区域性差异,缘于经济越发达地区成员在资源禀赋上的差异越小,从而成员要素投入、对合作社的贡献以及所承担的风险差异也越小。结果是,经济越不发达地区的成员异质性越强,而越发达地区成员异质性越弱。[③] 也就是说,随着合作社内外部经济条件的不断发展变化,成员在资源禀赋上的差异越小,农民合作社的成员异质性也就越弱。

(三)基本表决权与附加表决权相结合的民主管理制度

我国《农民专业合作社法》确立了对合作社的经营管理实行民主管理机制。具体来说,民主管理主要体现在成员表决权的行使上。召开成员大会选举内部管理机构和表决合作社生产经营事项,合作社实行的是基本表决权与附加表决权相结合的管理制度。基本表决权实行"一人一票"制,每个

---

① 陈荣文:"我国合作社立法中的若干问题研究",载王保树主编:《中国商法年刊(2006):合伙与合作社法律制度研究》,北京大学出版社 2007 年版,第 318 页。

② 杜吟堂:"《农民专业合作社法》的立法背景、基本特色及其实施问题",载《青岛农业大学学报(社会科学版)》2008 年第 2 期。

③ 孔祥智等著:《中国农民专业合作社运行机制与社会效应研究:百社千户调查》,中国农业出版社 2012 年版,第 83 页。

成员享有一票的基本表决权。“一人一票”制强调成员地位平等，成员对合作社内部机构实行民主控制。然而，在我国农民合作社的实践中，资金问题无疑是制约合作社发展的关键因素。因此，为鼓励成员出资以及与合作社交易的积极性，在基本表决权基础上，《农民专业合作社法》还允许合作社设置体现出资差异的附加表决权制度。出资额或者与本社交易量（额）较大的成员可以按照章程规定享有附加表决权，但总票数不得超过基本表决权总票数的20%。附加表决权的设置对鼓励成员提高出资额以发展合作社事业有一定的促进作用。不过，体现出资差异的附加表决权制度并非法律的强制性安排，而是属于章程自治的范畴。因此，实行表决权“一人一票”制才是农民专业合作社民主管理机制的核心，也是保证农民成员平等参与合作社事务决策的重要制度安排。这也是农民专业合作社与其他经济组织如公司的重要区别之一。

（四）按惠顾额返还与按股分红相结合的盈余分配制度

在盈余分配方面，《农民专业合作社法》确立的原则是盈余主要按照成员与农民专业合作社的交易量（额）比例返还。合作社的当年盈余在弥补亏损、提取公积金后的余额为可分配盈余，成员享有盈余分配权。可分配盈余分为两部分进行分配：可分配盈余中不少于60%的部分按成员与本社的交易量（额）比例返还；剩余部分以“成员账户中记载的出资额和公积金份额以及本社其他财产（本社接受国家财政直接补助和他人捐赠形成的财产）平均量化到成员的份额”为标准，按比例分配给本社成员。很显然，合作社盈余分配规则的设置目标在于鼓励成员与合作社进行交易，分配原则也是体现了合作社“互助益贫”的旨趣。

总的来说，现行农民专业合作社法既明确列举了成员享有的权利和承担的义务内容，同时又对成员权利的保护原则做出了一般规定，另外还考虑到我国农民专业合作社发展实践对资金的需求以及农民资源禀赋的差异，并保持合作社与其他企业类型的本质区别，《农民专业合作社法》在允许非农民成员入社、允许出资差异、允许按出资额差异分配盈余的前提下，对非农民成员的比例、出资较多成员的表决权以及合作社盈余按交易额返还的比例进行了限定，以防止内部少数成员控制合作社的现象发生。可以说，《农民专业合作社法》在成员构成、内部治理结构以及盈余分配规则方面对成员权利的保护做出了较为合理的制度安排，较为符合我国农民专业合作社发展的实际情况。

二、现行成员构成制度安排下成员权益保护之现实困境

(一)成员异质性构成与成员之间的利益冲突

《农民专业合作社法》对成员存有多种不同表述,如该法第2条"同类农产品的生产者经营者或者同类农业生产经营服务的提供者、利用者",第3条和第15条中的"成员以农民为主体"、"农民至少应当占成员总数的百分之八十",第14条中"公民、企业、事业单位或者社会团体"。也就是说,既有基于"民事主体"类型的自然人与团体组织的成员划分,又有基于"身份"的农民与非农民的成员划分。法律条款中关于"成员"的不同表述,说明立法对成员"异质性"进行了认可。然而,在我国农民专业合作社的发展实践中,农民专业合作社的参与主体又呈现出诸如普通农户、生产和运销大户、供销合作社、农村基层组织、龙头企业等不同类型。而且,不同的参与主体其参与合作社的积极性、动机、利益诉求等都有所不同,直接影响着各参与主体与合作社之间的关系。

1. 农民成员与非农民成员之间的利益冲突

据有关调查数据显示,我国部分省份如江苏、浙江、山东等省的农民专业合作社大多是由农村能人、农产品加工营销企业和村委会领办,农民自发组建或由农户领办的合作社数量很少。这主要是因为农户缺乏领办合作社所必需的资金、销售渠道、经营能力和社会关系等资源,资源禀赋的差异对领办和创建合作社影响很大。① 而且,我国农民专业合作社目前还处于发展的初级阶段,普遍规模较小、资金缺乏、生产经营技术和基础设施都较为落后、市场信息不甚畅通,吸收非农民成员加入合作社,不仅有利于弥补农民成员资源禀赋缺陷,发挥非农民成员在资金、技术、市场经验等方面的优势,从而维持并促进农民专业合作社的有效运转,而且非农民成员加入合作社也为资金、技术与农民的劳动的结合创造了条件,符合目前我国农民专业合作社发展实践的需求。

由此,我国农民专业合作社的参与主体存在多样化特征,普通农户加入合作社的目的主要是解决产品的销路和增加收入,生产大户和运销户由于自身生产经营规模较大,承担的市场风险也较大,组建合作社主要为进一步

① 孙亚范等:"立法后农民专业合作社的发展状况和运行机制分析——基于江苏省的调研数据",载《农业经济问题》2012年第2期。

扩大规模,提高质量标准,从而增强谈判地位更有效地抵御市场风险,或者组建合作社后进行品牌营销通过加工增值等方式获取更多经济利益。可以说,这些参与主体尽管行为特点也有差异,但是实质上都是从事农业生产经营服务获取更多经济利益的主体,在组建合作社上具有利益的同质性,属于"农民成员"。与此相对应的是,诸如供销合作社、农村基层组织和企业则为"非农民成员"。因为他们加入或组建合作社或为资本报酬等其他经济利益或为政治利益考虑。具体来说,供销社领办合作社在实践中大多是为寻求自身体制改革的出路,既有经济利益的追求,也有诸如取得对农民合作社管理权的政治利益考量;农村基层组织参与合作社则主要是出于自身政治工作或任务的要求,夹杂着政治经济利益追求;龙头企业参与或组建合作社要么是为了稳定原料供应或农产品采购,要么是为了获取政府财政支持和税收优惠。不同的动机和目的,必然进一步影响其行为。也就是说,由于农民成员与非农民成员在资源禀赋上的差异以及加入合作社的目的不同,因此在他们之间不可避免地会产生利益冲突。

2. 多数普通成员与少数核心成员之间的利益冲突

由于农民专业合作社的各种参与主体加入和组建合作社的目的和动机不同,也必然影响其在合作社发展过程中所扮演的角色和对合作社产生的影响也不同。在上述关于农民专业合作社的各类参与主体中,对于绝大多数普通农户而言,由于他们存在资源禀赋的缺陷,由他们自发组建合作社的可能性较小,实践中这类合作社的数量也是少之又少。相反,我国实践中发展起来的合作社大多是由生产和运销大户、龙头企业等掌握一定资本资源和社会资源的主体所领办。因此,各类参与主体的资源禀赋差异决定了其在合作社中的地位,属于普通成员抑或核心成员。总的来看,普通农户的资源禀赋决定了他们只能是合作社的普通成员;而其他参与主体(包括生产和运销大户、供销合作社、农村基层组织和龙头企业等)由于愿意面对风险,也能够承担合作社的组织成本,充当了合作社创建的主导力量,他们大多是合作社的所有者、控制者,或者利益相关者,因而成为合作社的核心成员。①

无论是在合作社的形成还是在合作社的发展过程中,两类不同成员对合作社的贡献都是有所不同的。在农民专业合作社发展的初期,由于处于

---

① 黄胜忠:《转型时期农民专业合作社的组织行为以及:基于成员异质性的视角》,浙江大学出版社 2008 年版,第 63 页。

弱势地位的农户缺乏合作社相关知识，自身资源禀赋的缺陷如缺乏资金和技术以及企业家才能等，导致普通农户往往陷入集体行动的困境，合作社很难组建起来。相反，具有经营能力、资金实力和风险承担能力的生产大户等则往往能够基于资本报酬和响应市场需要成功组建合作社。随着农村经济体制改革的进行，在我国农村，农民分化的现象较为严重，富裕的农民往往是一些拥有政治、经济或文化资源的“农村精英”，依然贫困的农民则是那些“面朝黄土背朝天”、耕种着自己的“一亩三分地”的缺乏各种社会经济资源的普通农户。这种农民分化的现象也直接影响着农民专业合作社在形成和发展过程中的产权结构。

而且，在成员结构异质性条件下，有的成员同时向合作社提供资本和产品，有的成员只向合作社提供资本，有的成员只向合作社提供产品，有的成员则只从合作社购买投入品。由于不同成员对合作社的要素投入不同，必然造成成员对合作社的产权结构以及基于产权结构安排的盈余分配机制的不同诉求。具体而言，核心成员往往拥有资本资源、社会资源等对合作社发展至关重要的关键要素，作为这些要素的所有者，一旦核心成员将其投入到合作社，就很难排除其他成员对这些资源的使用并从中受益。因此，在这些资源对合作社的发展所做的贡献难以直接量化的情形下，核心成员为了获得对投入要素的控制权和收益权，在合作社的产权结构上就必然倾向于股份化。核心成员希望通过占有合作社相对多数股份，获得合作社的实际控制权，并进而通过有利的剩余分配方式实现对投入要素的控制权和收益权。而普通成员与合作社的联系主要在于与合作社进行交易，因此，从普通成员的利益角度考虑，他们又应该是期望合作社能够按照交易量(额)来安排产权结构的。然而，在普通成员面临农产品严重过剩，存在比较严重的“卖难”问题的情况下，普通成员对合作社的最大期待在于获得服务以及确保农产品的销路，因此，普通成员对股份化的产权结构也是能接受的。也就是说，在外部环境恶劣的情况下，普通成员对股份化产权结构的接受是缘于在公平与效率的测度上考量更多的是效率上的改进而非其他。然而，这并不意味着普通成员没有民主管理和行使民主权利的诉求，只是在现阶段这种诉求让步于普通成员物质利益的提升。[①]然而，从长远来看，这种大股集中的现象不仅容易导致普通农民社员利益受损，而且这种向少数成员倾斜的产权

① 崔宝玉：“农民专业合作社治理结构与资本控制”，载《改革》2010年第10期。

结构也是不利于农民专业合作社健康发展的,必然伤害合作社的组织绩效。正如有学者所指出,牵头人的持股比例与合作社的绩效呈反向关系,加强民主监督对合作社的绩效具有正向影响。①

另外,由于外部环境的复杂性以及市场竞争日益激烈,合作社要发展就需要聚集不同要素和能力,成员异质性的增加也必然导致合作社治理结构的变化。例如,据有关调查数据显示,大多数合作社的理事长都是由专业大户、营销大户和村干部等农村能人担任,农民以外的社会力量担任理事长的比例很小。各类农村能人在农民专业合作社的发展中充当了"企业家"的角色。② 可以说,无论是从要素贡献的角度,还是从能力的角度,核心成员都顺理成章地成为合作社的管理者。所以,在成员异质性条件下,绝大多数农民专业合作社的理事长和理事会成员基本上都是由那些拥有一定社会资源并对合作社进行较多投资的核心成员组成,从而农民专业合作社的控制权的分配也是非均衡的,所谓"民主管理"在多数情况下很难真正付诸实践。③ 也就是说,由于在治理结构上核心成员也掌握了合作社的控制权,在普通成员与核心成员之间必然存在由于产权和治理结构问题所导致的利益分配上的不同诉求而产生利益冲突。

(二)"内部人控制"与成员权益保护机制失效

我国农民专业合作社在发展实践中存在严重的内部治理问题,即内部人控制。农民专业合作社作为具有法人地位的互助性经济组织,尽管在组织机构的设置上借鉴了公司法人治理结构的做法,采用了对应于公司治理结构中股东大会、董事会、监事会的组织结构称谓,即成员大会、理事会、监事会。但是,农民专业合作社是以服务成员为宗旨,成员地位平等、实行民主管理。因此,即使在引入专业的经营管理人员对合作社进行管理的同时,合作社的所有权与经营权也不能完全分离,成员必须掌握合作社的最高决策权。在这一点上,合作社与公司存在本质区别。公司的所有者与经营者完全分离,因此公司实行的是所有权与经营权完全分离的治理模式。据此可以说,现代公司的治理模式是"董事会中心主义",而合作社的治理结构应

---

① 徐旭初等:"治理机制对农民专业合作社绩效的影响——基于浙江省526家农民专业合作社的实证分析",载《中国农村经济》2010年第5期。

② 孙亚范等:"立法后农民专业合作社的发展状况和运行机制分析——基于江苏省的调研数据",载《农业经济问题》2012年第2期。

③ 黄胜忠:《转型时期农民专业合作社的组织行为以及:基于成员异质性的视角》,浙江大学出版社2008年版,第72页。

当是一种“成员大会中心主义”的治理结构。[①] 然而,理事会民主管理失范、监事会监督缺位、经营者激励机制缺失等却是导致内部人控制问题的重要因素。

首先,理事会作为农民专业合作社的经营决策机构,其职能是代表社员大会对日常的经营活动进行决策和管理。根据合作社民主管理原则,由社员民主选举理事会成员不仅是防止合作社被少数人控制的重要制度安排,也是社员民主控制合作社的重要体现。而实践中合作社理事会成员由股东或理事长决定的不在少数,理事会成员缺乏应有的代表性。在对重大问题的决策上,也有相当数量的合作社完全是由资本控制。因此,大部分合作社的盈余分配决定也同样存在“内部人控制”问题,甚至还有些合作社完全由理事长个人控制盈余分配情况。

其次,在理事会民主管理失范的同时,监事会对理事会的监督状况也令人担忧。尽管大多数的合作社都设立了监事会,但监事会真正发挥监督作用的并不多,大部分合作社都缺乏对于经营管理层的有效监督和制约,同样可能导致“内部人控制问题”。在农民专业合作社与社员的利益联结方式上,大多数体现为提供信息、技术服务和实行盈余分配及保护价收购产品。农民专业合作社与社员的关系并不紧密,社员参与合作社事务的积极性也不高,也为合作社产生“内部人控制问题”提供了机会。

最后,容易产生“内部人控制”问题还有一个重要原因就是,大多数合作社没有建立管理者薪酬制度,缺乏对以理事长为代表的管理者的利益激励。理事长从合作社中获得的利益主要为其投资回报。具有企业家才能的管理型人才是农民专业合作社健康发展的关键要素,与此相对应,也必然要求合作社建立起与管理者工作业绩相联系的管理者薪酬制度,使管理者能够获得与其企业家价值和贡献相对应的经济回报。因此,目前大多数合作社在管理者薪酬制度方面的缺失,也是导致产生“内部人控制问题”的重要因素。

总的来说,尽管在《农民专业合作社法》颁布实施以后,大多数农民专业合作社都按照要求到工商部门进行了注册登记,也制定有章程,设置了理事会、监事会、财务管理等制度,但这些制度往往形同虚设,在实际上并未得到执行。从合作社的组建上看,大多数农民专业合作社是在农村能人或者村负责人的带动下建立起来的,再加上广大农民成员的文化素质和合作社意

① 蒋颖:《中国农村合作社法律制度发展研究》,中国农业科学技术出版社2009年版,第95页。

识较差，合作社对“单个人”的依赖性较强；合作社内部的组织机构、民主管理、财务管理、盈余分配等制度以及监督机制都不完善，不能有效地联结各种利益关系，也不能有效协调成员之间的利益冲突。因此，农民专业合作社在实践中的运作情况普遍不理想。由于普通农民成员不能有效参与合作社治理，农民成员在合作社中的地位往往处于依附地位，成员之间的地位实际上呈现不平等现象。合作社内部规章制度包括民主管理制度和监督机制等往往得不到切实执行甚至形同虚设，如有的合作社就从未召开过社员大会或社员代表大会，因此出现“选举不过是确认，讨论不过是告知，监督不过是附议”的现象。[1] 也就是说，合作社内部保护成员权益的监督机制往往失效。

（三）社员权救济制度的缺失与成员权益保护乏力

我国《农民专业合作社法》尽管赋予了社员各种权利，但却忽视了社员权利的救济问题：一方面缺乏对成员的程序性权利规定，未对合作社及农民成员合法权益的保障做出程序性规定；另一方面关于侵害成员权利行为的法律责任的规定也较为简单。现行《农民专业合作社法》采取的是典型的“重赋权、轻救济”的立法模式。这样的立法模式使得社员权利仅限于原则性的规定，社员权缺乏有力的保障，极易虚化。可以说，合作社的成员权利“只是处于宣示或法有状态而不能转化为实有权利”，《农民专业合作社法》对成员权利的规定从“‘纸面上的法律’不能转化为‘行动上的法律’”。[2]

具体来说，我国《农民专业合作社法》关于成员权利救济制度的缺失，必然造成实践中产生如下权利救济问题难以寻找到法律依据：第一，当成员或成员代表未被通知参加成员（代表）大会，而成员（代表）大会召开并通过了决议，未被通知参加成员（代表）大会的成员或代表应如何救济？未被通知参加成员（代表）大会的成员或代表是否可以对成员（代表）大会决议提起撤销之诉？第二，成员提出查阅成员（代表）大会记录、财务会计报告等要求被拒绝了该如何处理？成员是否可以诉请法院要求合作社提供查阅？第三，合作社社员行使退社权时要求退还记载在社员账户中的出资额和公积金份额时遭到拒绝，社员是否享有诉权并通过行使诉权加以救济？如果这些问题不能得到解决，农民专业合作社成员的权利也就难以得到有效保护。

---

① 徐旭初：《中国农民专业合作经济组织的制度分析》，经济科学出版社2005年版，第65页。

② 汤正旗：“论农民专业合作社的成员权利救济制度”，载《襄樊学院学报》2010年第4期。

三、其他国家或地区的社员权益保护制度安排及其启示

(一)以出资为基础对社员权进行适当配置

在现代农业合作社的发展过程中,为了满足合作社融资的需要,各国农业合作社中出现了不同类别的社员,如日本农业协同组合中有“准组合社员”,意大利合作社中有“融资社员”,美国新一代农业合作社中有“优先股股东”等。而且各国合作社立法对于不同类型的社员加以了社员权内容的区分。如仅基于出资而成为合作社的社员,他们享有的社员权也有所差异,他们通常只享有有限的资本报酬收益权,一般不参与合作社事务的管理,也不享有表决权。如美国新一代农业合作社的优先股股东、日本农业协同组合的准组合社员就没有表决权,只能享受有限的资本报酬收益权。有些国家虽然没有剥夺这类社员的表决权,但予以了严格限制,如意大利《民法典》规定,对融资社员不得授予超过社员大会的社员或代表总数的1/3的表决权。① 可以说,这是各国为了引入投资发展壮大农业合作社,同时又为了防止合作社被外来资本所控制、偏离合作社为全体社员谋求利益的意旨,所设立的“准社员”制度。

(二)保障社员对合作社的民主控制权

在合作社的治理方面,德国实行民主管理,董事会、监事会和社员大会实行分权制。每位社员拥有一票表决权,社章可以为对合作社事务有特别贡献的社员提供复数表决权,但最高不能超过3票。而且,对于需要3/4以上多数决的决议以及关于撤销或限制复数表决权的决议,每位社员只能行使一票表决权。由此可见,德国合作社法在赋予社员享有复数表决权的同时又对复数表决权的行使进行了严格限制,较好地坚持了一人一票的民主管理制度,防止在新的融资方式进入合作社后出现资本控制劳动的现象。

日本农协采取与普通公司一样的经营管理机构,包括社员大会(社员超过500人的,则为代表大会)、理事会和监事会。在日本农协中,社员对合作社的治理形成了有力的制约。如果农协的经营管理人员违反了农协章程,给农协造成了经济损失和不良影响,有1/5的社员要求改选,理事会必须召开临时社员代表大会,另行改选;当农协经营管理人员有不良行为时,社员有权要求停止当事人工作的权力,当农协工作方法、财务投资等违反法律或

---

① 徐小平:《中国现代农业合作社法律制度研究》,西南政法大学2007年博士学位论文,第123页。

农协章程时，社员有权向当地政府部门或农协中央会提出检查农协工作的要求。

美国《卡帕—沃尔斯坦德法》规定，农业生产者协会的成员不论股份或资本多少，每人只能拥有一张选票。后来的新一代合作社在治理机制上也仍然遵循传统合作社的一人一票的民主管理原则，即不论社员所持股票为多少，合作社仍遵循在选举理事会和决定重大事务时一人一票的原则。另外，为了从社区或其他利益集团中筹集资金，新一代合作社也销售优先股。但优先股的持有人没有选举权，只能获得有限的利息。这使得合作社既能获得其他社团的资金支持，同时又保证了合作社置于社员的控制之中。可以说，优先股是合作社通过负债的方式筹集所需的资本。而且在合作社的治理中，理事会和经理共同向社员负责并进行汇报。任何合作社的成功直接取决于社员对他们的理事会和经理所具有的信心和这三者之间所保持的持续交流意见的能力。[①] 尽管美国新一代合作社对传统农业合作社做出了许多制度创新，但仍然保持了传统合作社的民主控制原则，坚持以服务农民为宗旨，维护农民利益为目标，保障农民对合作社的民主控制权。

（三）社员权的代理或代表行使制度

世界各主要国家或地区的合作社立法一般都明文规定了社员表决权委托代理行使制度。如《德国工商业与经济合作社法》第 43 条规定，除本法另有规定外，社员有参加社员大会就合作社事务行使表决的权利；社员可以通过代理人行使表决权，但应当通过书面形式委托其代理人，而且同一代理人不能同时代理两个以上社员。代理人的条件可由合作社章程予以规定。我国台湾地区“合作社法”第 50 条规定，社员不能出席社员大会时，得以书面委托其他社员代理之，同一代理人，不得代理两人以上之社员。《瑞士合作社法》规定，合作社社员可由其他社员代理其在大会上进行投票，但代理人不能代替两名或两名以上的社员投票。《意大利合作社法》则规定，每个代理人代理的社员表决权数不得超过 5 人。[②] 上述各国合作社法关于社员表决权代理行使问题主要涉及两方面内容，即以书面形式为委托代理以及对同一代理人代理的社员人数进行限制。

在合作社的社员人数众多的情况下，社员表决权的代表行使更能便利

---

① 管爱国、符纯华：《现代世界合作社经济》，中国农业出版社 2000 年版，第 213 页。

② 欧阳仁根等：《合作社主体法律制度研究》，人民出版社 2008 年版，第 174 页。

地表达社员意思,提高社员权行使效率,因此,世界主要国家和地区的合作社立法也大多对社员权的代表行使问题做出了相关规定。如根据《德国工商业与经济合作社法》第43a条的规定,如果合作社社员超过1500人时,合作社章程可以规定由社员代表组成社员大会,即社员代表大会;除理事会与监事会成员之外,任何自然人社员均可以被选举为代表;社员代表大会最低人数不得少于50人;1名代表可以代表多少社员,应有合作社章程予以规定。[①]《意大利民法典》第2540条规定:合作社有3000名以上社员并且在若干省内开展自己的业务的,或者有500名以上的社员并且实现多种互助管理的,应当召开社员大会分会;由分会代表参加社员大会总会,参加分会的社员也可以参加社员大会总会;社员代表应当是社员。[②] 我国台湾地区"合作社法施行细则"第30条规定,合作社社员人数超过200人以上,不易召集社员大会时,得就地域之便利,分组举行会议,并依各组社员人数,推选代表出席全体代表大会,其代表之产生方式,应于各社章程内明定之。[③] 由此可见,各国或地区的合作社法主要是就何种情形下召开社员代表大会或社员大会分会做出了明确规定,并原则性地限制理事会与监事会成员当选代表,其他事项则赋予合作社章程具体规定。

(四)社员权的诉讼救济制度

在各种权利救济途径中,诉讼救济最为重要。[④] 各国和地区的合作社立法中均规定了社员权的诉讼救济制度。根据《德国工商业和经济合作社法》第51条的规定[⑤],提出诉讼救济的事由包括"社员大会的决议违反法律或章程"、"社员以不适当之事由被拒绝参加社员大会"、"社员大会的召集或决议事项的通知不符合规定";提起诉讼救济的主体包括出席社员大会之社员、未出席之社员、理事及监事,诉讼对象为合作社。《芬兰合作社法》第92条指出:若合作社的社员或者理事会对社员大会的决议没有按正常程序实施,或违背了本法,或对合作社章程有异议,须在决议通过之日起3个月内提出

① 王东光译:"德国工商业与经济合作社法",载王保树主编:《商事法论集》(第12卷),法律出版社2007年版,第335页。

② 费安玲等译:《意大利民法典》,中国政法大学出版社2004年版,第668页。

③ 郑景元:"农村信用社社员权的整合构造及其分离行使——兼论权利的二元救济",载《中国政法大学学报》2011年第3期。

④ 曾文革、王热:"《农民专业合作社法》关于社员权相关规定的缺失及其完善",载《法治研究》2010年第6期。

⑤ 王东光译:"德国工商业与经济合作社法",载王保树主编:《商事法论集》(第12卷),法律出版社2007年版,第339页。

对合作社的诉讼。[①]《意大利民法典》第2409条和第2545条则规定，当合作社管理人员在管理中有严重违规行为时，可以由占合作社资本1/10或占社员总数1/10的社员向法院起诉。社员超过30000人的合作社，可以由占其总数1/20的社员起诉。[②] 上述各国关于社员诉讼救济的规定，要么是为社员自己的利益提起对合作社的诉讼，要么是为合作社的利益而提起对相关人员的诉讼。可以说，诉讼救济是社员权救济体系中的最后屏障。社员权的公力救济除诉讼救济外，还包括行政救济。如我国台湾地区“合作社法施行细则”第32条规定：社员大会及社员代表大会之开会及决议，如有违本法第48条、第49条之规定及本细则前2条之规定时，社员得申请主管机关宣告其决议案为无效。[③] 关于决议的取消权除向法院申请撤销外，还可以向行政主管机关申请宣告无效的救济。

（五）比较与启示

上述所提到的德、日、美等国以及我国台湾地区，农业合作社的发展都较为成功。即使在面临各种复杂社会经济环境，竞争日益激烈和挑战更为严峻的情形下，合作社始终是这些农业发达国家或地区的农业生产经营组织化的重要形式。他们在合作社内部制度安排上，都为保障农民作为农业合作社的主体提供有效的制度设计。具体来说，为吸引外来投资设立“准社员”制度，同时为了防止合作社为资本所控制，对纯出资社员做出了不同社员权内容安排；通过民主控制制度建设，保障社员对合作社的控制即社员的合作社主体地位；加强社员对合作社经营管理的监督，以促进社员在农业合作社发展过程中的主体意识的提高。另外，在社员权的行使与救济上也做出了有效的制度安排，为社员权的行使提供了充分保障。我国也可以借鉴这种做法，允许非涉农的个人和组织利用自身拥有的资金或专利技术等向农民专业合作社出资，并获得盈余分配权，但不能获得正式的社员资格，对合作社的决策事项不享有表决权，也不参与合作社的经营管理工作，只是享有一种准社员资格。[④] 这种对纯出资社员做出不同的社员权安排，不失为解决合作社融资难题又防止被资本控制的一个有效办法。而且无救济便无权

① 管爱国、符纯华：《现代世界合作社经济》，中国农业出版社2000年版，第174页。

② 费安玲等译：《意大利民法典》，中国政法大学出版社2004年版，第670页。

③ 郑景元：“农村信用社社员权的整合构造及其分离行使——兼论权利的二元救济”，载《中国政法大学学报》2011年第3期。

④ 王玉梅：《农民专业合作社之法理探究与实践》，科学出版社2012年版，第132页。

利。建立完善的社员权救济制度,是社员权制度建设的重要内容。

四、成员异质性条件下我国成员权益保护机制之构建

(一)建立社员权的公平分配制度

社员权是社员权利义务的总称。因此,社员权的分配也就意味着对社员权利义务的划分。传统合作社中由于社员权具有平等性,无论社员向合作社投资多少,社员之间享有的权利和承担的风险都是相同的,实际上这种不考虑差异的绝对平等的制度安排在一定程度上却侵犯了社员"大户"的利益,因而也是不公平的。因此,现代合作社在社员权制度安排上逐渐推行公平原则,社员权的平等是相对平等而非绝对平等,也就是说是法律地位上的平等。基于社员享有的权利与承担的风险相一致的公平原则,在社员异质性普遍不可避免的世界合作社发展的实践中,合作社在运作过程中存在社员与管理者之间、普通社员与核心社员之间的利益冲突,而解决各种利益冲突的主要也是最为有效的方式就是在合作社的各种参与主体之间进行权利义务的合理分配,体现社员权利与义务相平衡的思想。

1. 以出资为基础合理配置民主控制权与盈余分配权

在我国农民专业合作社的形成和发展中,成员异质性问题一直较为突出。根据前述对普通成员与核心成员两类成员划分的分析,在成员异质性条件下,农民专业合作社的资金主要是由少数核心成员所提供,因此合作社的控制权也主要由拥有较多股份的少数核心成员组成的理事会所掌握。也就是说,现有法律规范关于成员大会选举和表决的民主决策机制的设置并不足以制衡异质成员之间的利益诉求。因此,为保证合作社的良性运转,可以社员与合作社之间的关系加以社员权分配。具体来说,可以充分发挥合作社章程自治的功能,通过合作社章程对成员权利义务进行合理分配,完善合作社的民主决策机制。例如,在股份合作社中,为了防止大股持有者控制合作社,可以在合作社章程中对大股持有者的股份投票权比例及其行使范围加以限制,防止附加表决权的滥用,以控制在土地、劳动、资本多要素结合的合作社组织中资本独大的消极效应。另外,针对纯社会资金参股,可以通过章程规定投资者参与股份分红,但不干预合作社的经营业务、也不参加投票表决等事项,防止农民专业合作社异化为"资本控制劳动型"的组织。在现行立法对社员权较为原则性的制度安排下,章程对社员权细致并合理分配的规定对合作社的规范发展以及农民成员利益的保护都发挥着至关重要

的作用。另外,农民专业合作社的现实发展状况是:很多合作社的章程并不规范,要么流行形式,要么缺乏实质性的规定。在农民专业合作社发展初级阶段,完全依赖于章程对社员权利义务进行合理分配只是"一厢情愿",因而是不现实的。基于此,我们可以借鉴其他国家做法,在立法中对附加表决权的行使加以原则性的限制,如对只出资而无交易的成员即非使用者社员行使附加表决权进行严格限制,包括附加表决权的比例和行使范围等。

在合作社少数核心成员与多数普通成员并存的情形下,成员之间在利益分配上的冲突也甚为明显。具体来说,对合作社出资较多的成员就希望实现出资的价值增值,向合作社提供产品数量或交易频数较多的成员则希望从产品惠顾中获得更多的盈余返还。即使是同样的服务,生产规模较大的成员希望自己能获得相对于规模较小的成员更大的价格优惠。从整体上来说,普通成员比较关心的是产品销售价格的最大化,而核心成员则更为注重合作社的规模扩张和盈利增加等即获取更多的资本价值增值。针对普通成员与核心成员在利益诉求上的差异而容易导致的利益冲突,对普通成员与核心成员的利益分享权可基于其出资贡献做出不同安排。为了吸引外来资本,在利润分配原则上,有著述指出:还可考虑实行"一社两制",即对外来资本实行按出资额分红,对农民社员则实行资本报酬有限,按交易额分配的利润的原则。[①] 笔者认为,社员享有的盈余分配权与其对合作社做出的贡献应相一致,即社员对合作社的贡献越大,合作社对该社员的重要性也就越大,社员获得剩余分配也就应当越多。因此,尽管对于纯出资社员或者是持大股社员从防止一股独大的角度应对其表决权加以限制,但在盈余分配上应当体现差异。尽管我国现行制度实行的是按交易额返还与按股分红相结合的盈余分配制度,但仍未能很好地体现出资贡献所应获得的盈余分配,恐不利于吸引外来投资以及增强社员投资的积极性。笔者认为,根据我国农民专业合作社发展的实际情况,可以将其业务分为对内的非营利业务和对外的营利业务,对非营利业务作出的贡献的出资则实行按交易额返还与按股分红相结合的盈余分配原则,对于营利业务作出贡献的则实行按出资即按股分红。

总的来说,社员权配置关涉到合作社的产权结构、治理结构以及利益分

① 彭真明、文杰:"农业合作社的法律分析",载王保树主编:《中国商法年刊(2006):合伙与合作社法律制度研究》,北京大学出版社 2007 年版,第 374 页。

配机制,基于产权结构与治理结构所产生的普通成员与核心成员在利益分配上的差异以及存在的各种利益冲突,可以出资为基础对成员之间的民主控制权和盈余分配权进行合理分配以达致克服利益冲突、各种利益主体的利益平衡等目标。

2. 通过社员权的合理分配建立合作社经营管理层激励机制

根据我国《农民专业合作社法》的相关规定,成员大会有权决定聘用经营管理人员和专业技术人员的数量、资格和任期。农民专业合作社的理事长或者理事会可以按照成员大会的决定聘任经理和财务会计人员,理事长或者理事可以兼任经理。经理按照章程规定或者理事会决定,可以聘任其他人员。经理按照章程规定和理事长或者理事会授权,负责具体生产经营活动。由此可见,理事长、理事和经理等管理人员构成了合作社的经营管理层。除了理事长、理事是由成员大会从合作社成员中选举产生,其他经营管理人员可以是合作社成员,也可以是合作社成员之外的其他人员。理事长或者理事会作为合作社的执行机构,主要负责合作社的经营管理,享有对经营管理事项的决策权和经理层的任免权。尽管对理事会决议也规定了一人一票的表决机制,但实际上理事会成员几乎为核心成员所组成,普通成员很难进入合作社的经营管理层。因此,所谓的理事会决议表决实行的是一人一票的民主决策机制,只不过是为核心成员掌控合作社提供了冠冕堂皇的形式而已。而且这些核心成员要么为龙头企业的负责人,要么为专业大户,他们大都有独立于合作社的实体,甚至为与合作社业务紧密相关的企业。在这种情况下,很难保证理事长或者理事会在经营决策时不会以权谋私。正如有学者所言,当人们手中握有的权利能够为自己的私利带来更多的收益的时候,仅靠信任和道德上的约束或许不能完全解决问题。[①] 因此,如何保证理事长或者理事会和经理人员能够按照合作社法和章程规定尽职尽责为合作社全体成员利益服务,建立合作社经营管理层激励机制至关重要。同时,合作社经营管理层激励机制的构建,又是建立在社员权合理分配的基础之上的。

根据英美信托法理论,合作社经营管理人员作为合作社的受托人,负责合作社事务的经营管理,因而应对合作社和广大社员负有忠实义务和注意义务。忠实义务,是指合作社的经营管理人员在处理合作社相关事务时不

① 蒋颖:《中国农村合作社法律制度发展研究》,中国农业科学技术出版社2009年版,第97页。

得为个人利益而损害合作社和广大社员的利益，如不得侵犯合作社商业机会或擅自披露合作社的商业秘密；注意义务，是指合作社的经营管理人员要以普通谨慎之人应有的注意从事经营管理活动，不得怠于职守。除此之外，合作社的经营管理人员还应当承担竞业禁止的义务，即合作社的经营管理人员不得兼任业务性质相同的其他农民专业合作社的理事长、理事、监事、经理；与本社有竞争关系的其他非合作社市场主体不得兼任合作社的高级管理人员。为了督促经营管理人员履行职责，如果其违反上述义务还应承担相应的法律责任，如将经营者违反义务获得的收入归属合作社所有，给合作社造成损失的，还应当承担相应的民事赔偿责任；当经营者不依法履行或者不及时履行自己的信息披露义务时，有关主管部门可强制其履行等。① 关于合作社的经营管理人员应当承担的忠实义务、注意义务、竞业禁止义务以及违反义务所应承担的法律责任的规定，在我国《农民专业合作社法》第 29 条和第 30 条都有所体现。然而，在保证合作社的经营管理人员履行职责的激励机制构建上，现行立法明显考虑不足。

如上所述，理事长或者理事会掌握着合作社的经营管理决策权，如果缺乏有效的管理层激励机制，难免其利用手中的权力为自身谋取私利，进而损害合作社及其成员尤其是普通成员的利益。而且经理层人员一般非为合作社的成员，其与合作社以及合作社成员之间不存在紧密的利益联结关系，也难免其为追求个人利益而损害合作社及其成员的利益。因此，无论是作为合作社成员的理事长或者理事，还是非为合作社成员的经理层人员，建立有效的管理层激励机制是预防其谋私行为的重要手段。具体来说，一方面是建立管理者报酬制度，支付管理人员合理的工资。无论是理事长或者理事，还是经理层人员，将其薪酬与合作社的经营管理好坏和对外营利状况直接挂钩。实践中，有些合作社对由成员担任理事长、理事或者其他经营管理人员的情况，未设置薪酬制度。这样的做法不仅不利于激发经营管理者的工作潜能，致使他们缺乏为合作社全体成员利益工作的积极性，也对合作社的长远发展漠不关心，相反还容易激发他们利用手中的经营管理权力实施为一己私利的短期投机行为。因此，确保合作社管理人员能够以组织和成员利益最大化为目标的机制之一是支付管理人员合理的报酬。② 在经济学意

---

① 张继："农民专业合作社社员权益之法律保护探析"，载《吉首大学学报》2011 年第 2 期，第 118 页。

② 黄胜忠：《转型时期农民专业合作社的组织行为研究：基于成员异质性的视角》，浙江大学出版社 2008 年版，第 97 页。

义上讲,管理者的报酬应该与合作社的绩效之间存在正相关关系,也就越容易接近合作社组织和成员利益最大化目标。另一方面是面向经营管理者建立股份奖励制度,尤其是针对非成员的经营管理人员而言,对其有效的经营管理行为实行合作社股份奖励,无非是为了在经营管理者与合作社之间建立利益联结关系。经营管理者因持有股份而获得股份分红,尽管在合作社是有限的资本报酬,但毫无疑问是将经营管理者的行为与收益紧密联结在一起。在此意义上,经营管理者的收益与合作社的绩效之间也存在正相关关系。

因此,为防止合作社经营管理层滥用权力,可以利用社员权的配置机制,在合作社章程中明确对体现管理人员报酬的工资加以规范,设置根据管理绩效进行股份奖励的薪酬制度,通过双重激励的制度安排克服经营管理人员的投机行为,并激励其尽职尽责从事经营管理行为。

3.建立合作社监督机制保障社员权配置制度的有效运行

如上所述,合作社的经营管理人员滥用权力谋取私利,损害合作社及其成员共同利益,与合作社缺乏有效的薪酬激励机制有关。然而,合作社监督约束机制的欠缺和不能有效运行,也为经营管理人员利用自己掌握的控制权和信息资源优势谋取自身私利提供了可乘之机。

首先,监事会作为合作社的非法定必设机构,容易导致监事会权利虚化。对于监事会是否为合作社的法定必设机构,各国做法有所不同。德国、日本、芬兰等大多数国家都将监事会设定为合作社的法定必设机构。而我国《农民专业合作社法》只是规定,农民专业合作社可以设执行监事或者监事会。这就意味着,监事机构并非我国农民专业合作社的法定必设机构。在此基础上,由章程决定是否设立执行监事或者监事会。而这样的规定很有可能不利于普通社员权益的维护。因为如果监事会并非合作社的法定必设机构,合作社的经营管理者很可能利用其优势地位,操纵合作社章程而不设立专门的监事机构。在缺乏监事机构的监督制约的情形下,合作社的经营管理者也极易考虑自身利益的扩大化而忽略甚至损害广大农民社员的利益。尽管广大普通成员可以通过积极参加成员大会对合作社事务的经营决策行使监督权,但受知识、能力、信息等各方面的限制,普通成员自己实施监督往往是心有余而力不足。而且,实践中,有些合作社的核心成员往往操控理事会,很少召开成员大会,合作社的重大决策通常就是理事会的几个理事说了算。因此,要建立有效的监督约束机制,首要的是在合作社法中将监事会确立为合作社的法定必设机构，以最大程度地维护农民成员的合法权益。在成员异质下条件下，合作社所有者和利用者控制权的让渡，尤其需要建立有效的合作社监督机制加以弥补，否则，合作社极易异化为资本控制型组织。

其次，在建立合作社监督机构的基础之上，为防止监督机构为执行机构所控制，确保监督机构独立行使监督职责，对监事的任职资格应作出适当限制。具体来说，第一，监事必须为合作社社员；第二，理事长、理事、经理和财务人员不得兼任监事；第三，与合作社经营管理者存在利害关系的人员不得担任监事。另外，对曾经故意实施经济犯罪行为、个人道德和信用存在问题的人员当选监事时要进行严格的考核，综合评定其是否可当选为监事。而且，先前担任过监事并在担任监事期间不称职或与其他管理人员合谋损害合作社利益的人员也应限制其再次当选为监事。

最后，为保证监事会或执行监事对合作社事务进行有效监督发挥监事机构应有的功能，还应赋予监事机构相应职权。具体包括：监事有权对本社财务进行内部审计；监事有在社员大会上提出议案的权利；监事可以列席理事会并对会议事项提出质询和建议的权利；对合作社业务执行的监督权利；特定情形下代表合作社的权利；对可疑事项进行调查的权利。

上述关于合作社监督机构的任职资格限制以及职权规定都与社员权的配置存在紧密联系。在合作社法规定农民专业合作社必须设立监督机构的基础之上，进一步通过合作社章程，在社员权利义务配置时加强合作社内部财务监督制度和风险防范机制方面的规范。如建立财务、社务信息公开制度，使普通农民社员能够及时准确地了解合作社实际运作情况，以便于社员行使监督权和维护社员自身的合法权益。或者建立普通成员和主管部门相结合的双重利益监管机制有效保障普通成员的利益得以实现。[①] 同时，在社员进行内部监督失效的情形下，关于社员享有诉权的社员权安排又为社员有效行使监督权具有至关重要的作用。

（二）完善社员权的分离行使制度

1. 建立规范的社员权委托代理行使制度

实际上，根据我国民法通则的相关规定，公民可以委托他人代理其行使

① 颜华等："农民专业合作社普通成员的利益实现及其保障机制研究"，载《农业经济问题》2015 年第 2 期，第 39 页。

民事权利,而且,社员将自己的表决权委托给他人行使也是社员意思的表示。也就是说,即使我国《农民专业合作社法》并未明确规定社员表决权的委托代理,在现行法律框架下,农民专业合作社的社员也可委托他人代理其行使社员表决权。

然而,在我国农民专业合作社发展中不可避免地存在成员异质性问题的条件下,由于核心成员的影响力必然导致其在合作社章程的制定和修改以及管理决策中都占据着较大的控制权,上述实践中存在的成员权"委托—代理"方式必然存在一定的风险,需要合作社管理制度的规范化,尤其是要建立成员权益的保障机制,既要能充分激励核心成员的经营管理实现合作社整体效益的最大化,又要能监督到位防止核心成员基于自身利益违反经营规则甚至侵害其他成员利益和合作社整体利益。因此,从维护社员权益以及保障合作社民主管理的角度出发,我国《农民专业合作社法》也应借鉴其他国家的立法例,对社员表决权的委托代理行使问题做出相应规定,以规范实践中的委托代理行为,防止侵害社员权益或危及合作社治理结构的现象发生。

建立规范的农民专业合作社社员权委托代理行使制度,包括以下三方面的内容:第一,社员表决权的委托代理人应当是合作社的社员。社员表决权通常是在对合作社的重大事项进行决策时行使,表决权的委托代理不仅关涉被代理人的切身利益,也关系到整个合作社的利益以及其他社员的利益。因此,同为社员的代理人,无论是从被代理人的角度出发,还是基于自身利益的考虑,都会更加谨慎地进行社员表决权的代理行使。而且,社员能够较为便利地了解合作社的运营情况,也便于其做出合理的决策。第二,社员应当以书面形式委托他人代为行使表决权。书面委托书可以明确载明代理事项,较能反映被代理人的真实意愿,也是代理的对外证明因而有利于代理人行使代理表决权。第三,同一代理人不得代理两人以上的社员[①]。对同一代理人可代理的人数进行限制是各国对表决权的代理行使进行规范的通行做法。这种规范的考虑主要在于防止少数社员控制合作社的情况发生。如果对可代理的人数不加限制,难免少数核心成员强迫普通成员签订委托代理书,将表决权都集中于少数核心成员手中,进一步达到控制合作社经营决策权的目的。因此,为防止表决权集中于少数社员手中,保证代理人的行

① 武光太:"我国农民专业合作社成员权利探讨",载《农业经济》2013年第7期,第82页。

为能真正反映被代理人的意愿，应对社员表决权的代理行使加以适当控制。

2. 完善社员权代表行使制度

我国《农民专业合作社法》也规定了成员代表大会制度，该法第 25 条规定，农民专业合作社成员超过 150 人的，可以按照章程规定设立成员代表大会。成员代表大会按照章程规定可以行使成员大会的部分或者全部职权。我国《农民专业合作社法》主要是规定了设立成员代表大会的情形，却缺乏关于理事会与监事会成员能否被选举为代表的规定。选举代表行使控制决策权是社员表决权的重要内容，如果不对理事会与监事会成员当选代表加以限制，社员大会就有可能演变为主要由核心成员组成的代表大会，社员代表大会的功能不仅无法得以体现，甚至再度成为少数核心成员控制合作社的工具。因此，为了保障普通社员的控制表决权得以体现、维护合作社民主控制原则，避免可能发生的内部人控制现象以侵害普通社员权益，我国《农民专业合作社法》关于成员代表大会制度还应明定“理事会与监事会成员不得被选举为代表”的原则。当然，关于代表大会的其他事项，皆可赋予合作社章程加以规定。

另外，由于成员大会并非合作社的常设机构，尤其在规模特别大的合作社，召开成员大会不仅耗费成本较高，而且也实际不可能使所有成员都能参加。再加上合作社的普通成员人数众多，集体行动的逻辑使合作社成员难以采取一致的行动监督代理人的行为，需要寻找某种制度安排来打破集体行动的“囚徒”困境。基于此，有效的社员代表制度可以降低在每一个层次需要协调行动者的人数，有利于集体行动的实现。[①] 可以说，社员权的代表行使制度在一定程度上能够打破集体行动的“囚徒”困境，防止普通成员“搭便车”的行为。因此，规模比较大、社员数量比较多的合作社应当建立社员表决权代表行使制度。为此，我国《农民专业合作社法》关于设立成员代表大会的授权性规范应当修改为强制性规范，即强制要求达到一定规模、成员数量较多的农民专业合作社建立成员代表制度。

综上所述，相对于社员权的自主行使，无论是社员权代理行使还是代表行使，都体现为社员权的分离行使。可以说，社员权的分离行使，一方面以倾斜保护为手段，能够有效提升社员参与的法律地位；另一方面又以专业服

---

① 马彦丽、孟彩英：“我国农民专业合作社的双重委托—代理关系——兼论存在的问题及改进思路”，载《农业经济问题》2008 年第 5 期。

务为归宿,可以最大限度地破解社员权自主行使之障碍。①

(三)建立系统的社员权救济制度

社员权是一项独立的民事权利。因此,社员在既有权利受到侵害时能否得到相应的权利救济,也是判断"纸面上的法律"能否转化为"行动中的法律"的一个关键要素。对社员权利进行详细而具体的规定固然重要,然而,如果缺乏完善的权利救济制度,权利安排便形同虚设,最终导致社员权利无法实现。因此,社员权救济制度是社员权制度体系中不可或缺的重要内容。

1. 赋予农民专业合作社的成员行使诉权

在社员权利框架中,社员行使诉权以寻求司法介入,是保护社员权益的最后屏障,对社员权的保护具有重要作用。当社员大会、理事会的决议侵害社员的利益时,社员可以提起诉讼以保护自己的合法权益。当合作社的经营管理人员的行为或怠于履行职责的行为侵害到社员利益或合作社整体利益时,社员也可以行使诉权,追究相关人员的法律责任。因此,社员行使诉权包括提起社员大会决议无效(或撤销)之诉、直接诉讼或派生诉讼等。

第一,提起社员大会决议无效(或撤销)之诉。

社员大会是合作社的最高决策机构,社员大会决议内容关涉合作社运作的重大事项。因此,社员大会决议的内容不仅要符合法律法规和章程的规定,而且要符合社员的利益和合作社的整体利益。同时,社员大会决议做出的程序也应当符合法律法规和章程的规定。如果社员大会决议的内容或程序违反了法律法规和章程的规定,就必然会损害社员的利益,使社员权平等原则无法得以真正地体现。而且,也会破坏合作社的持续稳定发展,致使合作社有内部人控制之虞。基于此,应允许社员行使诉权,申请撤销决议或确认决议无效。

关于其他社团如公司和集体经济组织,我国相关法律规定已赋予其社员可行使撤销之诉权。如《公司法》第22条规定,公司股东会或者股东大会、董事会的决议内容违反法律、行政法规的无效。股东会或者股东大会、董事会的会议召集程序、表决方式违反法律、行政法规或者公司章程,或者决议内容违反公司章程的,股东可以自决议作出之日起60日内,请求人民法院撤销。另外,《物权法》第63条第2款规定,集体经济组织、村民委员会或

① 郑景元:"农村信用社社员权的整合构造及其分离行使——兼论权利的二元救济",载《中国政法大学学报》2011年第3期。

者其负责人作出的决定侵害集体成员合法权益的，受侵害的集体成员可以请求人民法院予以撤销。这些规定为引入撤销权制度完善我国《农民专业合作社法》提供了立法基础。例如，当农民专业合作社成员或成员代表未被通知参加成员（代表）大会，而成员（代表）大会召开并通过了决议，未被通知参加成员（代表）大会的成员或代表可以对成员（代表）大会决议提起撤销之诉。而且，提起社员大会决议撤销或无效之诉，不应以直接侵害社员利益为前提条件，也不以社员表决权多少为限。因此，我国《农民专业合作社法》应赋予社员行使社员大会决议无效或撤销之诉权，即如果社员大会决议在内容或程序上违反法律或章程的规定，任何社员均有权请求法院宣告该决议无效或予以撤销①。

第二，社员直接诉讼。

社员直接诉讼，是指社员的合法权益受到合作社理事、经营管理人员的侵害，为保护社员自身的合法权益，社员直接向人民法院提起的诉讼。也就是说，当合作社的经营管理者违反法律、法规或者合作社章程的规定，损害合作社社员的利益的，社员可以向人民法院提起诉讼。

第三，社员派生诉讼。

相对于社员直接诉讼而言，社员派生诉讼是为非直接侵害社员自身利益而提起的诉讼。借鉴《公司法》对股东派生诉讼的规定，合作社社员派生诉讼制度可以设计为：合作社的理事、经理等经营管理人员履行职权时违反法律、法规或者合作社章程的规定，给合作社造成损失时，进而损害到社员自身的利益时，社员可以书面请求监事会或者执行监事向人民法院提起诉讼，监事会或者执行监事拒绝提起诉讼，或者在收到请求后30日内未提起诉讼的，或者情况紧急、不立即提起诉讼将会使合作社整体利益受到难以弥补的损害的，合作社社员有权为了合作社的利益以自己的名义直接向人民法院提起诉讼。当合作社的监事会成员或者执行监事履行监督职能时违反法律、法规或者合作社章程的规定，给合作社造成损失时，合作社社员可以书面请求理事会或者理事长向人民法院提起诉讼。理事会、理事长收到请求后拒绝提起诉讼，或者是自收到请求之日起30日内未提起诉讼的，或者情况紧急、不立即提起诉讼将会使合作社利益受到难以弥补的损害的，社员有权为了合作社的整体利益以自己的名义直接向人民法院提起诉讼。他人侵犯

① 屈茂辉：《合作社法律制度研究》，中国工商出版社2007年版，第199页。

合作社合法权益,给合作社造成损失的,合作社理事会、监事会或者执行监事怠于保护合作社权益,社员也可提起派生诉讼。

由此可见,社员派生诉讼主要是源于合作社的执行机构、监事机构未履行职责并侵害到合作社整体利益,或者是他人侵害合作社整体利益,而合作社内部救济机制不起作用的情况下,或者是基于紧急情况,为维护合作社整体利益,社员以自己的名义直接向人民法院提起的诉讼。也就是说,在合作社利益受到损害时,社员必须经过一系列前置程序才能提起诉讼,而且诉讼利益归于合作社整体。如果社员都想"搭便车",都不愿提起诉讼,就必然致使社员在合作社利益受损时进行诉讼的积极性不高。因此,社员派生诉讼制度的本质是通过保护合作社利益不受减损的方式间接保护社员在合作社的利益,但如何提高社员在合作社利益受损时以自己的名义提起诉讼的积极性是该制度设计的重点。尤其是对我国农民专业合作社的广大普通成员而言,他们的法律意识并不是很强,集体行动的困境致使他们更愿意实施短期的机会主义行为,如选择退出,而不愿诉诸漫长的诉讼等待。因此,社员行使诉权的激励安排是社员诉权行使制度有效运行的重要保障。从合作社的本质来看,社员诉权行使的激励又取决于社员与合作社之间的利益联结关系。即社员与合作社之间的利益关系越紧密,社员在合作社利益受损时提起诉讼的积极性就越高。由此看来,社员权行使制度并不是孤立的制度安排,其功能的有效发挥需要一系列社员权制度的完善。

2. 社员权救济制度的构建

如前所述,现行立法尽管赋予了社员各种权利,但却忽视了社员权利的救济问题,是典型的"重赋权、轻救济"的立法模式。这样的立法模式终究导致社员权利无法实现,社员权规定形同虚设。因此,为了避免农民专业合作社的成员权利因得不到有效保障而形同虚设,应构建农民专业合作社的成员权利救济制度,加大对合作社成员权利的保障,维护合作社成员尤其是农民成员的利益并促进合作社共同发展。也就是说,农民专业合作社内部成员权益的有效保障和实现,是农民专业合作社得以良性发展的前提和基础。对农民专业合作社成员权益的保障,不仅是要通过法律对成员的权利加以确认,更重要的是要建立农民专业合作社的社员权救济制度,做实农民专业合作社的社员权利。

第一,社员权公力救济的法律规范的完善。

我国《农民专业合作社法》关于社员权救济规定的缺失,使完善我国现有立法、为社员权利救济提供法律依据成为必要。如前所述,在成员权利或者合作社整体利益受到侵害时,社员有权向人民法院提起诉讼。在社员享有的实体权利中应当包括诉权,同时社员诉权的实现又需要加强对诉权行使的程序性规定。因此,完善我国《农民专业合作社法》中关于社员权救济的制度规范主要是着重于程序保障。

我国《农民专业合作社法》没有对社员权的救济问题做出专门规定,社员权救济的缺失不利于社员权保护。因此,为了全面保障社员权益,我国《农民专业合作社法》应增设社员权救济制度。具体来说,在救济模式上,可借鉴《公司法》中关于股东诉讼和股东派生诉讼的规定设计农民专业合作社的社员权诉讼救济制度,另外,还可规定在某些特定情形下农业部门可以行使监管职责,通过行政执法对社员权进行救济。在救济范围上,针对以下情形均可行使社员权救济:社员大会决议内容或程序违背法律或章程;理事、监事及其他管理人员不执行社员大会决议或者没有按照正当程序实施决议;理事、监事及其他管理人员故意提供虚假或不完全信息等侵犯社员权。在救济保障上,明确行使申请权、诉讼救济权的相关条件、程序和法律责任。[①] 因此,可以综合上述三个方面设计具有可操作性的社员权公力救济制度,以弥补我国《农民专业合作社法》关于社员权救济规定的缺失,有效发挥社员权事后救济制度的功能。

第二,社员权自助救济的合作社内部运行机制的规范。

当社员权利在合作社内部由于利益冲突而无法实现或者受到侵害时,社员可以通过合作社内部社员之间的自助救济,使社员权利得以实现。而且,社员权的内部救济也是社员权利受到侵害后进行救济的最直接和最便捷的途径。因此,农民专业合作社的成员能否进行社员权利的自助救济,关键就在于规范合作社内部运行机制,使成员得以畅通地实施权利的自助救济。保障农民专业合作社成员权利得以实现的最基础、也是付出成本最低的方式,就是健全农民专业合作社的内部运行机制。通过健全的内部运行机制,合作社成员可以在没有第三方介入的情况下依靠自身的力量寻求权利的保障。[②]

---

① 郑景元:“农村信用社社员权的整合构造及其分离行使——兼论权利的二元救济”,载《中国政法大学学报》2011 年第 3 期。

② 胡燕:“试论农民专业合作社成员权救济制度之构建——基于四川省成都市 S 县农民专业合作社的实证调查研究”,载《农村经济》2011 年第 12 期。

通过合作社内部运行机制进行社员权利的自我救济主要包括两方面：一是通过监事会的监督机制发挥其对理事会履行职责的监督；二是通过社员行使社员大会召集请求权，针对理事会和监事会成员滥用权力的行为，召开社员大会行使罢免权，以维护社员自身的权利。

第三，加强社员权的社会力量保障的配套制度建设。

社员权的社会力量保障，实际上就是通过社会监督的方式，以民间社会力量为合作社成员提供权利保障和救济。具体来说，可以通过以下两方面的合作社外部配套制度建设促进社员权救济制度的完善。

一是建立健全针对各类专业合作社的社会评估机制，着重加强对社会评估中介机构的培育。社会评估中介机构应具有较强的中立性，独立于政府和合作社。而且应当设置权责明确的第三方评估的规章制度，规范评估主体的参与方式、参与环境、参与途径和程序。通过社会评估中介机构对各类合作社的信用、市场竞争力以及组织内部运作的规范程度进行第三方评定，为政府实施监督管理、为农民加入合作社提供参考依据和相应服务。

二是建立统一的行业协会组织体系。针对各类专业合作社，可以以一定的行政区域为范围，建立起统一的行业协会组织体系。针对各类合作社的行业协会，不仅可以为各类合作社提供市场营销拓展、市场风险规避以及农产品的品牌创立等方面的服务，还可以在合作社之间发生争议或者是合作社内部出现利益冲突时充当纠纷解决机构，为事关合作社事务的各类纠纷提供非诉讼的民间调解方式的纠纷解决渠道，以方便快捷地解决合作社内部纠纷，促进合作社事业发展。

农产品质量安全法修订之我见

田　凤*

《农产品质量安全法》作为我国农产品质量安全监管的核心法律，使我国的农产品真正地实现了有法可依。但是，这部法律颁布实施以来，也存在诸多问题，尤其是2013年年底国务院对食品安全监管职能进行重新分配之后，一些条文规定已经不再适应新的职责分工。因此，在某种意义上，《农产品质量安全法》修订前，农产品质量安全的部分执法工作又陷入无法可依的状态。从基层执法来看，《农产品质量安全法》的修订已经迫在眉睫。

一、修订原则

（一）社会共治原则

监管资源匮乏，监管对象广泛而杂乱，监管乏力和监管覆盖率低是农产品质量安全监管的现状，且较长一段时间难以得到明显改观。如果一味采取强调政府单一封闭的监管模式，很难真正解决我国当前农产品安全的根本性问题。遗憾的是，近年来的立法实践中，无论是以刑罚之威严重典治乱，还是成就一部史上最严食品安全法，重政府监管的立法理念仍然被奉为圭臬。尽管新《食品安全法》第3条提出了社会共治的管理原则，但具体条款并未有突破性改进。随着社会经济的发展，社会公众对食品安全的关注日益增强，充分发挥公众的积极性，把政府监管、社会监督和企业自律三者置于统一的法律体系中，应是食品安全多元治理的方向，也是与时俱进的法治思维的体现。社会共同治理即是通过发挥社会每一类主体的作用，唤起他们的凝聚力和责任心，以破解当前农产品质量安全监管资源稀缺与监管

* 田凤：农业部管理干部学院。

对象庞大的深层矛盾。《农产品质量安全法》尤其应以社会共治为原则,充分发挥乡镇监管员、广大消费者以及各类协会之群力,形成良性互动、有序参与、有力监督的社会共治格局。

(二)强调生产经营者的主体责任原则

我国农产品质量安全长期尊奉政府监管的主导作用,由此引发的悖论是农产品质量安全也应由政府负主要责任,生产经营者的主体责任反而被弱化,导致的后果是,生产经营者责任意识丧失,道德底线沦陷。从发达国家来看,对食品安全责任的立法主要分为两种:一是以美国、德国、英国为代表的少数国家实行严格的责任原则,二是以日本、大部分欧盟成员国为代表的基于过错的责任原则。在严格的产品责任原则下,食品的生产者必须对食品的危害承担完全的责任,除非现在的科学技术还不能证明产品的危害性存在;而在基于过错的责任原则下,食品生产者对食品危害承担责任是以生产者的过失为基础的。而不管是哪种责任原则,生产经营者要负首要责任。比如《日本食品安全基本法》规定,食品相关企业必须依据基本理念,认识到确保食品安全是企业的首要责任,并为确保食品安全,在食品产业链的各个环节都要采取必要措施。我国现行《农产品质量安全法》并未对生产经营者的主体责任进行明确或强调,尽管采取严格责任原则,但是从我国农产品生产经营现状来看,主体数量多,规模小,主体责任意识低,而监管力量和技术资源与之不相适应,隐患也不易发现,往往发生质量安全事件,却找不到责任主体,或即便找到真凶,因为赔偿能力有限承担不了相应的责任。政府为及早平息事件,往往会冲在最前方,承担了本应由生产经营主体承担的责任,恶性循环也自此开始。近几年来,新的监管理念是坚持产和管并重,实质是将产置于更加突出的地位,希望能使生产主体在生产过程中增强责任意识,落实主体责任。《农产品质量安全法》在修订过程中必须对此作进一步强调,逐步使政府的责任限定在管理责任范围内,而不是生产经营者责任的替代者或质量安全事件的灭火队员。

(三)加大处罚力度原则

我国现行《农产品质量安全法》对生产经营主体的罚款上限是 2 万元,如此低廉的违法成本,难以起到应有的威慑作用。从对英、美、德、日等国外食品安全法律制度的考察可以发现,发达国家的违法责任力度相对较大,成本较高,同时也起到了很好的效果。比如在美国,只要有制假售假的行为发生,不管数额的多少,都被认定为犯罪,并给以 50 万美元以上 100 万美元以下的罚款，同时给以5年以下的监禁，倘若犯罪人以前还有制假售假行为的，处分力度会更大。而法国将假冒伪劣食品与毒品和走私军火并列规定为威胁消费者安全的有害产品。在英国，如果销售不符合质量标准的食品或提供食品致人健康受损的，将处以最高2万英镑的罚款或6个月监禁。情节和后果十分严重的，当局会对违法者最高处以无上限罚款或2年监禁。我国因为国情较为特殊，个体农户数量巨大，质量安全意识、赔偿能力十分有限，而合作社、农业企业等则组织化程度高，无论从主体责任和义务的承担还是赔偿能力，都相对个体农户来说更高。因此，在加大处罚力度的基础上，还应区分不同的农产品生产经营主体，给予不同程度的处罚措施。

（四）注重宣传原则

当前，我国对农产品质量安全方面的知识宣传严重缺失，无论是针对生产经营企业的法律宣传、技术培训，还是对广大消费者的质量安全知识的宣讲，都过于形式化。在现行《农产品质量安全法》中，涉及宣传的也仅仅只有一条原则性条款，没有具体可操作性的内容。由于宣传不到位，引发了两方面问题：一是生产经营者大多文化水平较低，对国家的相关法律制度规范不甚了解，对农兽药的安全间隔期和休药期以及科学生产技术一知半解，甚至是误解误读，加上宣传教育不够，大多数生产经营者主体责任意识普遍较低，质量安全意识不强，道德信用缺失；二是我国的广大消费者对国产农产品质量缺乏信任。这个信任缺失很大一方面原因是政府或媒体对农产品质量安全的正面宣传仍然做得不够到位。而从农业部的例行监测数据来看，我国农产品质量应是有保证的，产品合格率平均维持在96%以上。但是，为什么消费者对这个数据总是持怀疑态度呢？为什么消费者在有能力的情况下会首选价格昂贵几倍的进口产品，而不是价廉的国产产品？我们看下邻国日本，作为全球食品最为安全的国家之一，其国产食品较进口食品价格高出几成甚至几倍，但是，消费者在购买食品时，仍然将本国产品作为首选，直接反映出日本民众对国产食品及食品安全管理体系具有很强的信心。而这份信心的建立，宣传教育功不可没。我国的媒体更加热衷于关注并炒作一些食品安全负面信息，鲜有主动宣传质量安全正面的信息。因此，在法律修订中应着更多的笔墨于对媒体新闻报道的规范、对法律和科学种养技术的宣讲以及对消费者基本质量安全知识的普及等内容。

二、亟须修订的主要内容

(一)完善生产过程控制

农产品生产与销售被划分为两段,市场销售部分在《食品安全法》中有明确的规定,那么生产过程的控制将是《农产品质量安全法》修订的重点。现行《农产品质量安全法》关于农产品生产部分的规定只有8条,主要涉及农产品的监管主体、投入品生产、使用以及生产记录等制度。综观这8款条文,除生产记录的规定较为具体外,其余几条均从宏观上进行原则性规定,未对如何从投入品生产、销售和使用等环节控制好农产品质量进行具体规定。农产品的生产过程也是投入品的使用过程,投入品本身的质量及使用方法直接关系农产品的质量安全。当前,有关农产品质量安全的农业投入品相关规定散见于各自独立的条例或规章中。有必要将条例甚至规章中有关农业投入品生产、经营和使用部分的条款提升至法律条文中,一方面提升投入品相关规定的法律效力,另一方面在一部法中进行规定,一目了然,更加便于操作。

(二)新增职能的制度设计

此次职能调整,最大的变化在于农业部门增加了农产品收购、储藏和运输过程等的监管职责。现行的《农产品质量安全法》中没有相应的条文规定,地方也几乎没有相关的监管经验和立法实践。因此,如何对收储运过程监管进行顶层设计,指导地方开展相关的执法活动是地方农业部门普遍关注的内容,也是这部法律修订中最引人注目的焦点之一。笔者认为,从无到有的立法是制度创新的体现,对于监管者而言,也是一种思维的突破。尽管收储运过程监管在国内属于尚未触及的领域,但国外立法已经较为成熟,比如以统一性、科学性和协调性著称的《加拿大农产品法》规定,检验员(由加拿大食品检验局局长任命)可以进入任何地方进行检查,在有充分理由怀疑某交通工具内有本法或相应规定涉及的农产品时,可以阻止该交通工具,打开容器、免费提取样品并要求提供相关记录文件。但是从我国农业执法现状来看,农业执法人员没有统一的执法服装,没有先进的执法装备,人员力量有限,执法能力较低,因此很难套用加拿大的执法监管方式。但是,我们在充分借鉴国外立法的同时,还应充分考虑我国的国情。对于收储运,地方农业部门可能更多的是希望从法律层面上给出其具体可操作的监管方法。那么,从收购、储藏和运输三个过程来看,其终点都是市场,受众都是消费者。因此，与其花费大力跟着菜贩子、车轮子跑，不如做好市场检测关，笔者认为监管的难点在于责任归属。即使市场检测出某车农产品不合格，运输主体可以自己只负责运输，并不负责产品质量问题为由推卸责任。因此，在制度设计上，应对生产经营主体进行明确，即应包括收购者、运输者和储藏负责人，对于有问题的农产品均应负有质量安全责任。农业部门作为进入市场前的监管部门，应做好收储运主体的备案等工作。

（三）产地准出与准入制度的设计

准入准出制度是《农产品质量安全法》与《食品安全法》衔接的主要制度之一。产地准出已有较多的地方实践，但是，如何做好与食药的衔接仍是难点。由于准入、准出两个互相联系的制度分别划分给了农业和食药两个部门，因此，做好相关衔接工作是发挥两个制度效力的关键。两个部门的工作衔接主要体现在农产品产地和本地市场、产地与外地市场的衔接上，也就是本地农业与食药部门、本地农业与外地食药部门之间的沟通衔接。国务院由食品安全委员会协调各部委间食品安全有关事宜，但是地方没有相应的机构，协调职能由地方政府承担。本地农业、食药间的协调在政府的督促下相对较为容易，但是，涉及两个甚至多个地方的农业乃至农业与食药部门的沟通协调，其难度可想而知。常年来我国各部门之间各自为政，地方保护主义等思维惯性能否通过一部法律有效化解，值得期待。但是，在准出与准入制度的设计上，从新修订的《食品安全法》中可以看出其所做的努力。该法第53条规定，食品经营者采购食品，应当查验供货者的许可证和食品出厂检验合格证或者其他合格证明（以下简称合格证明文件）。从农产品生产环节来看，现行法律并未要求农产品生产经营者在所生产和经营的农产品中附具合格证明文件。因此，《农产品质量安全法》在本次修订中，应明确规定合格证明文件的有关要求，如合格文件的出具主体、所载内容等。当然准出制度不仅仅是合格证明一个制度，还包括检验检测、建立沟通衔接工作机制等内容。

三、值得讨论的问题

（一）特殊产品的监管问题

豆芽菜的监管问题一直是一个棘手的问题。2014年农业和食药部门签订了《加强食用农产品质量安全全程监管合作协议》，协议规定，在国家层面，由食品药品监管总局会同农业部加强对豆芽菜安全性的监管。在省级及省级以下层面,由同级地方人民政府确定豆芽菜监管部门及其职责分工。农业部和食品药品监管总局对口指导开展豆芽菜质量安全监管工作。因此,豆芽监管的现状就是地方政府根据各地实际,既有派给农业部门监管的(沈阳),也有交由食药部门的(北京),还有规定城里的豆芽菜是食药管,城外的豆芽菜由农业管(南京),可谓五花八门。豆芽之所以如此难管,核心问题就是,未弄清楚豆芽到底是什么。其独特的生产方式,豆芽兼具农产品和食品的特点。因此,豆芽的性质直接决定其生产环节的监管主体。但是至今为止,没有一个部门出面说明豆芽的属性。同时,还有一个直接原因是豆芽的国家标准迟迟未能出台,备受争议的6-苄基腺嘌呤(6-BA)、赤霉素、2,4-D等是否具有毒性,仍然需要科学数据的支撑。在没有标准的情况下确定监管主体,对监管者尤其是执法者来说也是个难题。当然,豆芽菜只是一个比较有代表性的产品,还有更多的类似产品出现在监管者面前,是否都需要通过法律的形式来确定仍然值得商榷。

(二)关于农民是否纳入监管对象问题

现行《农产品质量安全法》规定的监管对象主要是农产品生产企业、农民专业合作社等,对家庭散户生产中的违法行为缺乏相应的约束机制。尽管2007年《国务院关于加强食品等产品安全监督管理的特别规定》对监管主体并未进行特别限定,即分散农户也在规定的监管范围之内,但该规定的效力远不及《农产品质量安全法》,且在实际执行过程中鲜有被引用为执法依据。而从我国国情来看,分散的农户基数大,在农业生产上也较为随意,质量安全意识十分淡薄,为农产品质量埋下较大的安全隐患。在我国,农民一直被视为弱势群体,应给予各方面的扶持和保护。2006年的《农产品质量安全法》的法律责任中没有针对个体农户的处罚条款,也就是说,个体农户即使存在农产品质量安全违法行为,也不受法律制裁。所以梳理近年发生的农产品质量安全事件,多数事件的违法主体恰恰是个体农民。所以,可以考虑将农民、种养大户、家庭农场、个体工商户等使用禁用农药等严重违法行为纳入法律调整范围。

[redacted]

水域滩涂养殖权　养殖渔民生命线

曾　昊*

渔业是大农业的重要组成部分，水域、滩涂就是渔民的土地。长期以来，国家重视养殖水域滩涂使用制度的建设，中央1号文件也多次提出要稳定渔民水域滩涂养殖使用权，初步建立了以养殖证制度为基础的水域滩涂养殖使用权制度，对促进渔业持续稳定发展，发挥了重要的作用。目前，我国已成为举足轻重的世界渔业大国，2014年我国水产养殖产量达到4751万吨，占水产品总产量的73%，约占世界水产养殖产量的62%。水产养殖快速稳定发展，为优化产业结构、促进农民增收、保证产品供给、保障粮食安全等方面都做出了重要的贡献。但在产业发展的同时，也面临着一些问题，比较突出的就是渔业基本经营制度不够稳定，渔业水域滩涂使用权缺乏法律保护，渔民“失海、失水”现象严重，渔民的生产空间越来越狭小，生产生活面临很大困难。笔者对如何推进水域滩涂养殖权确权问题进行初步研究。

一、水域滩涂养殖权的来源和现状

（一）历史沿革

渔业是我国农业的重要组成部分，也是江河湖海沿岸人民传统的生产方式和生活来源。渔业权，即使用水域滩涂从事养殖、捕捞的权利，作为他们享有的基本生存权利，一直被视为一种私权，为法律所确认和保护。1929年旧中国的民国政府颁布了中国历史上第一部《渔业法》（1930年7月1日施行）。这部法律参照日本明治《渔业法》规定了渔业权制度，包括定置渔业权、养殖渔业权、专用渔业权（附属有入渔权）、特许渔业权四种。

---

* 曾昊：渔业渔政管理局养殖处。

新中国成立后,个体的渔业私人所有制逐步过渡到社会主义劳动群众集体所有制,全国渔区建立起了单一的生产资料公有制的渔业合作社集体经济新体制。国家鼓励开发、利用水面、滩涂和渔业资源,并就水面、滩涂的所有权和使用权先后发布了一系列政策性文件,明确规定要落实水面、滩涂使用权和定权发证,大力发展养殖业。20 世纪 80 年代初,各省市渔业行政主管部门在政府领导下,普遍开展了"定权发证"工作,到 1984 年,在滩涂定权发证方面,沿海各省区市都以政府或党委名义发了文件,全国总计定权发证面积达 400 多万亩,占当时可养滩涂的 60% 。在此基础上,1985 年《中共中央、国务院关于放宽政策、加快发展水产业的指示》(中发〔1985〕5 号)进一步明确了水面、滩涂养殖使用和合理开发利用渔业资源的政策。

1986 年 1 月 20 日,全国人民代表大会常委会通过了《渔业法》,同年 7 月 1 日施行。全国人大常委会第六届第十四次会议关于《〈渔业法草案〉审议结果报告》指出,制定渔业法的目的,"最重要的是把农村体制改革中中央肯定的行之有效的经验,比如确定养殖水面、滩涂的使用权,颁发使用证,实行联产承包责任制等,用法律的形式肯定下来";该法第一次在法律上全面建立了水面、滩涂养殖使用制度,渔业权制度初具雏形。2000 年 10 月 31 日,第九届全国人大常委会又对该法进行了修订,修正案于 2000 年 12 月 1 日起施行。修订后的《渔业法》共 6 章 50 条,除扩大适用范围、加大法律责任外,进一步完善了水面、滩涂养殖使用制度,增加了国家对水面、滩涂实行统一规划以及养殖证发放的优先原则等规定,并授权国务院制定具体实施办法。2007 年 3 月,第十届全国人大第五次会议审议通过了《物权法》,该法用益物权编第 123 条规定,依法取得的"使用水域、滩涂从事养殖的权利"受法律保护。养殖权的取得、变更、消灭、流转以及保护等一系列规则适用渔业法的规定,渔业法没有规定的,适用物权法的规定。这样一来,就以民事基本法律的形式确认了渔业权为用益物权,在法律上进一步丰富和完善了渔业权制度的内涵。

(二)工作现状

从 2000 年以后农业部开始有组织地在全国开展水域滩涂养殖使用权确权工作,2002 年,农业部印发了《完善水域滩涂养殖证制度试行方案》,对推动养殖证制度建设起到了一定的作用。2010 年农业部发布将试行方案的主要规定上升到部门规章,出台了《水域滩涂养殖发证登记办法》,对水域滩涂养殖使用权登记工作做了全面规范。同年,农业部还印发了《关于稳定水域滩涂养殖使用权，推进水域滩涂养殖发证登记工作的意见》，指导各地全面推进养殖发证登记工作。定期通报各地发证登记工作进展。截至2014年年底，全国已核发新版《水域滩涂养殖证》14.9万本，确权登记水域、滩涂面积456万公顷，占总养殖面积的55%。仅2014年新发证3.2万本，新增确权面积138万公顷。

二、确权存在的问题

（一）相关法律体系不完善

2000年修订的《渔业法》本身对养殖权的表述不明确，造成日后诸多问题。2000年，全国人大法律委员会在《关于〈渔业法〉修正案（草案）审议结果的报告》中指出："法律委员会经过认真反复研究后认为，水域是一种多用途的资源，水域有航行、灌溉、供水、行蓄洪、维护生态平衡等多种功能，全民所有的水域包括海域、江河、湖泊、水库等可以许可由单位和个人从事养殖活动，但对单位和个人确认滩涂、水域的排他性使用权，涉及的问题较多，也比较复杂，宜作进一步研究，由规范有关物权的法律进行规定。"据此，决定将1986年《渔业法》第11条关于县级地方人民政府可以"核发养殖使用证，确认使用权"的规定，修改为现行的《渔业法》第12条的规定，"由县级以上地方人民政府向单位和个人核发养殖证，许可其使用水域、滩涂从事养殖生产"，因此一些人就认为养殖证并非一种权属证书，单位和个人不能依据养殖证而享有对滩涂、水域的排他性使用权。由于养殖权在法律上的地位被模糊化，造成了《海域使用管理法》的出台，出现了国家海洋局推动海域使用权确权，我部推动水域滩涂养殖权确权，同一海域确认两种权利、发两个证书的复杂局面。直到2007年《物权法》出台，仍未解决两权并立的问题，该法用益物权编第122条规定，依法取得的海域使用权受法律保护。第123条规定，依法取得的"使用水域、滩涂从事养殖的权利"受法律保护。由于《物权法》并未指明依法取得的使用水域、滩涂从事养殖的权利就是水域滩涂养殖权，无论从政府部门和法律界对此存有很大争议。从现行法律层面上看，唯一承认水域滩涂养殖权的是1998年修订通过的《土地管理法》，其第11条规定，确认水面、滩涂的养殖使用权依照《渔业法》的有关规定办理。但《土地管理法》不涉及海域管理，海域中的养殖权确权的法律依据存在争议。虽然农业部2010年《水域滩涂养殖发证登记办法》对水域滩涂养殖使用权登记工作做了全面规范，明确了"水域滩涂养殖权"这个权利名称和含义，但仅是部门规章,效力明显不足。

（二）不动产统一登记对确权可能存在影响

由于上述水域滩涂养殖(使用)权的法律地位,《物权法》并未明确"水域滩涂养殖权"这一权利的原因,国务院法制办2014年在制定《不动产登记暂行条例》时,坚决不同意将"水域滩涂养殖权"作为一项独立权利进行登记。近期,国土资源部在制定其部门规章《不动产登记暂行条例实施细则》时,仍不同意将"水域滩涂养殖权"作为一项独立权利进行登记,目前的草案是将其分成3类权利,养殖海域、滩涂登记为海域使用权,集体养殖水域、滩涂登记为土地承包权,国有养殖水域、滩涂登记为国有农用地使用权。如果细则中不将水域滩涂养殖使用权单独登记,将应登记为水域滩涂养殖使用权的水域、滩涂纳入土地承包经营权、其他农用地权等权利登记,有可能使原本明晰的水域滩涂养殖使用权登记范围混乱,使得现已登记的水域滩涂养殖使用权无法与今后的统一登记制度有效衔接,导致已经持有登记证书的渔业生产者的合法权益受到损害或者相关权益无法充分实现,可能造成渔民群体事件等社会不稳定因素。

根据中央编办下发的《关于整合不动产登记职责的通知》(中央编办发〔2013〕134号)要求,农村土地(含耕地、草原、水域、滩涂)承包经营权纳入不动产统一登记予以5年过渡期。过渡期内,农业部会同国土资源部等部门负责指导农村土地承包经营权的统一登记工作。过渡期后,改由国土资源部负责指导农村土地承包经营权登记工作。但是由于《不动产登记暂行条例》未明确"水域滩涂养殖使用权"为一项独立的权利应予以登记,《不动产登记暂行条例实施细则》是否能将"水域滩涂养殖使用权"列入仍未确定,加上中编办文件仅规定农村水域滩涂承包经营权纳入统一登记予以5年过渡期,对海洋和内陆国有水域、滩涂的养殖使用权纳入统一登记暂未明确有5年过渡期。水域滩涂养殖权如何纳入不动产统一登记,全部过渡期还是部分过渡期,分成三类权利后如何了解权利登记情况,都暂时无法找到答案。

（三）渔民水域滩涂养殖权难以得到保护

随着经济社会的发展,近年来各地滩涂围垦、城市开发、海域拍卖等占用渔业水域、滩涂的现象日益增多,不仅使得渔业的发展空间受到严重挤压,而且还导致许多渔民失去赖以生存的生产场所,渔民被迫失去传统的生产作业水域,陷入了"失海"、"失水"困境,由此引发水域滩涂使用权属纠纷不断发生,已成为影响沿海渔区社会稳定的重要因素。有些地方人民政府,特别是经济发达地区和沿海地区的人民政府为征占用已有养殖水域、滩涂，减少征占用补偿，暂缓或停止核发养殖证和确权，一些养殖渔民的确权申请迟迟不能批复，政府这种不作为的行为，渔民一般无法进行行政复议和诉讼，即使上访申诉也石沉大海，合法权益迟迟无法得到保护。

三、对策建议

（一）完善水域滩涂养殖权法律制度体系

在当前修订《渔业法》的过程中，重申1986年《渔业法》关于确认养殖使用权的精神，明确“水域滩涂养殖权”确权登记有关规定，在法律上将这项权利确定下来。理清“水域滩涂养殖权”与“海域使用权”的关系，争取修改《海域使用法》，将所有用于养殖的海域全部登记为“水域滩涂养殖权”，而非“海域使用权”，解决一物两权的问题。

（二）积极配合做好不动产统一登记有关工作

在《不动产登记暂行条例实施细则》制订中，争取“水域滩涂养殖权”作为一项权利单独实施登记。鉴于当前复杂情况，农业部要求各级渔业主管部门在本地区不动产登记机构尚未整合到位的情况下，要继续负责水域滩涂养殖发证登记各项工作，建议应参照土地承包权确权的做法，给予一定的经费补助，尽快完成所有重点养殖水域、滩涂的确权登记。下一步，农业部将积极配合国土资源部做好不动产统一登记各项工作，指导各级渔业主管部门主动做好与本级不动产登记机构的工作协调，进一步明确水域滩涂养殖使用权登记职责分工，依法履行好水域滩涂养殖使用权确权颁证职责，使养殖渔民的养殖使用权及时得到登记，合法权益受到法律保护。

（三）保护养殖渔民合法权益

研究制定有利于推进养殖权制度建设的各项政策和保障措施，纠正一些地方违背渔民意愿强行收回水域滩涂承包权，或者通过拒绝发证方式强迫渔民放弃水域滩涂使用权的做法，查处侵害渔民合法权益行为。要尽快研究建立水域滩涂占用补偿机制，根据当地实际确定补偿办法和标准。积极主动与金融部门沟通，发挥养殖证抵押功能，解决渔民筹集生产发展资金所遇到的困难。要把养殖证作为养殖生产者取得各级政府、各项支渔惠渔政策和财政支持的法定凭证，保证依法持证生产的养殖渔民权益受到保护，探索建立稳定的水域滩涂养殖使用权长效机制。

土地制度

关于深化农村土地制度改革的若干意见

——现阶段需要关注的38个问题

张红宇　王乐君　李迎宾　李伟毅*

土地是农业之本、民生之源,土地制度既直接关系农业农村经济发展,也与工业化、城镇化有着紧密联系,是事关改革发展稳定全局的根本制度。党的十八届三中全会对农村土地制度改革提出了一系列新部署新要求,要以十八届三中全会精神为指导,扎实稳妥推进农村土地制度改革创新,为农业农村发展奠定坚实基础,为工业化、信息化、城镇化提供基础支撑。

一、关于完善农村土地承包制度

以农民集体所有、家庭承包经营为特征的土地承包制度,是我国农业农村发展的根本制度,经过历史检验兼顾了国家、集体和农民利益,能够容纳不同的生产力发展水平,是其他各项农业政策的基础。对其制度内核必须长期坚持,并根据经济社会发展需要来不断健全完善。重点是以下四个方面:

---

* 张红宇:农业部农村经济体制与经营管理司司长、农业部农村合作经济经营管理总站站长。
王乐君:农业部农村经济体制与经营管理司副司长、农业部农村合作经济经营管理总站副站长。
李迎宾:农业部产业政策与法规司立法协调处处长。
李伟毅:农业部产业政策与法规司体制改革处副处长。

（一）切实贯彻落实“长久不变”的要求

稳定土地承包关系是农村土地政策一以贯之的重要取向。十七届三中全会提出现有土地承包关系要保持稳定并长久不变，十八届三中全会进一步强调稳定农村土地承包关系并保持长久不变。如何把“长久不变”的要求落到实处，既是当前的迫切任务，更事关长远发展。

1. 明确“长久不变”的土地承包周期为70年。改革开放以来，农村土地承包期一直呈延长趋势。从改革之初土地承包合同一年一定到确定15年的土地承包期，再到二轮承包将土地承包期延长30年，都明确体现出稳定土地承包关系的政策取向。“长久不变”之后是否需要规定土地承包期，或者就以长久不变的规定替代具体的土地承包期，目前各方的争议还比较大。就实现政策目标而言，只要能稳定农民预期，不设具体土地承包期限，或者是以目前的30年为一个承包周期，本质上并无区别。但为了保护农民土地利益，也为了土地资源管理、土地承包管理等方面的操作便利，设置具体承包期限的办法更为可行。建议可参照城市建设用地使用权70年的规定，明确“长久不变”的土地承包周期为70年，并且在一个承包周期届满后，符合条件承包者的承包周期自动延长。

2. 实行“长久不变”与土地确权登记颁证挂钩。在什么样的基础上实现“长久不变”，存在是与二轮土地承包还是与土地确权登记颁证相挂钩的不同选择。我国不同地区土地承包模式差异较大，除了比较常见的“大稳定、小调整”模式之外，还存在“生不增、死不减”、“大调整、大变动”等不同做法，大部分地区都存在不同程度的调整土地行为，二轮承包时很多历史遗留问题也未得到有效解决，这些地区很多群众对土地调整还有较强预期，特别是寄期望于二轮承包期结束后再调整一次土地。如果是在二轮承包的基础上“长久不变”，可能会因难以处理好稳定的调整关系而引发矛盾，影响农村社会稳定。今年中央提出用5年时间基本完成土地承包经营权确权登记颁证的要求，有105个县（市、区）开展了试点，这是强化农民土地承包经营权物权保护的重要措施。建议把“长久不变”与土地确权统筹考虑，允许群众在民主决议的基础上对土地适当微调，妥善解决好历史遗留问题，在此基础上确权登记颁证，同时宣布“长久不变”，自此之后土地不再调整，相对长时期解决问题。

3. 做好“长久不变”与土地流转期限规定的衔接。这与流转土地的基础设施建设、地力培肥、耕地质量提升、产业发展方向和定位密切相关。由于

《农村土地承包法》和《农村土地流转管理办法》明确规定土地流转期限不得超过承包期的剩余期限,目前各地土地流转期限普遍较短,导致土地流转关系不稳定、土地流转行为短期化。实行“长久不变”后,土地流转双方可以签订相对较长期限的流转合同,以保障土地流转关系相对稳定。因此,建议可结合对“长久不变”下土地承包周期为70年的考虑,支持流转双方签订期限相对较长的土地流转合同,形成长期稳定的土地流转关系,便于强化农业基础设施建设,确定产业发展方向,平等保护土地流转双方的合法权益。

（二）健全完善土地承包经营权流转制度

土地承包经营权流转对于适度规模经营的形成和新型农业经营主体的发育影响重大。近年来,农村土地流转速度加快,截至今年6月底,全国耕地流转面积达到3.1亿亩,流转面积占家庭承包耕地总面积的比重为23.9%。但在土地流转加速的同时,也出现了不少新情况新问题,需与时俱进明确和完善相关政策措施。

4.进一步明晰土地承包经营权流转相关概念。在目前的法律法规和政策文件中,都采用的是笼统的土地承包经营权流转的提法。但从理论上分析,土地承包经营权实际包含了承包权和经营权两种不同的权利内容,在转包、出租、互换、转让、股份合作等流转形式中,只有转让等少数流转方式涉及承包关系的变化,转包、出租等占据主导地位的流转方式并不涉及土地承包关系变化。从实践情况来看,土地流转中采用转让方式的情况很少发生。截至今年6月底,采用转让方式流转的土地仅占流转总面积的3.8%,绝大部分情况下土地流转并不影响原有承包关系;从农业现代化的要求来看,无论是推进农业适度规模经营,还是提高土地产出率、劳动生产率和资源配置效率,关键都在于用活土地经营权,而与承包权没有必然联系。为进一步明晰土地流转政策、细化土地流转服务,建议今后在相关政策文件中,除涉及土地承包关系变动的转让等流转方式外,明确用土地经营权流转来替代土地承包经营权流转的概念表述。

5.正确引导工商资本流转土地的行为。企业经营是我国农业经营方式的组成部分之一,工商企业是参与农村土地流转的重要主体。工商企业参与土地流转有助于解决现代农业发展急需的资金、技术、人才等迫切问题,但同时也容易造成助长耕地“非粮化”和挤压小农利益空间等矛盾问题。对工商资本流转土地参与农业经营应正确引导,兴利除弊,重点引导工商资本到农村发展资本密集、技术密集、人才密集型的现代种养业,向农业输入现代生产要素和经营模式。与此同时，还应未雨绸缪探索建立防控工商资本参与土地流转潜在风险的有效机制：一是进入要明确门槛。工商资本流转农地达到一定规模的，需要具备应有的农业经营能力并经农业等部门等认可。二是经营要遵守法律。国土、农业等部门要加强执法，对工商企业的土地利用进行监控，确保不改变土地用途。三是风险要提前防控。借鉴部分地区设立土地流转风险保障金或准备金制度的办法，建立健全土地流转风险防范机制。

6. 扎实稳妥开展土地承包经营权抵押、担保。三中全会《决定》明确赋予农民土地承包经营权抵押、担保权能，这是重大的政策突破与创新，有利于发挥土地承包经营权的融资功能，扩大农村有效担保物范围，缓解农业农村发展融资难题。要按照中央的要求，扎实稳妥开展农村土地承包经营权抵押、担保。一是明确土地承包经营权抵押、担保的政策界限。土地承包经营权抵押、担保的客体是使用权，农户利用自有的土地承包经营权，其他主体利用合法取得的土地承包经营权抵押、担保，均不改变土地的集体所有性质，不改变集体与农户之间的土地承包关系。二是切实防范土地承包经营权抵押、担保的潜在风险。为防止土地承包经营权抵押、担保造成金融风险、经济风险和社会风险，建议进一步明确，相关主体用于抵押的只能是自有或合法取得并已经支付流转费用的土地承包经营权，用于抵押、担保的土地承包经营权不能超过一定比例（如成都规定抵押的承包地不超过农户承包地面积的2/3），用于抵押、担保的土地承包经营权的期限最长不能超过20年（参照合同法第214条关于租赁期限不得超过20年的规定），政府通过设立保证基金等形式来防范风险。

7. 规范引导农村土地承包经营权入股的行为。股份合作是土地流转的形式之一，截至2013年6月底，采取股份合作方式流转面积占土地流转总面积的6.7%，所占比重不高；但增长速度较快，比去年底增长了28.6%。目前的政策法规对土地入股的要求比较严格，《农村土地承包法》明确规定，“承包方之间为发展农业经济，可以自愿将土地承包经营权入股，从事农业合作生产”。从政策内涵来看，对入股的主体有限制，只能是在承包方之间；对流转的目的也有规定，只能是从事农业合作生产。三中全会《决定》明确，允许农民以承包经营权入股发展农业产业化经营，进一步拓宽了土地承包经营权入股的范围。为防范农民入股工商企业等法人之后，因法人经营不善倒闭导致农民失去土地承包经营权。建议进一步明确，农民土地入股不得改变原有土地承包关系,即使企业倒闭破产清算,因此受到影响的也只是有限年度的土地使用权。与此同时,在程序上还应尽到告知义务,在土地流转时向农户警示土地入股企业的相关风险。

(三)逐步探索建立承包经营权退出机制

三中全会《决定》明确提出,推进农业转移人口市民化,逐步把符合条件的农业转移人口转为城镇居民。在农民变市民化的过程中,必然要涉及农村的土地等财产权益的退出问题。目前我国的城镇化率已经达到52.57%,未来一个时期到达城镇化高峰时,这一比例可能会超过70%,还有几亿农民将要进城。进城农民退出土地承包经营权,包括退出土地经营和退出土地承包两个层次。随着农村土地流转机制的建立健全,进城农民通过依法自愿有偿流转土地来退出经营已经没有制度障碍,但是否退出、如何退出土地承包还需要深入研究。

8. 是否退出应尊重进城农民的意愿和选择。目前,《土地承包法》仅规定在全家迁入设区的市,并且转为非农户口的情况下,应当将承包地交回发包方。但由于我国"候鸟型"的农村劳动力转移和不彻底的城镇化模式,只解决了转移农民的就业问题,1.63亿外出农民工远未市民化,与农村依然保持着紧密联系。因此,我国只能是有条件、有步骤地逐步建立进城农民的土地退出机制。一是坚持以户作为退出的基本单位。农户是农村最基本的生产生活单元,也是土地承包的基本单位,即使个别或部分成员迁入城市,农户作为承包主体依然存在,因此应坚持以农户而非个人作为土地退出的基本单位。二是农户退出要具备充分的前提条件。考虑到承包地还承担着农户基本生活保障和社会"稳定器"的功能,因此除了全家迁入城市之外,还应把是否具有稳定的就业、收入和享受平等基本公共服务作为退出承包地的前提条件。是否退出要充分尊重农民的意愿。即便具备了退出承包地的硬条件,也应尊重农民的意愿和选择,并设置一定时间作为过渡期,不急于收回农民承包地。

9. 明确退出承包地应由集体给予经济补偿。《物权法》明确了土地承包经营权的用益物权性质,这是农民的一项重要财产权利,应对农民退出承包地给予相应的经济补偿,并作为重要前置条件。一是以集体经济组织作为补偿主体。鉴于承包地属农民集体所有,集体经济组织处于所有权主体的地位。因此,进城农民交回承包地的,要由集体给予补偿,包括补偿标准、补偿条件等具体规定,应充分尊重集体经济组织的主体地位;对于经济困难的集体经济组织，国家可以给予支持，但不能“越俎代庖”替代集体的功能作用。二是以省为单位制定具体的退出办法。由于各地经济社会发展状况和土地承包具体办法差异较大，可以省为单位，依据国家法律和政策，制定对全家进城落户农民土地承包经营权有偿退出的具体办法。

10. 统筹考虑土地承包经营权的继承与退出问题。目前，我国农村土地承包相关法律法规和政策并未明确对土地承包经营权继承的规定。但由于农村土地承包以户为基本单位，只要农户作为承包单位还存在，而不论户中单个成员的变化，土地承包经营权就会一直递延。因此，尽管法律法规并未对土地承包经营权的继承做出规定，但实际上已经包含有对土地承包经营权在农户家庭内继承的认可。只有在农户全家丧失集体经济组织成员资格的情况下，土地承包经营权的继承才成为问题。建议可把土地承包经营权的继承与退出问题统筹考虑，通过退出的方式来解决丧失集体成员资格农户的承包地问题。

（四）健全符合现代农业需求的土地制度

与传统农业相比，现代农业有着完全不同的组织制度、产业形态和生产目标，资源配置方式发生了重大变化，对土地制度提出了新要求。

11. 确保土地规模经营在“适度”范围。当前我国推进土地规模经营，对于解决“谁来种粮”问题、保障商品农产品供给、对接现代农业生产要素和增加农业生产者收入具有重要意义。但人多地少的基本国情农情，决定了我国的规模经营要把握好“适度”问题。土地适度规模经营既有量的问题，也要体现出质的提高。因此，我国规模经营的目标既要追求劳动生产率，更要追求提升土地产出率，而且国家的政策导向更应强调和鼓励提高土地产出率。土地适度规模经营要体现出量的要求。土地适度规模经营不是简单的“归大堆”，经营规模也不是越大越好。从当前我国的资源禀赋和工农收益来看，一年两熟地区户均经营 50 ~ 60 亩，一年一熟地区户均经营 100 ~ 120 亩，较为符合国情。土地适度规模经营要受外部条件制约。土地适度规模经营的推进步伐和规模扩张，要与农村劳动力转移和市民化的进程，以及农村社会保障体系的健全完善相适应，不能超越或滞后于发展阶段。

12. 切实解决好设施农业的用地问题。现代农业的产业形态日趋多元，农业用地的范围也在不断拓展。规模养殖场和养殖小区等现代畜牧业用地，塑料大棚、日光温室等设施农业用地，粮食晾晒烘干、农机具停放等农业生产附属用地，现代农业科技园区、休闲农业用地，这些方面的用地已经大大超过了直接耕作土地的范畴,如何满足需求需要认真研究。落实好已有的政策措施。近年来,国家先后出台了《关于完善设施农用地管理有关问题的通知》《关于促进规模化畜禽养殖用地有关政策的通知》等政策,但在一些地方还难以有效落实。探索出台新的扶持政策。可考虑在国家年度建设用地指标中单列一块,专门用于满足现代农业发展的新需求,并实行差别化的管理办法。防止出现"搭便车"行为。严格政策界限,加强执法力度,坚决制止以设施用地之名行突破国家土地管理政策之实的行为。

二、关于改革农村集体土地征收制度

在十七届三中全会和十八大分别提出"严格界定公益性和经营性建设用地,逐步缩小征地范围"、"改革征地制度,提高农民在土地增值收益中的分配比例"的基础上,十八届三中全会进一步强调,"缩小征地范围,规范征地程序,完善对被征地农民合理、规范、多元保障机制",为改革农村集体土地征收制度指明了方向。

(五)界定公益性用地,缩小征地范围

土地征收必须以"公共利益"为目的与前提,是各国的共识,我国宪法和《土地管理法》也明确征收土地的前提是"为了公共利益的需要"。但由于《土地管理法》第43条规定,除兴办乡镇企业和村民建设住宅,或者乡(镇)村公共设施和公益事业建设经依法批准使用农民集体所有的土地外,"任何单位和个人进行建设,需要使用土地的,必须依法申请使用国有土地",这就使得征地的限定条件——"公共利益需要"形同具文。应当修改法律法规,使征地范围回归到"公共利益"的本义上来。

13. 明确界定公益性用地。通过立法或判例尽可能对公益性用地进行明确界定是各国通行做法。如日本《土地征收法》第3条详细列举了49种可以实施土地征收的事业,并且未设兜底条款。韩国《土地征收与补偿法》规定了7类可实施征地的事业。我国台湾地区"土地法"和"土地征收条例"规定了10类可实施征地的公共事业。美国法院通过判例形式为确认征收的前提条件——"公共使用"提供准则,联邦和州的立法也从不同方面为"公共使用"划定范围。我国应当借鉴有关国家和地区的经验,在制修订相关法律法规时对公益性用地范围作明确界定。

14. 严格限定征地范围。对"公共利益"的具体认定,既受到文化传统、政治体制的影响,又受到经济社会发展阶段的制约,各国和地区并没有完全

一致、一成不变的认识和做法。总的来看，将军事用地、国家机关用地、交通和水电气等基础设施用地、教科文卫等公益事业用地纳入征地范围是各国的通行做法，至于工商业等经营性用地和成片开发建设能否纳入征地范畴，各国（地区）做法不同，内部认识也不一致。韩国在经济快速发展阶段，就将制铁、肥料及其他总统令规定的重要事业（如电子及造船、发动机制造、水泥生产等）列入“公共利益”范围允许征地，但在经济发展到较高程度后，于2002年将上述事业排除出征地范围。我国台湾地区目前仍允许通过区段征收的方式对新设都市地区、旧都市地区、非都市土地、农村小区等一定区域内的土地全部征收进行开发建设。美国最高法院尽管在2005年认可政府为发展经济而征收财产，但基于对征地权滥用的担心，43个州在该判决出台后修订法律限制征收权的使用，一些州明确禁止仅为经济发展目的而征收土地。考虑到我国多年来征地规模高速增长和建设用地粗放浪费现象普遍存在的实际，结合今后集体建设用地改革的方向，我们认为，应当对征地范围从严控制，工商业用地原则上不应通过征收取得；没有具体用途、单纯与民争利的土地储备制度应当明确禁止；成片开发建设应当仅限于对旧城区的改造而不能无限扩张，如果考虑到发展阶段将征收范围扩大到新城区的，必须在征收程序和补偿标准上作出更严更高的规定。综合上述考虑，建议参照《国有土地上房屋征收与补偿条例》的表述，将政府征地限定为五种情形：（1）国防和外交的需要；（2）由政府组织实施的能源、交通、水利等基础设施的需要；（3）由政府组织实施的科技、教育、文化、卫生、体育、环境和资源保护等公共事业的需要；（4）由政府组织实施的保障性安居工程建设的需要；（5）法律、行政法规规定的其他公共利益的需要。

15. 允许城市土地集体所有。当前各地扩大征地规模的一个重要手段，就是以宪法规定“城市的土地属于国家所有”为依据，城市发展无边界，征地也就无限制，导致大量集体土地被征为国有。这种做法，与宪法平等保护国有和集体经济的精神是违背的。按照《宪法》第6条的规定，生产资料的全民所有制和劳动群众集体所有制都是社会主义公有制的组成部分，宪法在规定“国家保护城乡集体经济组织的合法的权利和利益，鼓励、指导和帮助集体经济的发展”的同时，还专门强调“……城市郊区的土地，除由法律规定属于国家所有的以外，属于集体所有”，突出体现了宪法对于土地集体所有的保护。应当看到，一块土地能否用于建设，属于用途管制范畴，与所有权没有内在联系。实践中，一些地方为减少征地矛盾和保障农民权益，已经有让农民在城镇化进程中保留集体土地所有权的做法。如广西贺州、株洲在留地安置中，就允许根据被征地农户的意见，将统一安排的产业发展用地的性质保留为集体建设用地，广东、海南、成都等地也有类似做法。建议正本清源，尽快对“城市土地可以归集体所有”予以明确。考虑到修改宪法事关重大、程序复杂，可以考虑由全国人大常委会行使宪法解释权，明确“城市的土地属于国家所有”是对宪法颁布之时现状的确认而不是对未来发展的要求。城市建设中是否需要征地，要遵守宪法第10条第3款关于征地的具体要求(公共利益要求)，从而在限制征地范围的同时，为集体土地参与城镇建设留出空间。

16. 改革完善财税和考核制度。当前滥征滥占土地的现象之所以非常严重，地方严重依赖一次性土地出让收入的土地财政和以GDP为核心的干部考核制度是重要原因。如果不对这两项制度进行改革，缩小征地范围的规定很难落实。建议按照全会精神深化税收制度改革，合理划分中央和地方税种并调整中央和地方共享税种的分配比例，加强以所得税和财产税为重点的直接税建设，尽快开征房产税，确保地方有稳定而持续的税收来源，同时还要深化地方机构改革，精兵简政，消除机构臃肿、人浮于事的问题。适应经济社会发展新阶段的要求，加快推进干部考核制度改革，完善发展成果考核评价体系，纠正单纯以经济增长速度评定政绩的倾向。

(六)完善征地程序，保障农民的知情权、参与权和监督权

目前，征地程序不完善、现有程序要求不落实的问题比较突出，是导致征地矛盾和纠纷的重要因素，有必要按照十八届三中全会的精神进一步规范征地程序。

17. 强化权力机关对征收权的控制。为防止行政机关滥用征收权，在英美等国，地方事权范围内的征地项目均需得到地方议会的批准。在议会审查过程中，往往要以公开听证会等形式进行广泛的协商讨论，听取各方面特别是财产权人的意见，某一项目如不属公共利益而图利特定机构和个人往往会招致民怨沸腾，进而影响议员的表决，这起到了在个案中认定“公共利益”的作用，在很大程度上防止了征收权的滥用。与之相比较，作为权力机关的我国各级人大在这方面的作用尚未发挥：一方面，与征地直接相关的土地利用总体规划、城乡规划无需人大批准，土地利用总体规划依照《土地管理法》只需经地级市以上人民政府批准即可，城乡规划尽管依照《城乡规划法》在报上一级人民政府批准前应经同级人大或其常委会审议，但审议意见

仅具参考性质，并无拘束力；另一方面，具体征地项目也由政府一手操办，人大同样缺乏控制权。建议今后制修订法律法规时，明确土地利用总体规划、城乡规划和具体征地项目在报送审批前，均应经同级人大充分审议并获得批准，从而减少规划和征地的随意性，以民意来制约行政机关的权力。

18. 征地项目事前要听取被征地农民和集体的意见。从国外和我国台湾地区情况来看，征地前充分听取被征地人意见是通行做法。如美国犹他州要求就投票表决征收的公开会议书面通知每一财产所有人，并给予其听证机会；西弗吉尼亚州要求以挂号信的形式通知财产所有人公开听证和要求就财产是否处于衰败状态进行实地考察的权利。我国台湾地区需用土地人在将欲兴办事业报主管部门批准前，要举办公听会听取土地所有权人以及其他利益相关人意见。但我国《土地管理法》仅规定征地补偿安置方案应当听取被征地农村集体经济组织和农民意见，在更为关键的决定征地环节没有听取农民意见的规定。借鉴有关国家和地区的经验，建议从以下几方面完善征地程序：第一，土地利用总体规划、城乡建设规划涉及农用地转用的，应当专门听取相关集体组织和农民群众的意见。第二，征地项目在人大审议阶段，应当召开听证会听取拟征地所在的集体组织和农民的意见，听证会情况和相关意见应当连同其他审批材料一并报送征地审批机关。第三，征地决定不仅要在被征地集体公告栏中公告一定期间，还要书面送达已知的每一户被征地农民，确保其事前了解征地决定的内容。

19. 增加协议购买环节。从国外和我国台湾地区情况来看，某项目即使被认定属于“公共利益”而允许征收，也不意味着政府必然动用征收权。在美国，政府确定征收地块后，首先要进行所有权调查并完成土地估价，之后以估价为基础与土地所有权人协商购买，只有协商购买不成的情况下才借助征收权。韩国和我国台湾地区均要求用地者先与土地所有权人协商购买所需土地，协商不成的才可申请征收。我国有必要借鉴上述经验，在征地程序中增加协议购买环节。为与目前征地程序尽可能衔接，可以考虑将该环节放在征地申请得到批准后，只有在法定期限内达不成协议的，才可实施强制征收。

20. 增加买回权制度。为防止政府滥用强制权，许多国家和地区都规定被征地人的买回权制度。我国台湾地区“土地征收条例”就规定，有以下三种情形之一，原土地所有人可申请按原征收价额收回土地：第一，征收补偿费发给完竣届满 3 年，未依征收计划开始使用者；第二，未依核准征收原定兴办事业使用者;第三,依原征收计划开始使用后未满5年,不继续依原征收计划使用者。美国一些州也有类似规定。我们认为,可以借鉴上述经验,增加规定被征地集体的买回权制度,防止和遏制地方对土地“征而不用”的问题。

21. 加强农村集体征地补偿费分配、使用管理。当前,农村集体征地补偿费分配不公、使用不透明和贪污、挪用、挥霍征地补偿款的问题时有发生,构成了被征地农民上访的重要原因。针对这一问题,应当健全制度,加强农村集体征地补偿费分配、使用管理:一方面,要与“长久不变”的制度走向统筹考虑,明确征地补偿费原则上应当主要归被征地农户;另一方面,要明确补偿费分配使用应当经集体成员全体会议而非代表会议讨论通过,使用情况也要向全体成员公开,以确保补偿费分配、使用的公平、公正和透明。

（七）完善对被征地农民合理、规范、多元保障机制

征地补偿标准低、被征地农民保障不充分是当前征地矛盾和纠纷的核心。被征地农民对征地不满,在很大程度上不是因为对是否属于公共利益有意见,而是对征地补偿不满。同时,地方政府之所以滥征滥占动机很强,也是因为征地补偿标准低,与招拍挂价格之间存在巨大利差。按照十八届三中全会精神完善对被征地农民合理、规范、多元保障机制,可从以下方面着手:

22. 明确公正补偿原则。土地被征收对于财产权人而言是其为了公共利益而作的特别牺牲,国家有义务按照填平补齐的原则给予公正补偿,这是各国的共识。如法国《人权宣言》将“公平而预先补偿”作为征收前提、美国宪法将“公正补偿”作为前提、日本宪法将“正当补偿”作为前提。我国也应在法律中明确宣示对被征收人的公平补偿原则。

23. 稳步提高现金补偿标准。发达国家和地区对被征地人的补偿以现金为主。美国将“公正补偿”定义为“公平的市场价值”。对于何谓公平的市场价值,加利福尼亚《民事程序法典》第1263.320条规定:“被征收财产的公平的市场价值为估价之日没有特别或紧急需要必卖也未被强迫的愿卖者和有准备、有意愿、有能力但也没有特别需要必买的愿买者都同意的最高价格,双方都对该财产合理的适宜、可得用途和目的完全知悉。”“被征收财产没有相关、可比市场的,其公平的市场价值为估价之日采用公正(just)、公平(equitable)估价方法评估的价值。”一些州如佐治亚和蒙大拿的宪法,还规定补偿应高于财产的公平市场价值,如特定情况下被征收人为获得充分补偿而支付的律师费和诉讼费也应纳入补偿范围。日本对被征收土地的补偿参

考附近同类土地的交易价格进行计算，以公共利益认定公告时的相应价格，乘以到裁决时的物价变化校正系数，得出补偿金额。韩国、我国台湾地区则以公告的基准地价、土地现值为基础确定补偿地价。考虑到我国征地的实际状况，如果明确以市场交易价值作为现金补偿标准，一方面，由于土地用途、区位等不同，很难确定公认的市场交易价值；另一方面，现金补偿提得过高过快，很可能引起此前被征地农民找旧账问题，影响社会稳定。鉴于此，我们认为，现金补偿应当尽可能与现行做法相衔接，可以参考韩国和我国我国台湾地区的做法，将目前并行的区片综合地价和统一年产值补偿制度统一为区片综合地价制度，取消土地管理法"按土地原用途补偿"的原则，授权省级政府定期调整，稳步提升现金补偿水平，这可能是更具合理性和可行性的做法。

24. 强化对被征地农民的安置保障。在稳步提升对被征地农民"明补"的现金补偿的同时，应当将补偿的重点放到对被征地农民的安置保障上。发达国家和地区由于社会保障制度完善，可以不考虑被征地人的长远生计而一次性支付现金，但在我国这却是一个现实而重要的问题。农民土地被征收后，失去最基本的生产资料和赖以生存的生产手段，其社会身份、生产方式、生活来源等均发生较大变化，应当得到良好的安置保障，否则"种田无地、就业无门、社保无钱"，不仅影响他们的长远生计，更会严重影响社会和谐稳定。建议从以下三个方面入手改革对被征地农民的安置保障：第一，改变目前"农民缴费、政府补贴"的社保缴费模式，由政府从土地出让收入中提取一定比例直接为农民缴纳保费，保证被征地农民即使不缴费也能享受到较高水平的保险待遇。第二，对农民的房屋不再按地上附着物补偿。对能够提供宅基地重建的，按重置价补偿；对不能提供宅基地重建的，由政府提供国有土地上大产权房屋，并尽可能让被征地农民有一套自住，还能有房屋出租或经商。计算补偿标准时应当考虑农民的宅基地面积。第三，加强对被征地农民的就业扶持，明确开发建设被征收土地，应当优先安排被征地农民就业；国家给予被征地农民免费的技能培训和就业指导，提高其就业能力；被征地农民自主创业的，国家给予信贷、税收扶持。

25. 将留地安置作为一种法定补偿方式。我国台湾地区在成片开发建设的"区段征收"中，采用了"抵价地"补偿制度。被征收人可自愿选择现金补偿或发给抵价地补偿，也可以选择部分领取现金补偿，部分申请发给抵价地。抵价地的总面积原则上为50%，特殊情况经核准也不得少于40%。"抵价地”制度使被征收人能够分享土地开发建设后的增值收益,保障了被征收人的权益,政府在减少征地阻力的同时,也减少了支付现金补偿的压力,是一种两全其美的制度。我国目前已有20多个省区市采用过留地安置方式,取得了较好的效果。我们认为,如果允许成片开发建设纳入征地范围,就应当借鉴我国台湾地区的经验,在总结各地实践的基础上,将留地安置作为法定补偿方式,确保被征地农民分享发展成果。

三、关于农村集体建设用地制度改革

农村集体建设用地既是重要的农村土地资源,又是农民集体的重要财产,但由于不能流动,严重影响了土地资源的优化配置和土地的增值收益。按照十八届三中全会精神推进农村集体建设用地制度改革,就要努力释放农村集体建设用地财产潜能,允许其直接参与工业化、城镇化进程,让农民获得土地收益。

(八)积极推进农村集体经营性建设用地流转

十八届三中全会作出了“在符合规划和用途管制前提下,允许农村集体经营性建设用地出让、租赁、入股,实行与国有土地同等入市、同权同价”的决定。我们认为,加快农村集体经营性建设用地流转制度改革,应当遵循“产权明晰、权能完善、农民自主、流转规范、用途管制、收益分享”的原则。

26. 坚持先确权后流转。目前我国绝大多数农村集体产权不清、成员范围不明,每个成员享有多少份额也不清楚,相应导致广大农民的产权意识和监督意识淡漠,在绝大多数地方由村委会代行产权代表人职能情况下,不可避免地存在村干部在土地事项上以权谋私、侵吞贪占等现象。这个问题不解决,农村集体建设用地流转极可能只会使少数干部受益、农民群众受损。因此,必须明确集体建设用地流转的前提是完成农村集体产权制度改革,在将包括集体建设用地在内的集体产权确权量化到人(户)后方可流转,这不仅有利于定分止争,也有利于激发和增强农民参与管理、监督的自觉性和主动性,确保广大农民群众得到建设用地流转的实惠。近年来,一些地方实行集体资产“股份量化、公司管理”,或者成立社区土地股份合作社,土地股份量化到人,并根据成员变化动股(调整股份)不动地的做法,值得肯定和推广。

27. 促进农村集体建设用地多种方式流转。按照全会精神赋予集体建设用地使用权包括出租、出让、转让、入股、抵押等多种方式流转的权能。有同志认为，农民和农村集体组织经批准后“用自有土地、建自用建筑”，是农村集体建设用地的基本特征，允许农村集体建设用地流转和进入市场，与这一特征抵触，“农村集体建设用地”的法律概念本身将不复存在。我们认为，只要制度安排合理，允许集体建设用地使用权以多种方式流转不会影响土地集体所有的性质：农村集体建设用地作为农民集体拥有的建设用地，既可以自己使用，当然也可以在符合规划的前提下将使用权以出租、入股等形式流转并获得收益，这才是所有权题中应有之义。此外，通过法律规定，明确农村集体建设用地的使用权流转期限（包括入股）不得超过一定期限（比如，可参照国有建设用地规定为50年），限定流转后用途（如不得搞房地产开发），可以有效避免失地风险，不会损害农民集体的土地所有权。实际上，目前很多开展试点的地方都允许集体建设用地以出租、出让、入股、抵押、转让等形式流转，并没有影响到农民集体的土地所有权。

28. 鼓励支持农民直接参与经营性建设用地开发。要尊重农民集体的所有权人地位，保障农民在集体建设用地流转上的决定权。集体建设用地的所有权人是农民集体而不是政府，集体建设用地是否流转、以何种方式流转、流转给谁等，应由农民集体通过自身民主程序决定，政府可以指导帮助、规范监督，但不能直接干预，更不能包办代替。从目前一些地方的实践来看，存在政府直接牵头集体土地流转并以分成方式获取流转收益的问题，这属于政府越位并与民争利，应予纠正。从成都等地的实践来看，还应鼓励支持农民直接从事经营性建设用地开发，获取更多更直接的收益。

29. 促进建设用地规范流转。集体建设用地流转涉及巨大的利益，为防止少数干部借机牟利，损害农民集体权益，应当重点建立两项制度：一是公开交易制度。建立农村产权交易所，集体建设用地必须在公开市场上以招标、拍卖等方式竞价流转，而不能一对一地私下交易。二是民主议决制度。对于方式最透明、收益最直接、风险最小的出租，经集体成员或集体成员代表会议1/2以上通过即可；对风险较大的出让、入股、抵押方式，应当经集体成员会议2/3以上多数通过。对集体建设用地使用权人再次转让使用权的，应当设定须征得农民集体同意的前提条件。

30. 坚持土地规划和用途管制。在种粮不如种菜、种菜不如种花、种花不如种房的背景下，允许集体建设用地入市流转，客观上可能激发农民“卖地”的积极性。要从实行最严格的耕地保护制度出发，完善用途管制制度，加强农村土地利用规划和建设用地流转监管，防止耕地流失和流转后管理失控。

31. 合理调节流转收益。农村集体建设用地流转收益远大于务农收益，这将会给耕地保护和农业发展带来巨大压力，对提高农业补贴水平形成倒逼机制。应当未雨绸缪，考虑应对措施：建议针对集体建设用地流转收益收取所得税等税金，并专项用于耕地保护补偿和农业补贴，以平衡城郊和农区、务农村民和非务农村民的利益，保护农民务农种粮的积极性。

（九）稳妥改革农村宅基地管理

经过几十年的制度变迁，"集体所有，村民使用；一户一宅，限制面积；福利分配，长期使用；限制权能，无偿收回"构成我国现行宅基地使用权制度的主要内容。随着工业化、城镇化的发展，农村宅基地管理也面临着新的问题，近年来各界改革宅基地管理制度的呼声一直很高。适应新形势的要求，十八届三中全会提出："改革完善农村宅基地制度，选择若干试点，慎重稳妥推进农民住房财产权抵押、担保、转让，探索农民增加财产性收入渠道。"落实全会精神，应当重点关注以下问题：

32. 继续坚持"一户一宅"的要求。近年来，一些学者从保障农民的财产权和平等权出发，认为应当取消"一户一宅"的限制。我们认为该意见不妥。"一户一宅"制度，不仅保障了每户农民都能有一块宅基地以安身立命（机会平等），而且也保障了农民之间宅基地数量的平等（结果平等），富者不能多占，穷者不会少得，体现了社会公平。在人多地少、工业化城镇化还将继续占用耕地的基本国情下，如果允许农村"一户多宅"，耕地红线将很难守住。城里人可以有几套商品房，而农村只能"一户一宅"，但这并不构成对农民的歧视。农民的宅基地属福利和保障性质，自然要防止一户多次享受。城镇居民购买保障性质的住房如经济适用房等，也要受到类似"一户一宅"的限制——已购买保障房的家庭也不能再购买另一套保障房。

33. 宅基地在特定情况下可以有偿使用。不区分情况全面实行宅基地有偿使用，不仅与土地归农民集体所有的制度安排相违，还可能导致宅基地使用上"富者通吃"的局面，有损宅基地制度的公平性。但为解决"一户多宅"、"面积超标"、"非法占地"、"城镇居民取得宅基地"等历史遗留问题并防止上述问题继续蔓延，从保护耕地、维护集体利益和村民之间的公平出发，建议对特定情形下的宅基地使用实行有偿：一是对拥有两处以上宅基地的村民，可对其第一处以外的宅基地收取使用费；二是对面积超标的村民，可对其超标面积收取使用费；三是对非法占地建房行为因客观原因难以强制拆除的，可加倍收取使用费；四是对将房屋出租给他人的村民，可收取使用费，以防止借出租之名行买卖之实；五是包括城镇居民在内的非本村村民因继承等原因实际取得宅基地的，可加倍收取使用费，以保护集体利益，并促进闲置宅基地向本村符合条件的村民流转。

34. 目前不宜放开城镇居民到农村购置宅基地（买房）。1999 年以来，国务院多次重申禁止城镇居民在农村购置宅基地（买房）。近年来，很多学者建议废止这一禁令。我们认为目前放开这一禁令的条件还不成熟：一是与宅基地制度的设立目的不符。宅基地制度的出发点是为了保障本村村民"居者有其屋"的居住需要，而不是满足城镇居民的居住需要。二是不利于保护本村村民居住利益和耕地。宅基地的排他性强、社会性弱，如允许转让给非本村居民，不仅会挤压利用闲置宅基地解决本村新增人口居住问题的空间，还会阻塞将闲置宅基地收回复垦为耕地的渠道。三是无助于促进农民市民化。农民进城定居是一个系统工程和自然过程，需要相应的经济社会条件特别是就业、社保等为基础和保障。放开宅基地转让对那些已进城定居的农民可能会"锦上添花"（但他们由于不缺钱，很可能不会流转），对多数农民并不能起到"雪中送炭"的作用，推动农民进城定居更不啻是天方夜谭。四是可能助长土地投机。允许宅基地流转，极可能出现工商资本、城镇居民竞相购买、炒作宅基地的热潮，对经济发展和社会和谐稳定都会产生不利影响。

35. 宅基地（农民住房）流转对象原则上应为本集体符合条件的农户。考虑到宅基地制度的设立目的，宅基地（农民住房）流转的受让方原则上应当是本集体符合条件的农户。从试点探索出发，如将受让方扩大为本乡、本县其他符合宅基地取得条件的农户的，应设定如下条件：一是本集体符合宅基地取得条件的农户有优先购买权，二是应经本集体 1/2 以上农户同意，三是受让方应当按年向农民集体交纳土地有偿使用费。抵押权实现后宅基地（农民住房）流转的，也应遵循同样规则。

36. 宅基地（农民住房）流转制度改革试点应规范开展。与承包经营权流转相比，宅基地使用权（农民住房）流转制度改革涉及的因素更为复杂，"试错"后的不利后果也更大，为防止各地自行其是对国家整体制度造成冲击和倒逼效应，并将探索失败的风险降至最小，应当明确各地探索应取得中央授权，并坚持不得流转给城镇居民的底线。同时，还要抓紧出台宅基地管理法规，为规范宅基地管理提供依据。

(十)慎重开展城乡建设用地增减挂钩

自2004年《国务院关于深化改革严格土地管理的决定》提出"鼓励农村建设用地整理,城镇建设用地增加要与农村建设用地减少相挂钩"以来,城乡建设用地增减挂钩在各地迅速推开,成为土地制度改革的一个热点。地方政府普遍认为,通过"增减挂钩",既解决了工业化、城镇化急需的建设用地指标问题,也解决了农村建设用地空、散、乱的问题,不仅增加了耕地,也改善了农民的居住条件和农村环境,是一件好事。但也有不少专家学者对此持否定态度。

37."增减挂钩"实施中存在问题和隐患。我们认为,"城镇建设用地增加要与农村建设用地减少相挂钩"的要求本身没有问题,但在具体落实中确实存在一些亟待解决的问题:一是结果是占用耕地。现实中,通过"城乡建设用地增减挂钩"获得的建设用地指标基本上被用于在城市郊区等其他地方征占耕地,建设用地只是挪了位置而没有真正增加耕地;在一些城郊农村,甚至直接将腾退的建设用地转为城镇建设用地或作为"土地储备",实际上农村土地整体上被减少了。二是主导权在政府而不是农民。农村集体建设用地归农民集体所有,是否整理、如何整理应当由农民集体民主议决,但从地方做法来看,整理过程往往采取与征地拆迁类似的做法推进,政府强势主导。一些地方还直接搞村庄合并,不仅打乱了原来的村组结构,也使农村集体经济组织运行遇到困难乃至失去依托。三是好处主要归政府而不是农民。地方政府不仅获得了建设用地或者建设用地指标,而且和开发商一起拿了土地整理好处的大头。

38."增减挂钩"应当尊重农民的土地权利。一是必须尊重农民的土地所有权和使用权。目前地方在"增减挂钩"中强制或变相强制农民腾退宅基地、搞集中居住的做法,存在规避征收程序、变相征收农民土地的问题,其实质是不尊重乃至侵犯农民的土地权益。建议明确今后开展集体建设用地整理,必须经村民(集体经济组织成员)会议2/3以上多数通过,并取得宅基地使用权人同意,严禁强制腾退宅基地。土地整理应由农民自主进行,政府可以指导帮助但不能包办代替。二是必须切实保护耕地。使"增减挂钩"回归到土地整理和占补平衡的本义上来。一方面,严格建设用地指标管理,因建设用地整理增加的耕地(不含履行"占补平衡"义务整理出的耕地)可以作为增加下一年度建设用地指标的依据,不允许在国家年度建设用地指标之外"体外运行"。另一方面,应当由省级国土、农业等部门联合对整理后的耕地验收,确保其数量和质量符合要求。三是必须保障收益归农。在保障集体经济组织和农民在土地整理中主体地位的同时,还必须明确因整理获得的收益应当全部归农民集体所有,由农民集体以民主议决方式决定其分配和使用。政府在宅基地整理中可以起引导和扶持作用,但不能直接从中牟取资金利益。

论土地承包经营权的二次物权化

王金堂*

现行土地承包经营权制度肇始于20世纪70年代末,经过30余年来的诱致性制度演进过程,形成目前以土地承包经营权为主要内容的农用土地制度体系。从民法角度来看,土地承包经营权的制度变革过程也就是该权利由债权逐步向物权演进的过程,学者们将其称为土地承包经营权的物权化。土地承包经营权物权化的逻辑基础是原有土地承包经营权的债权性,物权化的过程就是减少乃至消灭土地承包经营权的债权性、增强土地承包经营权物权性乃至完全实现土地承包经营权由债权向物权转变的过程。这个过程从20世纪80年代开始至今,并分别在理论研究、政策调整、立法实践和司法实践等几个方面并行。总结土地承包经营权制度物权化的过程,笔者认为,以2007年《物权法》的颁布为标志,可以分成前后两个阶段,第一个阶段可以称之为土地承包经营权的第一次物权化过程,第二个阶段可以称之为土地承包经营权的第二次物权化过程。

一、土地承包经营权一次物权化的进程及其得失

土地承包经营权一次物权化的历史和逻辑起点是原土地承包经营权的债权性。土地承包经营权在20世纪末相当长的一段历史时期,主要体现为一种债权性权利,其主要的依据为:(1)土地承包经营权具有连带性。土地承包经营权连带于土地家庭联产承包,不是一个独立的物权①。(2)从承包人与土地所有者的关系来看,是基于集体和其成员间的联产承包合同关系

* 王金堂:青岛科技大学法学院教授,副院长、法学博士。

① 陈甦:"土地承包经营权物权化与农地使用权制度的确立",载《中国法学》1996年第3期,第88页。

而不是纯粹物权关系[①]。(3)从土地承包经营权转让条件来看,土地承包经营权人不能自主转让该权利。上述特征,加上早期土地承包经营权期限的短促性,使得土地承包关系的稳定性缺乏保障,从而导致一系列问题。自20世纪80年代以来,学术界和决策者不约而同地推动了土地承包经营物权化进程,并取得了显著成绩。

(一)土地承包经营权一次物权化的提出

强化土地承包经营权,实现土地承包经营权由债权性向物权性转变,这个过程并非一个高度自觉和统一的过程。事实上恰恰相反,中国农村土地承包经营制度的出现实质上为农民的自发性制度创新,幸运的是这一制度创新在20世纪70年代末得到了以邓小平为首的中央高层领导的支持,遂得以推广全国并从延长期限、强化权能等方面不断完善,这一制度变革事实上也一直处在“摸着石头过河”的改革状态。制度的改革创新需要理论的指导,时代也呼唤能够对土地承包制度法制化起到引领作用的理论。从法学理论角度来看,土地承包经营权作为《民法通则》第5章第1节规定的一项法定权利,尽管其性质尚有争议,但是逻辑上该权利应该为物权,在实现对土地承包经营权进行立法保护的过程中,将该权利改造成物权(用益物权)无疑是最具有理论和现实意义的选择。物权内容的法定性、物权的对世性、物权的直接支配性和物权的长期性或永久性都契合了农民对土地承包经营权的要求,因此将债权性的土地承包经营权改造成物权,实现土地承包经营权物权化就成为时代的选择。在这一过程中,法律工作者的贡献值得肯定。众多法律学者通过主张土地承包经营权是物权来间接呼应这一呼声[②],据笔者考证,实现土地承包经营权物权化这一提法在20世纪80年代就已经在法学界提出,而较早在权威法学期刊上系统阐述土地承包经营权物权化目标的是陈甦先生,他在1996年在《中国法学》撰文明确提出“土地承包经营权物权化”[③],该文分析了当时土地承包经营权的债权性及其局限,分析了土地承包经营权物权化的现实基础,并明确提出实现土地承包经营权物权化的立法任务。陈先生的这一观点无疑是非常正确和具有前瞻性的。此后,法学界又有许多学者撰文明确主张土地承包经营权的物权化并就物权化的目

---

① 宁立志、徐合进:“土地承包经营权的物权化与制度完善”,载《武汉大学学报(哲学社会科学版)》1999年第3期,第101页。

② 崔建远:“房地产法与权益冲突及协调”,载《中国法学》1994年第3期,第57~62页。

③ 陈甦:“土地承包经营权物权化与农地使用权制度的确立”,载《中国法学》1996年第3期,第86页。

的、实现途径等加以研究[①]。鉴于本文将土地承包经营权物权化进程以《物权法》的颁布为界进行了划分(理由后文阐述),因此,笔者把在此之前理论界所提出的土地承包经营权物权化称之为"土地承包经营权一次物权化"并展开讨论。

(二)土地承包经营权一次物权化的目标

土地承包经营权(一次)物权化自20世纪80年代提出以来,众多学者对其进行了阐述,笔者将其观点加以综合,可以概括出土地承包经营权一次物权化的目标,总体而言,在《物权法》颁布之前,学界对土地承包经营权物权化的总目标是赋予和保障农民对承包土地之法定的、稳定的使用权利。其具体目标有:(1)实现土地使用权利的长期化。土地占有关系的长期稳定是中央和农民的一致诉求,而物权的永久性或长期性契合了这一需求[②]。(2)保障农民稳定的土地使用权利。土地承包初期,众多地区农村发包方调整土地承包合同的行为极为频繁,短则一年一变,长则三五年一变,农民难以稳定地获得承包土地的使用价值,限制发包方通过行政性手段随意调整承包地成为共识。物权化的土地承包经营权可以赋予农民对抗发包方随意调整承包土地的权利,从而稳定土地承包关系[③]。(3)实现土地承包经营权权能的法定化[④]。债权性的土地承包经营权由于承包合同的约定不同而不同,造成许多发包方进行不平等约定,农民的土地承包经营权权能不够统一,为发包方干预农民对承包土地的使用和收益权利大开方便之门。物权所特有的权能法定正好契合了这一需求[⑤]。(4)用物权的登记、公示等手段保护土地承包经营权[⑥]。(5)赋予土地承包经营权对世性,并利用物权的法律救济手段保障农民的承包土地权益。

---

① 宁立志、许合进:"土地承包经营权的物权化与制度完善",载《武汉大学学报(哲学社会科学版)》1999年第3期,第101页。朱广新:"土地承包经营权物权化建构的二元思路",载《农业经济问题》2001年第7期,第35页。丁关良:"农村土地承包经营权性质的探讨",载《中国农村经济》1999年第7期。任大鹏:"对农村土地承包立法若干问题的思考",载《中国农村经济》2000年第4期,第8页。

② 陈甦:"土地承包经营权物权化与农地使用权制度的确立",载《中国法学》1996年第3期,第90页。

③ 任大鹏:"对农村土地承包立法若干问题的思考",载《中国农村经济》2000年第4期,第8页。

④ 任大鹏:"《农村土地承包法》的立法背景与基本制度",载《中国农业大学学报(社会科学版)》2003年第4期,第8页。

⑤ 冯永军:"论农村土地承包经营权物权化的建构",载《农村经济》2004年第2期,第194页。

⑥ 任大鹏:"《农村土地承包法》的立法背景与基本制度",载《中国农业大学学报(社会科学版)》2003年第4期,第12页。

(三)土地承包经营权一次物权化的进路及成绩

将债权性土地承包经营权实现物权化的主要措施是立法。20世纪八九十年代直至21世纪初,中国涉土地承包经营权立法进程也是土地承包经营权物权化的过程。事实上,在农村土地家庭承包责任制实施之初,所谓的“土地承包经营”仅仅体现为农民在集体联合生产过程中的分工义务。根据1982年中央“一号文件”的规定,农村土地实行“包产到户”和“包干到户”,“包产到户”是在集体投入土地、种子等生产资料前提下,由农民投入劳动力而实现的一种集体经济内部生产责任制,是一种劳动义务,而“包干到户”中集体除了土地已经难有其他生产要素投入,除土地外的生产资料、劳动力等生产要素均由农户自行负责投入,同时农户也得到更多的劳动剩余,该政策对农民的激励也更强,政策上也开始承认“包干到户”体制下的农民家庭承包是一种新型的家庭经济,在“建立和健全承包合同制”政策要求下,首次将农民对土地的经营确立为一种“权利”①。1986年是土地承包经营权法制化突飞猛进的一年,该年度有三个法律文件实现了对该权利的规范——《土地管理法》使农民对土地的经营从一种义务变成了合同权利②;《民法通则》第一次将土地承包经营权规定为法定权利;《最高人民法院关于审理农村承包合同纠纷案件若干问题的意见》落实了土地承包经营权受侵害后的司法救济权利③;1993年实施的《农业法》赋予了农民对土地承包经营权以流转的权利,并且赋予承包土地的继承权利④。1997年中共中央办公厅、国务院办公厅发出了《关于进一步稳定和完善农村土地承包关系的通知》,该通知要求“乡镇人民政府农业承包合同主管部门要及时向农户颁发由县或县级以上人民政府统一印制的土地承包经营权证书”。土地承包权证书的发放使得其具备了物权的公示性,是该权利由债权向物权转变的一个重要标志⑤;

---

① 郜郑兵:《宪政视野下的土地承包经营权研究》,山西大学2010年硕士学位论文,第17页。

② 1986年6月《土地管理法》第12条第2款规定:“承包经营土地的集体或者个人,有保护和按照承包合同规定的用途合理利用土地的义务。土地的承包经营权受法律保护。”

③ 该意见第1条第1款规定:“处理农村承包合同纠纷,应当发挥有关农村基层组织以及承包合同管理部门的作用,绝大多数纠纷可以由它们调处。当事人不服处理向人民法院起诉的,人民法院应当依法受理;当事人直接向人民法院起诉的,人民法院也应当依法受理”。

④ 1993年颁布的《农业法》第13条中规定的:“在承包期内,经发包方同意,承包方可以转包所承包的土地、山岭、草原、荒地、滩涂、水面,也可以将农业承包合同的权利和义务转让给第三者,承包人在承包期内死亡的,该承包人的继承人可以继续承包”在2002年12月的修改中被删除,转而规定:“农村土地承包经营的方式、期限、发包方和承包方的权利义务、土地承包经营权的保护和流转等,适用《中华人民共和国土地管理法》和《中华人民共和国农村土地承包法》”。

⑤ 郜郑兵:《宪政视野下的土地承包经营权研究》,山西大学2010年硕士学位论文,第4~5页。

该通知还明确要求承包合同到期后自动延长30年,通过延长承包期限的办法进一步增强其物权性[①]。1998年修改的《土地管理法》第14条首次从法律上规定土地承包经营权的期限为30年,实现了土地承包经营权的长期限。1999年6月公布的《最高人民法院关于审理农业承包合同纠纷案件若干问题的规定(试行)》首次确认了土地承包经营权内容的法定性并确认违法的约定内容不予保护[②],是实现物权法定的重要一步。2002年颁布的《土地承包法》在土地承包经营权物权化上实现了全面飞跃,该法赋予了农民以内容法定的土地承包经营权,实现了该权利的长期限,保障了农民对于转包、互换、出租等方式的自由流转权,禁止发包方随意调整承包地从而给予农民稳定的承包土地使用权利,初步实现了土地承包经营权的物权化。2004年农业部颁布了《中华人民共和国农村土地承包经营权证管理办法》,对土地承包经营权证书的发放规定了具体程序,使土地承包经营权的公示有法可依。2005年农业部颁布了《农村土地承包经营权流转管理办法》,在土地承包经营权的流转程序等方面落实了《土地承包法》的规定。2005年颁布的《最高人民法院关于审理涉及农村土地承包纠纷案件适用法律问题的解释》对《土地承包法》在司法实践中的具体运用加以明确,并且对土地承包经营权转让时集体经济组织的"同意权"进行了规范和限制[③],进一步保护了农民的利益。2007年颁布的《物权法》标志着土地承包经营权一次物权化阶段的结束,该法在土地承包经营权物权化上的最大贡献是明确了土地承包经营权的用益物权性质,该法全面肯定了《土地承包法》的物权化成果,并且在土地承包经营权到期后的处理问题上有所突破,做出了"由土地承包经营权人按照国家有关规定继续承包"的原则性规定[④]。

(四)土地承包经营权一次物权化的缺憾

以《土地承包法》和《物权法》的颁布为标志,学界普遍认为土地承包经营权已经初步实现物权化。这无疑是土地承包经营权一次物权化的重大成

① 王权典:《新农村土地法制专题新论》,知识产权出版社2010年版,第30页。

② 该规定第8条第1款规定:"人民法院在审理农业承包合同纠纷案件时,对承包合同中所约定的承包方应当承担的义务中,超过有关法律、法规和政策规定的,超过的部分不予保护"。

③ 该解释第13条规定:"承包方未经发包方同意,采取转让方式流转其土地承包经营权的,转让合同无效。但发包方无法定理由不同意或者拖延表态的除外"。

④ 《物权法》第126条规定:"耕地的承包期为三十年。草地的承包期为三十年至五十年。林地的承包期为三十年至七十年;特殊林木的林地承包期,经国务院林业行政主管部门批准可以延长。前款规定的承包期届满,由土地承包经营权人按照国家有关规定继续承包"。

绩,具有深远的历史意义。相映成趣的是,2008 年 11 月 23 日,首届中国经济理论创新奖揭晓,148 位中国知名学者通过投票得出了一个结论:过去 30 年里,对中国现实影响最大的原创经济理论,正是孕育了土地承包经营权的农村家庭联产承包责任制理论[①]。然而对比域外土地农用土地制度的成功经验,冷静观察中国农村农业生产和农民处境的尴尬现状,我们不能不承认的是,目前的土地承包经营权物权化还处在"行百里者半九十"的状态,土地承包经营权还保留着相当的债权属性,没有实现完全物权化,其主要体现在:(1)物权属于支配权,权利人能够不依赖他人的积极行为即可以直接支配和处分其标的物,例如对权利本身的买卖、赠与、抵押、继承等处分,但是目前的土地承包经营权权利人尚不具备以上权利。(2)典型的自物权(所有权)和用益物权为永久性权利,尽管由于永久性原则的缓和导致某些用益物权可以有期限但通常期限较长。就农用土地权利而言,我国台湾地区"民法典"规定的永佃权即为永久性权利,并且明确若永佃权设有期限即属租赁[②],当然《日本民法典》对永佃权设有 20 年以上 50 年以下的期限[③]。目前中国家庭土地承包经营权的期限为 30 年。表面看来,30 年的土地承包经营权期限似乎符合用益物权可以具有期限性的做法,但是从法理上讲,用益物权属于他物权,是在所有权主体明确的情况下让渡出来一部分权能形成的用益权利,如永佃权、地上权等,一旦用益物权到期,则该权能自然归复原所有权主体,这本无任何问题。但是中国内地土地承包经营权的基础——集体土地所有权的权利主体本身存在难以克服的模糊性和权利主体缺位现象,使得土地承包经营权设有期限的制度安排存在严重问题。主要问题是土地承包经营权到期后的权利归属不能明确,特别是经过转让后的土地承包经营权。按《物权法》规定,到期后"由土地承包经营权人按照国家有关规定继续承包",这一规定本身已经突破了用益物权到期后归所有权人的法理,而且问题在于经过转让后的土地承包经营权到期后由哪个"土地承包经营权人"继续承包并不明确,更不用说未来的"国家规定"更是存在变数。因此目前状态的有期限的土地承包经营权附期限造成该权利在期限到来后进入产权

① 余力:"农村家庭联产承包责任制理论诞生始末",载《南方周末》2008 年 11 月 27 日。

② 我国台湾地区"民法典"第 842 条规定:"称永佃权者,谓支付佃租永久在他人土地上为耕作或牧畜之权。永佃权之设定,定有期限者,视为租赁,适用关于租赁之规定"。

③ 《日本民法典》第 278 条规定:"永佃权的存续期间:(一)永佃权的存续期间,为二十年以上五十年以下。以长于五十年的情节设定永佃权者,其期间缩短为 50 年。(二)永佃权的设定,可以更新。但其期间,自更新时起,不得超过五十年。(三)未以设定行为确定永佃权存续期间者,除另有习惯外,其存续期间为三十年"。

未界定的“公共部分”状态,根据法经济学的原理,未来各个主体对“公共部分”产权的界定需要花费极大的博弈成本,此种制度安排导致低效率并引发混乱。正是由于一次物权化在上述两个核心问题上的保守制度安排,导致一次物权化后的土地承包经营权事实上仅仅保障了权利人对承包土地的使用价值,而对权利流转和权利人收入有重大影响的土地承包经营权之交换价值则被悬置。未实现完全物权化的土地承包经营权制度在实践中逐渐暴露出其副作用并形成新的制度困境。

二、土地承包经营权二次物权化的必要性

进入21世纪以来,随着中国经济社会工业化、城市化的快速推进,一方面大量农村劳动力向第二、第三产业和城市转移使部分农民产生转让土地承包经营权的客观要求;另一方面农业生产的现代化要求农用土地的适度集中,承包土地的流转问题开始逐渐为决策者和学者们所重视。近十余年来,在稳定土地承包关系的基础上推进承包土地的流转成为农业土地政策的主要导向,而学术界对土地承包经营权的流转问题的研究也蓬勃展开。然而与基层干部积极推进承包土地流转的热情形成对比的是,广大农民对土地承包经营权的流转,特别是其中最具代表性最彻底的流转方式即转让的热情却不高,由此造成的结果——或者是维持目前农村土地的分散化低效率配置状态,或者是通过承包土地租赁等低价值低稳定性方式流转,或者是地方基层政权通过行政性手段强行流转从而损害农民利益进而引发干群矛盾——都是决策者和学者们所不愿看到的。

问题的根源应该从制度方面去寻找,笔者认为,正是由于目前土地承包经营权的制度缺陷导致了上述现象的发生。目前的土地承包经营权制度仅仅保障了农民对承包土地的使用权利,没有赋予和保障农民对承包土地的转让、抵押、继承等处分权,事实上也就剥夺了承包土地之于农民的市场交换价值,而后者在市场经济条件下具有更大的经济意义。不能取得市场交换价值的承包土地在农民手中的利用方式则仅仅是农业生产,承包土地流转的障碍就显而易见了。从法律角度来看,造成这一现象的原因是现行土地承包经营权缺乏处分权能,也就是说,土地承包经营权未实现完全物权化,解决这一问题的法律进路也就是实现土地承包经营权的完全物权化。为了区别于《物权法》颁布之前的土地承包经营权物权化过程,笔者把《物权法》颁布后需要进行的土地承包经营权物权化称为二次物权化。与第一次

物权化之赋予农民稳定的承包土地使用权目标不同的是,二次物权化的主要目标是赋予农民完全物权化的权能完整的土地承包经营权,赋予农民土地承包经营权之市场交换价值主体地位,在此基础上实现承包土地的市场化流转和合理配置。土地承包经营权二次物权化是在一次物权化基础上的深化和发展,应当成为我国农用土地制度改革的指导思想,具有重要的制度价值,其必要性体现在以下几方面:

1. 赋予农民权能完整的土地权利是域外各国家和地区的成功经验。英国、美国、法国、日本、韩国和我国台湾地区在农用土地制度方面都无一例外实行以土地私有制(即农地所有权或永业权归农民所有)为基础的土地产权制度。农民拥有土地所有权对于改善农民的经济处境,实现农地资源的优化配置起到基础性作用。世界银行专家 Klaus Deininger 认为,从世界范围来看,土地及土地产权是依赖农业收入生存的发展中国家农民的重要财产①,对于消除农民的贫困具有无可替代的地位。农民具有安全的土地权利对于他们获得其他生产要素(如资金等)具有关键性的作用②,所谓安全的土地权利是指具有法律保障的长期限或永久性的土地使用和收益权利,通常指所有权,也可以是永久性的用益物权。同样,明确的土地产权一般被认为是市场主体能够作出进行土地交易和对土地投资决策的基础性制度支撑③,从经济学角度来看,土地的市场化交易过程是达成土地资源有效配置的过程。

近百年来,除东亚国家和地区在“二战”结束政权更替之际实行过剥夺地主土地的特别行政化强制措施外,各国和地区均尊重农民的土地所有权并通过鼓励土地交易来实现土地的规模经营,土地市场化交易能够让放弃土地的农民获得土地市场交换价值,辅助他们顺利地实现城市化,域外特别是东亚各国和地区能够平稳推进城市化进程,其科学的土地制度安排功不可没。英国的经验表明,土地买卖的客体并非仅有所有权一种权利形式,只要土地权能完整,非所有权的土地权利可以满足市场交易和资源配置的要求④。

---

① Klaus Deininger, Land Policies for Growth and Poverty Reduction, *World Bank report*(2003), pp. 43 – 56.

② Susana Lastarria-Cornhiel, Land Tenure, Titling, and Gender in Bolivia, *Saint Louis University Public Law Review*, 2009, p. 193.

③ Jean O. Lanjouw, Philip Levy, a Qifficult Question in Deed: a Cost-benefit Framework for Titling Programs, *William and Mary Law Review*, February, 2004, p. 892.

④ Paul N. Balchin and Jeffrey L. Kieve, *Urban Land Economics* [M]. The Machmillan Press Ltd., Second Edition, 1982, p. 122.

2. 离开土地承包经营权二次物权化前提下推行承包土地流转是对农民利益的侵害。近十余年来,社会各界关注到了农用土地细碎化、凝固化的配置状态对农业生产的负面影响,并纷纷呼吁推进承包土地的流转,一些地方基层政权甚至以调整优化农业产业结构等名义祭出行政性手段强行推进承包土地流转,这是完全错误的,未实现完全物权化的承包土地流转措施实质上是对农民利益的损害,因为在这一过程中,农民难以享有土地财产所有者地位,他们会被迫接受不公平的交易价格,从而在失去土地使用价值的同时难以获得土地的交换价值,其结果是农民利益遭受损害。鉴于近年来部分地区农村基层干部通过种种手段强行流转土地承包经营权损害了农民利益,时任国务院总理温家宝在2011年12月召开的中央农村工作会议上提出,土地承包经营权是农民的合法财产权利,任何人无权剥夺①。

3. 未实现二次物权化的土地承包经营权流转不能形成土地资源的合理配置并衍生社会问题。无论是从古今中外的历史来看,还是从产业经济学的角度来看,通过适度的规模经营来提高农业生产效率,是农业生产的客观规律。毫无疑问,我们应该采取措施,促进承包土地的流转以实现适度规模经营。但在形成农业土地适度规模经营的路径问题上,却面临着两种选择:一是在原集体的框架内,采取行政性手段进行调整。二是通过承包土地的市场化交易流转。由于目前土地承包经营权未实现完全物权化,农民不能得到其交换价值而缺乏市场交易意愿,加上现行法律的种种限制和制约,致使承包土地的转让不能顺利进行,承包土地的市场化流转渠道不畅,许多地区基层政府转而采用行政性手段来推动承包土地流转。行政手段调整土地有着深刻的制度基础,因为从法理上讲,集体享有土地的所有权,农民的土地承包权隶属于土地所有权,集体的所有权相对于土地承包权具有天然的强势地位,如果集体经济组织的领导人决意推行某种规模化经营,在目前的体制下很容易通过一定的程序操作变相收回承包土地进而实现行政主导的规模化经营。当然,2002年颁布的《农村土地承包法》设有禁止集体经济组织任意调整承包土地的条文。然而《农村土地承包法》并未完全堵塞集体经济组织集中土地的渠道,从理论上分析,至少可以有如下渠道可以由集体经济组织集中土地:(1)根据《农村土地承包法》第26条的规定,“承包期内,承

① 参见《人民日报》2011年12月28日。温家宝在会议报告中指出:“土地承包经营权、宅基地使用权、集体收益分配权等,是法律赋予农民的合法财产权利,无论他们是否还需要以此来作基本保障,也无论他们是留在农村还是进入城镇,任何人都无权剥夺”。

包方全家迁入设区的市，转为非农业户口的，应当将承包的耕地和草地交回发包方。承包方不交回的，发包方可以收回承包的耕地和草地”。农民的自愿交回承包地和集体依法收回承包地是集体经济组织取得承包土地的合法方式。(2)现行《农村土地承包法》未规定所有土地必须完全实行承包经营，集体经济组织可以通过大比例留取机动地的方式来占有或集中土地。(3)通过开垦的方式新增的土地。(4)根据《农村土地承包法》第42条规定，可以利用村民自愿联合的方式将土地承包经营权入股，从事农业生产。尽管有自愿的规定，但是由于集体经济组织相对于分散的农民享有多方面的强势地位，可以发挥其多方面的影响力，使农民不得不“自愿”同意入股导致土地的行政性集中。由于现行的土地仍保留了集体所有制，因此理论上“集体”只要通过了合法的决定程序，可以在短时间内集中土地，这种行政性的集体行动在传统“壮大社会主义集体经济”政治语境也具有某种心理优越。然而，这种方式也有不可避免的缺陷，主要有如下几点：第一，土地集中过程中容易侵犯农民的权益。由于行政手段的强制性和集体经济组织内部代理关系的复杂性，极容易出现部分乡村干部侵犯农民权益的问题。例如，浙江省某村庄在部分村民不同意的情况下，按每亩238元的租金强行收回农民的245亩土地，然后以每亩300元的租金转包给外地老板搞海水养殖，引起了农民的不满，导致联名上访并引发纠纷①。第二，行政性手段集中土地与经营土地，容易造成土地经营中的大量灰色地带，造成权力寻租机会。一方面在土地集中过程中难以对农民充分补偿，另一方面集中起来的土地经营权的配置也是一个很大的问题——由集体本身进行经营难以避免“国企病”，而由集体出租或承包给个人经营则往往难以避免价格制定的困难或价格形成方面的道德风险。第三，行政性集中土地进行规模经营的制度性问题还在于，由于行政命令方式排除了农民个体的自主选择，由政府和集体经济组织替代农民进行决策，尽管政府和集体经济组织者的最终目的是为全体农民利益而为，但一旦决策失误，则农民势必将怨气和不满发泄到政府或集体经济组织身上。1987年苍山蒜薹事件的教训就在于，尽管种植大蒜在当时来看是比较经济效益较好的一个种植品种，但苍山农民种蒜的决定却不是他们而是由县政府统一作出的，当然，如果农民种植蒜薹赚了钱归农民自己

① 解安：“农村土地承包经营权流转与规模经营问题研究”，载《中国特色社会主义研究》2003年第3期，第34～38页。

所有,如果市场突变赔了钱,自然也应该由他们自己承受,毫无疑问,如果种植大蒜的决定是由农民自由作出的,农民会平静地接受1987年大蒜市场萧条的现实。但由于苍山农民的种植决定不是自己做出的,所以农民遇到市场的风险,也要理直气壮地去找政府,从而酿成严重的群体性事件。这充分证明在市场经济条件下集体决策的弱点。在提倡科学发展、和谐发展的今天,行政性集中土地进行规模经营的缺点就更需要引起重视。事实上,即使农民个体自由的决策,在市场经济风云际会的环境下,也可能出现决策失误造成损失的问题,但是农民却只能自认倒霉,而不会寻求政府或集体的赔偿,因为理性的人应该为自己的自由选择行为负责。

4. 赋予农民二次物权化后的土地承包经营权,可以在保障农民土地利益的基础上,实现土地资源的优化配置并奠定城市化健康推进的制度基础。土地承包经营权实现完全物权化以后,农民获得了对该权利的包括转让、继承、抵押在内的实质性处分权利,就可以获得其合理的市场交换价值,从而成为承包土地市场的有效供给方,进而形成承包土地市场,通过市场竞争和交换,使土地流转到生产效率最高的农业生产者手中,形成合理的土地经营规模。由于存在土地承包经营权自由转让的市场并能够实现土地的价值,在此情况下,那些能够在城市从事非农产业的部分农民将会乐于将手中的土地转让出去,借以实现土地的财产价值。这个过程同时也是农民数量减少的过程和逐步实现农用土地规模经营的过程。由于农民人数的减少和人均土地的增加,农民人均收入将呈现较快增长,进而跳出农业低收入的怪圈。规模化的土地经营,有利于做大做强农业,促生农业生产大户,增强农业整体竞争力。由于实现二次物权化后的承包土地其责权利明确,集体经济组织丧失了土地流转的支配权,有利于减少土地不正当流转及流失风险和基层政权腐败。由于集体经济组织不再是承包土地流转的当事人,困扰基层政权的土地纠纷将从过去的行政案件变为民事案件,变行政干预为依法处理,从而使农村干部从矛盾中解脱出来,干群关系将逐步和谐,使农村社会趋于安定①。

① 刘召琢:"关于三农问题的思考",载《乡村中国观察》,http://www.ruralchinawatch.org/content.asp? id = 1313,浏览日期:2008年10月4日。

三、土地承包经营权二次物权化的可行性探讨

土地承包经营权二次物权化的目的是在现有经历过一次物权化后的土地承包经营权制度基础上，实现土地承包经营权的完全物权化、财产化和可交易化，进而适应当今中国大陆农村规模经济的发展和工业化、城市化发展要求，其必要性无可置疑，而如何推行土地承包经营权的二次物权化，从理论上解决其可行性问题，是必须要面对的问题。

（一）赋予土地承包经营权权利人处分权利的可行性分析

土地承包经营权二次物权化的重要目标之一是强化土地承包经营权权能，赋予权利人对承包土地的转让权、抵押权等市场流转权利。而在涉土地承包经营权制度立法过程中，特别是在《物权法》立法过程中，该问题曾经在学界引起过争议，众多学者提出过自己的主张①，但是主流学者大多对承包土地转让和抵押问题持消极态度②。为此，要形成赋予农民对承包土地包括转让、抵押在内的流转权利，必须解决立法过程中观念和认识问题。反对授予农民对承包土地的转让权和抵押权的主要理由有三：一是土地保障说。传统上认为，土地不仅仅是生产资料，而且具有社会保障功能，农民的生老病死主要依赖土地。一旦允许土地承包经营权流转，农民离开了土地，社会又不能对农民提供保障，这将会使农民丧失基本的生活保障③。因而，“土地作为社会保障的物质手段是农村土地制度安排的依据和基础，土地的生产职能只能受制于它。在一般的情况下，这两种职能的要求是重合的，但当两者产生矛盾时，土地的保障职能处于压倒地位”④。二是防止兼并说。该说认为在中国这样一个拥有近十亿农业人口的农业大国，如果允许农地使用权的转让，势必重演历史上两极分化，出现大批无地少地农民的社会问题⑤。三是保护耕地说。该说主张农村土地承包经营权的流转，将导致大量农用地转化为商业开发用地，不利于国计民生和我国自给自足的粮食安全战略。

笔者认为，这三种理由都似是而非，难以经得起推敲，让我们来分析一下：

---

① 王栋：“农村土地承包经营权流转制度探析”，载《法制与社会》2006 年第 8 期，第 232～233 页。

② 中国物权法研究课题组：《中国物权法草案建议稿》，社会科学文献出版社 2003 年版，第 532 页。

③ 邓科：“土地能保障农民什么”，载《南方周末》2001 年 6 月 14 日。

④ 金永思：“农用地流转机制建立的难点分析和对策建议”，载《中国农村经济》1997 年第 9 期，24～26 页。

⑤ 中国物权法研究课题组：《中国物权法草案建议稿》，社会科学文献出版社 2003 年版，第 532 页。

1. 土地保障说之否定。社会保障系统的建立和完善说到底属于国家的责任,而不是公民个人的责任,更不能通过剥夺和限制公民的权利而实现所谓“保障”。土地承包经营权的流转不会降低土地的财产价值。根据“经济人”假定,经济活动中的任何人都具有理性,他们总是能够依据实现自身利益最大化的原则对其所面临的一切机会和目标及实现目标的手段进行优化选择①。每个人都是自己利益的最佳判断者和维护者。农民作为一个理性的经济人,能够通过理性判断趋利避害,实现利益的最大化。据调查,在江苏省的南京、常熟、宝应等地,已有近60%的农户愿意就土地承包经营权设立抵押②。在沿海发达地区农村农民之间以各种形式进行的土地承包经营权的流转,如转包、出租等大量存在,很多地方出现了以土地为中心的股份合作制、股份制农场、承租返包、返租倒包等情况③。在市场经济条件下,只有能够流通的商品才能实现它的交换价值,反之如果一种财产不能转让,则其价值将大为降低。例如,美国政府和澳大利亚政府曾经为了保护土著印第安人和澳大利亚土著群体,授予他们禁止转让的土地,以免于这些土地被以不利于所有者的价格出售或出租。然而这种“保护”却减少了这些财产对其所有者的价值④。正是现行法律出于对农民失去承包土地的担心而规定的种种限制措施大大减损了承包土地的市场价值。有学者在对湖北省通城县进行农村土地调研的过程中发现,只有38%的农民在土地承包经营权流转时是被支付了对价的⑤,特殊时期由于税费摊派繁重、农产品价格低迷等原因甚至会出现“倒贴皮”的现象⑥。

必须指出,用限制权利的方法来保护或保障农民,是传统“家父主义”立法思维的产物,“家父主义”逻辑的前提有二:一是被保护者或因年龄过小或有生理缺陷而致心智水平较低,从而难以判断行为的性质;二是保护者必须是完全为了被保护者的利益而为,并且不能损害被保护者的财产利益。然而,反观我国立法对待农民土地承包经营权转让和抵押问题,则这两个条件并不成立:一是任何人不能否认中国农民的心智水平,中国农民是一个理性

① 李明秋、王宝山:《中国农村土地制度创新及农地使用权流转机制研究》,中国大地出版2004年版,第31页。

② 金祥荣主编:《转型期农村制度变迁与创新》,中国农业出版社2002年版,第145页。

③ 王利明:“农村土地承包经营权的若干问题探讨”,载《中国人民大学学报》2001年第6期,第78~86页。

④ [德]柯武刚、史漫飞:《制度经济学》,商务印书馆2000年版,第230页。

⑤ 陈小君等:《农村土地法律制度研究——田野调查解读》,中国政法大学出版社2004年版,第20页。

⑥ 黄广明:“新土地革命”,载《南方周末》2001年6月14日。

的群体,他们并不需要一个额外的监护者。对农民土地承包经营权转让权利的限制,实际上是对农民财产权利的歧视。可以作为对比的是,目前城镇居民拥有的房地产,其地产的主要类型是国有建设用地使用权,城市居民处分了自己的房地产,也有无家可归之虞,但我们的政府却并未由此禁止城市居民转让房地产。二是"家父主义"尽管具有对子女限制的权力,但其限制的根本目的是为了保护子女利益,善良家父的行为应该以不损害子女权益为限。但是反观目前国家对农民土地承包经营权转让或抵押的限制,却并不符合这一要求。例如,有一农民身患重病,急需住院治疗,否则有生命之虞,但其除了承包土地之外并无其他储蓄或财产,在这种情况下,我们能不能允许该农民转让其承包土地获得救命的医疗费呢?在现行体制下,农民的转让行为无疑是不被允许的,但是我们的体制并未提供可以替代的解决方案,中国大陆农民因缺乏医疗费而不得不病死家中的情况并不鲜见。事实上目前法律对于农民土地权利的制度安排,已经损害了农民的土地权利,因为土地的价值既包括使用价值,也包括交换价值,没有交换价值的土地权利是不完整的权利。

2. 防治兼并说之否定。土地兼并是我国历代土地制度难以避免的顽症,事实上每个朝代中后期,土地兼并往往成为社会动荡的根源之一。然而,认为允许承包土地自由流转就会导致土地兼并、两极分化、流民遍地的观点却是一个误区。事实上,中国自唐代中叶均田制退出历史舞台后,就逐步确立了土地私有并允许自由转让的制度。历史考察证实,所谓"小农经济——土地买卖——两极分化"造成土地兼并之说并非事实,平民间通过公平买卖土地能造成的土地集中程度是极其有限的。这一方面是中国农民往往将土地视为命根子,不到万不得已不可能冒天下之大不韪,背上"败家子"罪名而随意出卖祖田;另一方面是在古代中国社会,非官僚性质的社会资本规模有限,并不能发动大规模土地兼并。根据秦晖先生的考察,我国历史上的"土地兼并",主要是由封赐、圈地、投献、有赋役优免特权的权贵吞并不堪赋役负担的民地等政治原因造成的,与平民间的土地流转,甚至与民间商业资本(如果不是官商的话)的土地购买没有太大的关系①。事实上,历史上大规模的兼并土地之所以可能,往往是依靠官府或权贵的苛政而实现的,具体而言,官府或权贵首先利用政治权力在平民的土地上附加各种苛捐杂

① 秦晖:"优化配置?土地福利?——关于农村土地制度的思考",载《新财经》2001年第8期,第66~67页。

税,致使农民不堪重负,从而被迫以极低的价格向官僚或权贵转让,从而导致土地的兼并。官僚或权贵之所以可以受让土地,是因为他们通常享有税赋上的优待或豁免权,在平民手中负担沉重的土地一旦被转让给官僚或权贵,则可以转化成纯粹意义上的财产或剥削工具。平民间的土地买卖并不是土地兼并的主要原因。因为在古代中国的大多数时间里,耕地上的税赋负担沉重,若没有政治特权的保障,民间资本囤积土地在经济上并没有太大的意义。

值得一提的是,在古代封建社会的中国,工商业并不发达,农民占人口的绝大部分,农业是农民的唯一生存之道,农民离不开土地,没有了土地可以耕种的农民实际上就被剥夺了生存的权利,土地兼并的危害极大。在当今中国,工业和第三产业蓬勃发展,非农产业就业机会大大增加,已经超过了农业的就业量。近些年,沿海城市甚至内陆城市已经开始出现"招工难"等问题[①],随着我国的城市化进程的发展,这一趋势还将继续,在此种情况下,土地集中的社会危害性已经大大降低。事实上,只要政策措施到位,即使放开土地承包经营权转让市场,土地的过分集中也是完全可以避免的。世界各国都有对土地转让或拥有行为的法律规制,不过规制的目的并不完全一致,多数国家为了避免土地的零碎化,规定了最低转让数额的限制,例如俄罗斯对各类农场的最大面积没有限制,但是对家庭农场却规定了最小面积限制。家庭农场最小面积限制由各共和国或者省规定;莫斯科省规定其最小限制是30公顷[②]。有部分国家曾经对拥有和买卖土地的规模上限加以规定,但后来都予以取消。例如,日本曾经在1950年《土地法》中规定每户拥有土地不得超过3公顷,但该限制于1962年《土地法》修改时被取消,韩国和我国台湾地区农用土地制度也有类似的经历。借鉴域外的经验,为了稳妥起见,在放开土地承包经营权转让初期可以对农用土地的拥有量进行限制,一户家庭(或个人)拥有的耕地面积不能大于一定的数量,借以防止出现大土地拥有者,避免可能的土地过分集中的危害。可以采取的措施包括:若超过一定的占有面积,国家可以课以惩罚性质的耕地占有税,或者强制超额拥有者予以转让等。

---

① 何欣荣、秦亚洲等:"媒体调查农民工就业流向:招工难向中西部蔓延",载《新华网》,http://news.sina.com.cn/c/2012-02-07/124523894575.shtml,浏览日期:2012年2月7日。

② Karen Brooks Zvi Lerman, Land Reform and Farm Restructuring in Russia, *The World Bank Report*, 1994, p. 24.

3. 保护耕地说之否定。在人多耕地少的当代中国,保护耕地是一个非常重要的任务。然而,这同样难以成为限制农民承包土地自由转让或抵押的理由。事实上,耕地用途的管制是一个公法问题,是土地使用目的的限制。土地承包经营权的转让,是一个私法问题。在存在土地用途管制和规划管制的前提下,即使承包土地实现了自由转让,也只能用于农业经营的特定目的,并不改变其农用土地性质,不会危及耕地的保护。事实上,将土地承包经营权赋予农民并允许农民自由转让,反而有利于保护耕地。因为由于现行对农民土地承包经营权的种种限制,加上农村土地集体所有制的影响,农民虽实际占有和使用土地,但缺乏拥有感,同时面对集体或上级政府对土地的处分行为,又有强烈的无力感,因为农民享有的土地承包经营权权能并不充分,无力抗拒有关方面侵占耕地并将之改变用途的行为,这些行为包括合法的征收征用,也包括不合法的开发占用。根据笔者的观察,相对于个人,近几年来各地集体经济组织打着"村庄改造"或"改善农民居住条件"等旗号违规改变土地用途擅自进行商品房开发的现象更为普遍,也更加难以治理。如果将完整的土地权利赋予农民,农民出于土地保值或增值的考虑,往往对土地开发持谨慎态度,反而有利于保护耕地,降低耕地减少的速度。目前大量流行的"开发区热"、"房地产热",恰恰是除农民之外的地方政府和基层组织热衷于廉价剥夺农民土地从而赚取土地开发利润的体制性土地浪费行为。

(二)实现土地承包经营权权利永久性的可行性分析

现行期限性的土地承包经营权之弊端在前文中已有论述,土地承包经营权二次物权化的合理选择就是实现该权利的永久化。土地权利由于其物理使用过程的长久性和价值高等特性,将其权利设定为永久性权利是域外各个国家或地区通常做法。土地所有权权利的永久性自不待言,即使对于用益物权,德国、日本和我国台湾地区均规定地上权可以不设有期限即无期限,我国台湾地区"民法典"则明文规定永佃权为永久性权利。鉴于实现二次物权化的土地承包经营权已经具有"准所有权"性质,因此其权利期限应从所有权之制,设为永久性权利。把现行土地承包经营权的期限改为永久性,具有较大的可行性,因为它符合土地承包经营权制度演进的规律。从土地承包期限的历史演进中可以看出,家庭土地承包经营责任制在 20 世纪 70 年代末在部分地区出现时,其承包期短则 1 年,长则 3 ~ 5 年,其没有法定统一期限,而此时该权利纯粹为债权。1983 年全国推广土地家庭联产承包责任制以后,中央政府将第一轮承包期统一规定为15年,15年期限是个较为适宜的期限,目的是既保证了土地承包的稳定性,避免农业生产的短期行为,同时又为以后适时进行土地调整留下制度空间。第一轮土地承包普遍于1998年到期,全国范围内的第二轮土地承包工作的主要方式是延包,中央早在1993年就提出了土地承包期延长30年的政策并将第二轮土地承包期限定为30年①。此时,中央政府已经提出了“增人不增地,减人不减地”的第二轮土地承包原则,因此绝大多数地区都采取了在第一轮土地承包到期基础上顺延30年的方式进行②。2003年实施的《土地承包法》第20条规定耕地的承包期为30年。2007年实施的《物权法》第126条规定:“耕地的承包期为三十年……前款规定的承包期届满,由土地承包经营权人按照国家有关规定继续承包”。尽管从法理上分析,期限届满继续承包还不能等同于无条件自动顺延,但是毕竟明确了原权利人继续占有承包地的立法宗旨,可以说是“准自动延期”。2008年10月召开的中国共产党第十七届三中全会报告中指出:“赋予农民更加充分而有保障的土地承包经营权,现有土地承包关系要保持稳定并长久不变。”所谓长久不变,意味着土地承包经营权到期后要继续顺延,也意味着土地承包经营权事实上可能成为永久性权利。鉴于中国大陆土地政策对法律的指导作用,有理由相信,通过修改《土地承包法》和《物权法》,实现土地承包经营权的永久化是完全可行并可以预期的。从另一方面来讲,将土地承包经营权永久化也符合农民的意愿。根据一项于2002年进行的调查,在土地增减问题上,有56%的农民希望所承包的土地可以永远耕种,30%的人表示无所谓,只有14%的人不希望永远耕种③。必须注意到这次调查的选择项设定为“是否希望永远耕种”,部分农民出于不愿世代为农的考虑而做了不赞成的选择,如果选择项调整为是否赞成“财产性的土地承包经营权”永久化,则可以预期的是绝大多数农民是欢迎的。

此外,鉴于域外各国和地区均普遍承认农用土地权利的继承权,特别是我国台湾地区已经有成熟的农用土地继承权制度可供借鉴,在此不予赘述,将实现二次物权化后的土地承包经营权作为继承权的客体在法律上并不存

① 间敏:“对延长土地承包经营期的思考”,载《高等函授学报(哲学社会科学版)》2009年第12期,第37页。

② 当然也有部分地区农村在坚持“大稳定”的前提下,应村民要求对人地矛盾比较突出或过于分散的土地进行了调整。参见陈发桂:“农村土地承包经营期限的矛盾现状及法律对策”,载《桂海论丛》2008年第3期,第95页。

③ 间敏:“对延长土地承包经营期的思考”,载《高等函授学报(哲学社会科学版)》2009年第12期,第37页。

在难以克服的障碍，是完全可行的。

基于以上讨论，笔者认为，推进中国农村土地产权改革，走出目前土地承包经营权制度的困境的根本出路在于实现土地承包经营权的二次物权化，将土地承包经营权改造兼具实用价值和交换价值的权能完整的“准所有权”性质的土地权能并将它赋予农民，进而实现土地承包经营权的市场化配置。土地承包经营权制度的二次物权化将使农民获得完整的对承包土地的占有、使用、收益和处分权，其土地财产权在长度、广度、独立性和确定性上将获得保障①。为此，应通过修改《土地承包法》《土地管理法》和《物权法》的办法，对现有的土地承包经营权制度诸方面进行改革和完善。具体而言，需要在以下三个方面形成共识：第一，强化土地承包经营权权能，赋予权利人包括转让、抵押、继承在内的权能完整的土地承包经营权。第二，实现土地承包经营权的去身份性，解除农民和承包土地的捆绑关系，土地承包经营权完成初始配置后，其权利的保有不再需要特定的农民身份。第三，实现土地承包经营权的永久化。目前土地承包经营权存在着以上三个方面缺陷，是其未完成物权化的标志，也是二次物权化所要完成的任务。

如果说土地承包经营权的一次物权化实现了农民的温饱问题，则二次物权化将有希望实现农民的富裕问题；如果说一次物权化释放了农用土地的使用价值，则二次物权化将释放出农用土地的市场交换价值，这一过程契合农民的城市化进程，有希望实现减少农民数量，促进农业走向土地适度集中的良性发展道路。基于此，在目前中国农村土地制度改革的十字路口，若法学界能够形成土地承包经营权二次物权化的理论共识，则对农村土地承包经营权制度改革的方向和进程将起到有利的引领和促进作用。诚如是，则无疑是农民之幸、国家之幸、中华民族之幸！

---

① 王金堂：“完善我国农地承包经营权制度的具体设想”，载《青岛农业大学学报（社会科学版）》2007 年第 1 期，第 4～5 页。

农村土地确权登记颁证与改革完善土地产权制度研究

石凤友*

引　子

“有恒产者,有恒心”孟子所言产即产权,同时也深刻阐明了人与产权的关系。从法律制度层面而言,产权是经济所有制关系的法律表现形式,是指权力主体在一定社会环境中凭借法律的确认和保护,对取得、占有、使用、收益和处分的界限。产权制度是指在一定社会历史条件下国家所制定的一套规范和保护产权制度的简称。它包括财产的所有权、占有权、支配权、使用权、收益权和处置权。

自改革开放以来,伴随公民物质的不断丰富和私有财产的日益增加,使产权制度重新构建成为社会发展之必然。如今,《宪法》、《物权法》等一系列法律颁行与其他法规的实施,使产权制度恢复完善和重建步入了春天。一个社会的产权是否受法律保护是社会文明程度的象征。现代产权制度根本要求要做到厘清产权。确认产权是产权明晰的前提,是实现产权权能、产权变动和产权保护的必要条件。《物权法》颁布实施以来土地产权制度建设步伐加快,土地确权登记发证是必要的过程和条件。自十七届三中全会以来,土地制度改革与产权保护越来越受到重视。2010 的中央“一号文件”提出要加快农村集体土地所有权、宅基地使用权、集体建设用地使用权等确权登记颁证工作,工作经费纳入财政预算。力争用 3 年时间把农村集体土地所有权证确认到每个具有所有权的农民集体经济组织。自 2011 年以来,国土资源

* 石凤友:山东省土地法学研究会会长、教授。

部会同有关部委下发通知、意见，明确要求加快推进农村土地确权登记发证，对于土地确权进一步予以规范。为落实十八届三中全会关于“赋予农民更多财产权利，保障农户宅基地用益物权，改革完善农村宅基地制度；建立城乡统一的建设用地市场，在符合规划和用途管制前提下，允许集体经营性建设用地实行与国有土地同等入市、同权同价”改革精神，认真贯彻《关于全面深化农村改革加快推进农业现代化的若干意见》（中发〔2014〕1 号）和《2014 年政府工作报告》，结合国家建立和实施不动产统一登记制度的有关要求，国土资源部、财政部、住房和城乡建设部、农业部、国家林业局于 2014 年 8 月 1 日发出关于进一步加快推进宅基地和集体建设用地使用权确权登记发证工作的通知，附件含《农村地籍和房屋调查技术方案（试行）》。要求各地要以登记发证为主线，因地制宜，采用符合实际的调查方法，将农房等集体建设用地上的建筑物、构筑物纳入工作范围，建立健全不动产统一登记制度，实现统一调查、统一确权登记、统一发证，力争尽快完成房地一体的全国农村宅基地和集体建设用地使用权确权登记发证工作。

为此，经过多地实际调查，与农民座谈了解，对于如何完成本次农村土地确权登记发证，完善和架构一套符合中国特色社会主义土地产权制度做了如下思考探讨。笔者认为对于农村土地确权登记发证很有必要作认真研究。

一、如何改革现行土地制度，实现中国特色社会主义现代化土地产权制度成为土地确权颁证的核心和必然趋势

自 1949 年新中国成立以来，20 世纪的后 50 年先后开展了 3 次针对农村集体土地确权登记发证工作。每次土地确权颁证都是围绕着土地产权制度的改变和重新确立为核心进行的。

1. 第一次土地确权颁证是 1951—1953 年土地改革，涉及农村的所有土地，主要是宅基地和耕地、园地。实际上是土地改革先发证确权，日后不断收回权利废除即以确认的土地权利的过程。

史称暴风骤雨裹挟着腥风血雨的土地改革运动中百万地主丧命，促使原有的中国传统土地产权制度发生了根本改变。1950 年 6 月 28 日中央人民政府委员会第八次会议通过了《中华人民共和国土地改革法》，其开宗明义规定：“废除地主阶级封建剥削的土地所有制，实行农民的土地所有制，借以解放农村生产力，发展农业生产，为新中国的工业化开辟道路”。在中国

共产党领导广大农民“打土豪,分田地”,新中国成立后,无地、少地的农民都分得了几乎平均数量的土地,实现了耕者有其田。根据《土地改革法》第30条规定,农民拥有属于自己的土地,县级人民政府为其颁发了土地房屋所有权证书,改变解放前的封建地主土地私有制为农民土地私有制度,承认一切土地所有者自由经营、买卖以及出租其土地的权利,可以看出政府赋予农民均拥有完整的土地产权。这次确权登记发证率很高,基本上做到了应发尽发,除了《土地改革法》《关于划分阶级成分的规定》的原则性规定之外,并没有制定相应的土地登记的规范规程可以遵循。

但是土改尚未完成之时,为了实现工业化和社会主义的理想,急不可待的引导农民走互助合作道路,中共中央于1951年9月9日在北京召开了全国第一次互助合作会议。毛泽东主持了会议讨论并通过了《中共中央关于农业生产互助的决议(草案)》。从此1951—1958年,合作化由自愿合作互助组逐步过渡成为初级合作社最后到高级合作社的集体化,在“大跃进”的狂潮和三面红旗招展下发展到了高度集权计划经济为标志,以“一大二公”为表现形式的人民公社,1962年《农村人民公社工作条例试行》(60条)的推行彻底终结了农民私有土地产权。农民家庭经营的自由被丧失土地产权的政策吞噬了,宅基地虽然归为集体所有宅基地禁止买卖出租,但是房屋及其附属物属于个人私有,社员有权买卖出租。取而代之的集体所有制,政社合一队为基础,“队为基础,三级所有”人民公社、生产大队、生产队三级所有的农村集体土地产权制度诞生了。三年大饥荒从反面证明了农民失去土地产权和自由经营带来了巨大的社会危害性。饿殍遍野生灵涂炭惨不忍睹!

农民土地产权的丧失是伴随着政策的蚕食和法律规定的剥夺逐步实现的,土地公有制——劳动群众集体所有制的招牌,使土地改革人民政府颁发的土地房屋所有权证书成为一张废纸,粮食棉花统购统销高压紧箍咒和户籍制度的藩篱,促使农民丧失了土地产权和自主经营自由权,在社会主义的大旗下,在人民公社是桥梁,共产主义是天堂的黄粱美梦中跌入了无限贫穷的深渊,造成了跨世纪难以根治的“三农”问题的病根。1978年包产到户的兴起,掀起了摧毁人民公社巨型航母的巨浪,农民为了生存活命,打破人民公社的魔咒,讨回了本来属于自己的一点点基本权利,以家庭经营为主的家庭联产土地承包经营权。1982年中央1号文件予以确认,从此发端于农村的土地经营权改革引发了中国改革开放波澜壮阔的大变局。

2. 第二次20世纪80年代中期，主要针对农村宅基地，大部分地区没有进行彻底。由于受到社会发展和法律政策的局限性制约，这次发证基本上没有达到完善土地产权的目的。

改革开放使农民开始富裕了，翻建、新建房屋蔚然成风。1981年4月国务院关于制止农村建房侵占耕地的紧急通知发布后，各地针对实际情况予以落实。1981年12月第二次全国农村房屋建设工作会议召开，1982年2月《村镇建房用地管理条例》颁布实施，均要求严格规范农村建房秩序。结合经济社会发展的需要，可能处于规范土地管理和乡村建设的目的为主，也不排除有为了保护社员产权的初衷，全国各地方不同程度的开展进行了农村宅基地确权发证工作。但是，受时代局限性所致上述文件和工作部署均未提出农村建房与产权制度保护的关系。

本次确权发证前后国家和各级政府均未制定出关于产权登记相应的规范性规程。由于确权发证的政策不明确，组织措施不到位，这一次一般是以生产大队为主填发证书，各地情况不一，导致了发证率较低，并且错误很多，社会反映不好，这次发证半途而废。

3. 第三次是20世纪80年代末至90年代末期，分别针对宅基地使用权、集体建设用地使用权和集体土地所有权和农村土地承包经营权两个部分。

1986年6月25日全国人大常委会七届五次会议通过了《中华人民共和国土地管理法》，紧接着依法成立了国家土地管理局作为国务院直属机构负责全国土地、城乡地政统一管理工作。根据《中华人民共和国土地管理法》第9条、第10条、第14条规定，国家土地管理局为了使地籍管理工作制度化、规范化，在经过调查研究、总结各地试点经验的基础上，1987年9月9日颁布了《城镇村庄地籍调查规程（试行）》和《全国土地登记规则（试行）》，作为全国统一的规范规程开了新中国土地登记确权发证的先河。

国家土地管理局为了搞好土地登记申报和确权登记发证的规范有序地顺利进行，发布了一系列规范性文件。1987年10月2日，国家土地管理局《关于加强地籍管理工作的通知》〔1987〕国土（籍）字第111号，1987年11月10日国家土地管理局《关于开展土地登记发证试点工作的通知》〔1987〕国土（籍）字第130号，1988年5月18日国家土地管理局《关于扩大土地登记发证的试点和开展城镇国有土地使用权申报工作的通知 》〔1988〕国土（籍）字第67号，1988年7月19日国家土地管理局《关于加快城镇国有土地使用权申报工作的通知》〔1988〕国土（籍）字第100号，1988年8月23日国家土地管理局《关于搞好地籍测量工作的通知》〔1988〕国土(籍)字第120号。

1989年7月5日发布《国家土地管理局关于确定土地权属问题的若干意见(试行)》〔1989〕国土(籍)字第73号,1995年3月11日修订为《关于确定土地所有权和使用权若干规定》国土(籍)字〔1995〕第26号,1989年11月18日修订《全国土地登记规则(试行)》,重新颁布《国家土地管理局土地登记规则》,1995年12月28日再次修订《国家土地管理局土地登记规则》〔1995〕国土(法)字第184号实施至《土地登记办法》生效止。1993年2月23发布了《国家土地管理局关于变更土地登记的若干规定》〔1993〕国土(籍)字第33号。

这次发证起源于1987年冬季开始的土地登记申报,由国有土地土地使用者、集体土地所有者和使用者在公告期限内自行申报,发证持续到1994年左右。有了《土地管理法》(1986年颁布)和国家土地管理局制定的《土地登记规则》《关于确定土地所有权和使用权的若干规定》《土地权属争议调查处理办法》以及各地的地方法规、规章和规范性文件的指导,除了有权属纠纷尚未解决的以外,这次发证率较高到达90%以上,基本上达到了确权登记发证的目的,但是由于土地产权制度没有完善,各种土地权能尚不完整。

从前三次发证情况比较来看,做得最好的是第一次,不仅发证率高,还明确了土地权利主体的权能,享有完整的土地产权。第二次最糟糕,不仅没有起到确权的作用,而且还造成了管理混乱。第三次,发证率较高,但是由于时代背景意识形态影响和市场经济框架尚未形成的因素,加上土地二元结构的制度束缚,土地证书发了但是土地产权的权能受限制,没有形成以权利保护为核心的产权制度。主要表现在集体建设用地使用权、宅基地使用权流转受到法律和政策的严格限制,农民不能出租、出卖属于自己占有、使用的宅基地和房产,表面上看是保护农民利益,防止农民陷入"失地、失房"的绝境,但实质是对农民土地权益的侵犯。

现行《土地管理法》历经三次修改,基本确立了以土地所有权和土地使用权为核心的土地权利制度。《物权法》对土地物权依传统法理和中国实践划分为土地所有权和土地他物权,而土地他物权又可分为土地用益物权(包括土地承包经营权、建设用地使用权、宅基地使用权和地役权)和土地担保物权(包括土地承包经营权抵押权和建设用地使用权抵押权),由此而构建了全新的土地权利制度。《物权法》仅对有些土地权利作了原则性规定,而将许多具体规则授权《土地管理法》等作出规定。为了适应我国土地管理新的形势需要,党的十七届三中全会对我国土地管理提出了新的要求,“产权明晰、用途管制、节约集约、严格管理”,指明了农村土地制度改革的方向。亟须以建立、健全土地权利保护制度为核心且符合我国国情的现代土地权利体系成为可能。

4. 第四次发证自2010年年初开始几经波澜正在如火如荼的进行之中,还权赋能构建现代化土地产权制度为本次土地登记颁证核心。为落实十七届三中全会决定“土地承包经营制度和土地承包经营权长久不变”,做到产权明晰,权利更加充分而有保障,2010年中央1号文件,《中共中央国务院关于加大统筹城乡发展力度进一步夯实农业农村发展基础的若干意见》要求,加快农村集体土地所有权、宅基地使用权、集体建设用地使用权等确权登记颁证工作,把农村集体土地所有权证确认到每个具有所有权的农民集体经济组织。为了规范和推进确权登记发证,2011年5月国土资源部联合财政部、农业部下发《关于加快推进农村集体土地确权登记发证工作的通知》后,为了推进发证工作健康有序进行,2011年11月国土资源部、中央农村工作领导小组办公室、财政部、农业部又联合下发《关于农村集体土地确权登记发证的若干意见》,明确了相关工作的重大政策问题,为维护农民合法权益、促进农村和谐稳定的提供政策支撑。2012年9月6日又发布了《国土资源部关于规范土地登记的意见》(国土资发〔2012〕134号)进一步规范了登记发证的行为。2012年年初时任国务院总理温家宝分别在中央农村经济工作会议讲话和十一届人大五次会议报告中强调:土地承包经营权、宅基地续用权、集体收益分配权等,是法律赋予农民的合法财产权利。无论何种情形、任何人都无权剥夺。深化农村改革,坚持农村基本经营制度不动摇,认真搞好土地确权登记发证。加强土地承包经营权流转管理与服务,发展适度规模经营。推进征地制度改革,制定农村集体土地征收补偿条例,保障好农民的土地财产权利,分配好土地非农化和城镇化产生的增值收益。

为落实十八届三中全会关于“赋予农民更多财产权利,保障农户宅基地用益物权,改革完善农村宅基地制度;建立城乡统一的建设用地市场,在符合规划和用途管制前提下,允许集体经营性建设用地实行与国有土地同等入市、同权同价”改革精神,认真贯彻《关于全面深化农村改革加快推进农业现代化的若干意见》(中发〔2014〕1号)和《2014年政府工作报告》,结合国家建立和实施不动产统一登记制度的有关要求,国土资源部、财政部、住房和城乡建设部、农业部、国家林业局于2014年8月1日发出关于进一步加快推进宅基地和集体建设用地使用权确权登记发证工作的通知,附件含《农村地籍和房屋调查技术方案(试行)》。要求各地要以登记发证为主线,因地制宜,采用符合实际的调查方法,将农房等集体建设用地上的建筑物、构筑物纳入工作范围,建立健全不动产统一登记制度,实现统一调查、统一确权登记、统一发证,力争尽快完成房地一体的全国农村宅基地和集体建设用地使用权确权登记发证工作。

综上所述可以发现,本次农村集体土地确权登记发证的目标是以逐步走向确定以权利保障为核心的农村土地管理制度转变,最终实现农民的土地完整产权。发证的核心就应该是:依法确认和保障农民的土地物权,还权赋能,实现集体建设用地和国有建设用地同地、同权、同价,宅基地自由流转。最终形成产权明晰、权能明确、权益保障、流转顺畅、分配合理的农村集体土地产权制度,为建设城乡统一的土地市场的创造条件,促进农村经济社会发展、实现城乡经济社会一体化新格局。

二、关于集体土地所有权的确认与权利行使问题

关于集体土地所有权的法律地位问题。我国集体土地所有权是特定历史条件下形成的一项具有中国特色和歧视性的制度安排。它既不是国家所有权派生的,也不是隶属于国家所有权之下的权利,而是在农民土地私有的基础上,凭借国家或者执政党的意志收回农民个人所有权集合而成,并为高度垄断的计划经济体制服务的、相对不完整的所有权。因此,它具有浓厚的政治色彩和深刻的政治使命以及暗藏剥夺和歧视农民的制度印痕。集体土地所有权较之国有土地使用权具有“不完整性”,具体表现在所有权主体的缺位和虚拟化、效力和权能上的欠缺与不平等。这种状况并非与所有权的社会化及其特殊性受到公法上的限制和公权力的干涉一样所致,而是国家以法律形式为了垄断土地一级市场,主观地为集体土地所有权其中的处分权能加上了“紧箍咒”。集体所有土地只有被征收为国有才能进入市场出让、转让,才能实现土地非农化的增值效益,而这一切都被政府以法定限制的方式掠夺殆尽。

根据《物权法》规定,从物权平等保护原则来看,国家对集体土地所有权的限制不能成为排斥和剥夺本应属于农民集体土地所有权权能的正当性、合理性依据,这种限制只能在规划和用途管制方面发挥其“限制”的有效性。除此之外,集体土地所有权和国家土地所有权应该平等。

关于农村集体土地所有权人缺位,产权主体不明问题。按照物权法及土地管理的法律规定,农民集体所有的土地依法属于村农民集体所有的,由村集体经济组织或者村民委员会代表集体行使所有权;分别属于村内两个以上农民集体所有的,由村内各该集体经济组织或者村民小组代表集体行使所有权;属于乡镇农民集体所有的,由乡镇集体经济组织代表集体行使所有权。即农民集体土地的所有者应是农民集体,由农村集体经济组织或村民委员会、村民小组代表其行使所有权。但目前大多数农民集体都没有农村集体经济组织,因此在实践中农民集体土地基本上是由村民委员会或村民小组具体行使有关权利。而村民委员会、村民小组如何代表集体土地所有者,又享有哪些权利和义务都没有明确规定,所以村、组干部在行使集体土地的有关权利时侵害群众权益的现象时有发生,实际上农村集体土地所有权人缺位,产权主体不明的问题已很明显。这是一个制度性和根源性的障碍,那就是土地的权属问题,土地应该是实体所有的,而非一个虚拟的概念,实体到底归谁我们搞不清楚,到目前为止法律上没有作出规定,这个虚的概念也带来了一个问题,因为我们都不知道这个权利到底归谁、有谁来行使这个权利已经是摆在我们面前不可回避而又必须做出明确回答的问题。根据《关于农村集体土地确权登记发证的若干意见》"五、依法明确农村集体土地所有权主体代表:属于村农民集体所有的,由村集体经济组织或者村民委员会受本农民集体成员的委托行使所有权;分别属于村内两个以上农民集体所有的,由村内各该集体经济组织或者村民小组代表集体行使所有权;属于乡镇农民集体所有的,由乡镇集体经济组织代表集体行使所有权;没有乡(镇)农民集体经济组织的,乡(镇)集体土地所有权由乡(镇)政府代管。在办理土地确权登记手续时,由农民集体所有权主体代表申请办理。集体经济组织的具体要求和形式,可以由各省(区、市)根据本地有关规定和实际情况依法确定。"如果一部分村民不委托村委会行使所有权应该怎么办?现在大量发生的农民群众自发维权抗争的群体事件足以证明,很多村民委员会已经失去信任于农民。据调查目前各省(区、市)并没有根据本地有关规定和实际情况依法确定出集体经济组织的要求和形式,还是重复着原有的法律规定的描述,致使又一次重复回到土地所有权主体虚拟的状态而不能自拔。

除了上述情形,《物权法》第 59 条第 1 款规定:"农民集体所有的不动产和动产,属于本集体成员集体所有",明确了集体土地所有权的主体,界定了集体成员的职权,如果在无法确认集体成员的共有是共同共有还是按份共有以及无法确定谁作为集体代表更为合适的情形下,每个集体成员自然而然地成为他所长久使用的部分土地所有权主体,这样就弥补了农村集体土地所有权人缺位,产权主体不明的法律空白,真正把确权登记颁证做实,真正还权赋能于民。

三、关于集体建设用地使用权的确认与还权赋能问题

(一)集体建设用地管制之变迁——农村集体建设用地的发展变化过程的五个阶段

第一阶段,1978 年之前,集体建设用地量少且被禁锢。改革开放之前,集体建设用地实行集体所有、集体统一经营;在计划经济的严格管制下,流转局限于所有权人之间且完全依靠行政权力"一平二调",无集体建设用地市场可言。

第二个阶段,改革开放至 1998 年《土地管理法》实施,集体建设用地取得相对容易并且与国有建设用地相对平等。

20 世纪 70 年代末至 80 年代,农民在集体所有的土地上创造了两项奇迹。一是通过土地的集体所有集体经营转变为集体所有农户承包经营,创造了农村翻天覆地变化的奇迹。二是农民利用集体的土地创办乡镇企业,创造了农村工业占据全国工业半壁河山的奇迹。无数专家学者感慨:遗憾的是,支撑这两项奇迹背后的土地制度安排却面临完全不同的命运。当农村集体土地作为农用时,以家庭承包经营为核心的农地制度变革已经由党的政策和现行法律确认,《农村土地承包法》、《物权法》对土地使用者的权利已有很高程度的保障,并且逐步形成产权明晰的物权制度。而集体建设用地的命运多舛。

20 世纪 80 年代中期以后,在城乡分割的户籍制度壁垒下,农民大量剩余劳动力在集体所有的土地上办起了企业。乡镇企业的兴起改变了传统的国家工业化模式,让几亿中国农民以自己的土地、劳动力参与到工业化的进程,因而也得到中央政策的许可与支持。举世瞩目那个时期乡镇企业的高速发展,也得益于当时在建设用地管理上相对宽松的环境。

1986 年颁布《土地管理法》直到 1998 年颁布新的《土地管理法》之前,对集体建设用地还是采取了与国有建设用地相对平等的态度。它在国有建设用地和集体建设用地的处置上,按照《宪法》的精神,将土地国有制和土地

集体所有制并立,如“国有土地和集体所有的土地的使用权可以依法转让”。虽然《土地管理法》规定,国家进行任何建设用地都可征地并且未对公共利益作出界定的前提下要求被征地单位都必须服从,但是,农村集体建设用地的使用还是比较容易的。具体表现为:乡(镇)村建设用地的批准权主要在县及县以下。农村居民住宅建设,乡(镇)村企业建设,乡(镇)村公共设施、公益事业建设等,只要符合乡(镇)村建设规划,就可进行。对农村集体建设用地的使用,尤其是乡镇企业发展用地的管理还是有利于农民利用集体土地发展经济的。1985 年到 1997 年这一段时期,在土地的供给上是集体建设用地的增量大大超过国有建设用地,这段时间保证了整个乡镇企业的产业、就业和税收的超常规增长,使乡镇企业占国民经济的半壁河山,形成后来的两股工业化,一个是国家工业化,另一个是以非农产业为主的农村工业化,这两条轨道推进整个中国的工业化格局。

第三个阶段,1999 年 1 月 1 日新《土地管理法》实施至 2008 年 10 月十七届三中全会,集体建设用地从事非农建设空间紧缩,出现土地农转非进程中的国有化趋势,倒逼集体建设用地流转势在必行。

1998 年《土地管理法》较之前对集体建设用地则施加了明显的限制,大大缩小了农村集体建设用地的利用空间。明确提出“任何单位和个人进行建设,需要使用土地的,必须依法申请使用国有土地”、“农民集体所有的土地的使用权不得出让、转让或者出租用于非农业建设”,这就把使用集体建设用地从事非农建设的路给堵住了。只为农民留下了一个机会,“兴办乡镇企业和村民建设住宅经依法批准使用本集体经济组织农民集体所有的土地的,或者乡(镇)村公共设施和公益事业建设经依法批准使用农民集体所有的土地的除外”。可以将农地转为集体建设用地。这些许可还有两个限制:一个是用途管制制度;另一个是上收农地转为建设用地的审批权。从这两个方面与以前相比较,由于农村集体经济组织建设用地在规划建设用地指标短缺,地方重点工程和产业优先发展项目的建设用地指标不足的条件下,况且都要经过严格审批才能获得的现实下,导致农民利用集体土地从事建设处于无足轻重状态。1998 年《土地管理法》框定了建设用地使用的基本格局,对于农民利用集体建设用地发展经济、获准土地农转非审批发生了根本改变,非农建设用地主要靠国有土地来满足,而国有土地主要通过征收农民集体土地来提供。由此不难理解,尽管保留着农民利用自己的土地进行非农建设的空间,但由于《土地管理法》的种种限制,这个空间已越来越缩小,指标也越控越严,农民利用土地办企业得到批准难上加难,以致出现土地农转非进程中的国有化趋势。

但是,法律的例外规定为集体建设用地隐性入市提供了变通的路径。1998 年《土地管理法》第 63 条规定:“农民集体所有的土地的使用权不得出让、转让或者出租用于非农业建设;但是,符合土地利用总体规划并依法取得建设用地的企业,因破产、兼并等情形致使土地使用权依法发生转移的除外。”由此可见,我国法律在原则上禁止集体建设用地直接进入一级市场的同时,例外地允许集体建设用地在特定的情况下(企业破产、兼并等情形)进入二级市场。

为了突破集体建设用地的瓶颈,农村集体土地自发流转早已普遍存在。在逆境中突围的集体建设用地流转在各地如火如荼开展了各种的试点。浙江省湖州市是浙江省和国土资源部存量集体建设用地流转的试点地区之一,试点工作以解决乡镇企业土地资产处置为核心。1999 年 11 月 24 日,国土资源部批准芜湖市为全国第一个农民集体所有建设用地使用权流转试点,并在其直接领导下进行。广东省的集体建设用地流转首先在南海、中山市、东莞市等地,由农民集体自发进行。南海是这场制度创新的发源地,南海县政府的做法是,以行政村和村民小组为单位,对集体土地进行“三区”规划,分为农田保护区、经济发展区和商住区,由集体经济组织出面以土地招商引资。这种模式,避免了国家征地垄断农地非农化的格局,为农民利用自己的土地推进工业化留下了较大的空间。在不断总结的基础上,广东省政府于 2005 年 6 月以省长令的形式颁布《广东省集体建设用地流转办法》,在全省范围内实施。到现在已经有很多省份也出台了集体建设用地流转办法。历史资料证实,整个沿海地区工业用地的市场主体实际上是集体建设用地,并不是通过征用,因为征用指标是不够的。所以存量集体建设用地的进入市场的这一块是支撑上一轮沿海地区工业化最大的秘密。

第四个阶段,2008 年 10 月十七届三中全会召开,2010 年中央 1 号文件发布,展现农民集体土地与城市国有土地的“同地、同价、同权”的统一市场建立转机。

十七届三中全会决定为消除城乡二元土地制度格局提供了政策空间。第一,在城市建设规划圈外,土地作非公共性使用的,农民可以参与建设、参与开发,避免了原来农地转为建设用地,不管在圈内还是圈外都要通过征用的方式。第二,提出“建立城乡统一的建设用地市场”,对于依法取得的农村经营性建设用地,以公开、规范的方式转让土地使用权,享有与国有土地平等的权益,国有建设用地和集体建设用地都可以在一个统一的建设用地市场上进行出让,这就意味着改变了过去以土地所有制性质将集体建设用地屏蔽在市场之外的这种方式,未来存量的集体建设用地,只要是在土地市场上,尽管还是集体的建设用地,但也可以跟国有建设用地一样以协议和出让的方式进入建设用地的使用市场。从而在实际上是实现了两种不同所有制性质建设用地的平等权益。

第五个阶段,2012 年十八大召开至十八届三中全会吹响了全面深化改革的号角,完善土地产权制度成为今后土地制改革的必然趋势。

中央政策明确要求:"赋予农民更多财产权利,保障农户宅基地用益物权,改革完善农村宅基地制度;建立城乡统一的建设用地市场,在符合规划和用途管制前提下,允许集体经营性建设用地实行与国有土地同等入市、同权同价",建立健全不动产统一登记制度,实现统一调查、统一确权登记、统一发证,有关部委和各级政府必须尽快完成房地一体的全国农村宅基地和集体建设用地使用权确权登记发证工作。

(二)集体建设用地确权登记发证

为落实十七届三中全会决定和 2010 年中央 1 号文件要求,加快农村集体土地所有权、宅基地使用权、集体建设用地使用权等确权登记颁证工作,国土资源部、中央农村工作领导小组办公室、财政部、农业部联合下发《关于农村集体土地确权登记发证的若干意见》(以下简称《意见》),明确了相关工作的重大政策问题,为规范和加快土地确权、维护农民合法权益提供政策支持。《意见》首先明确了农村集体土地所有权确权登记发证的范围,即覆盖全部农村范围的集体土地,包括农民集体所有的建设用地、农用地和未利用地,并强调,集体土地确权实行"全覆盖"原则,不得遗漏。这意味着亟待推进的中国农村土地管理制度改革迈出实质性步伐。

由于《物权法》没有把集体建设用地使用权列为用益物权的种类范围,而单列宅基地使用权。集体建设用地包括宅基地,宅基地使用权属于集体建设用地使用权的一种。据国土资源部统计数据表明,截至 2010 年 10 月,全国农村集体土地的确权登记已完成 70% ~80%,预计 2015 年年底前基本完成全国农村集体土地的确权登记发证工作。从而使集体土地做到产权明晰,步入以权利保护为核心的土地管理新时代。所以说现在的紧要而且关键问题不是如何发证,而是发到使用权人手里的证书含金量有多少、到底包含哪些权利,集体土地建设用地使用权是否可以自由转让、出租、抵押、入股继承,是否可以与国有建设用地一样同权、同地、同价、同益。

地方经验表明,在符合土地规划的前提下,农民直接将集体建设用地以出租、出让、转让等形式供应给企业,既大大降低了企业的用地成本,又保证了农民可以长期分享土地增值收益,地方政府可以获得企业税收和土地使用费。农村集体建设用地的规模和数量巨大,随着城市化和工业化的发展,农村集体建设用地的资产性质逐渐显现,尤其在经济发达地区,以出让、转让(含以土地使用权作价出资、入股、联营、兼并和置换等)、出租和抵押等形式自发流转农村集体建设用地使用权的行为大量发生,其数量和规模不断扩展,集体建设用地隐性市场客观存在,"合法"流转和"非法"流转同时发生。

为此,笔者大声呼吁:与其隐性和非法流转,不如让集体建设用地直接进入市场。建议采取下列措施:尽快修改《土地管理法》中禁止集体建设用地出租、转让的条款,制定规范集体建设用地进入市场的条文,本次发证首先真正做到还权赋能,从根本上改变土地制度的二元性,实现农民集体土地与城市国有土地的"同地、同价、同权",充分保障农民获得集体建设用地流转的土地级差收益的权利,确保农民成为土地流转收益的主要获得者。

四、关于宅基地使用权的确认问题

(一)农村宅基地权利状态的历史演变过程

自新中国成立以来,我国农村宅基地归属经历了一系列演变,可归纳为五个阶段:第一阶段,土地改革初期。实行农民私人所有的土地制度,县级政府为农民颁发了《土地房屋所有权证书》,拥有宅基地所有权。第二阶段,社会主义改造初期。农村土地仍然是农民私有。虽然土地的经营已经由个体农民转变为集体统一经营,但是农民的宅基地仍然由农民保有绝对的所有权,可以对其自由处分。第三阶段,高级合作社、人民公社化时期,确立了农村土地集体所有制。宅基地所有权也由私有转变为归集体所有,农民只对宅基地享有使用权,不能出租、买卖。第四阶段,1975 年《宪法》至 1998 年出台新《土地管理法》。1986 年我国颁布第一部《土地管理法》,其第 38 条第 3 款规定,农民出卖、出租住房后再申请宅基地的,不予批准。但不禁止宅基地使用权人对地上建筑物进行买卖、出租。并且第 41 条规定了非集体组织成员可以获得农村宅基地使用权。原国家土地管理局文件和《村庄和集镇规划建设管理条例》对此也有明确规定。上述各个阶段农村宅基地并不拒绝非农村集体成员取得。第五阶段,1998 年出台的新《土地管理法》至今,禁止宅基地流转和拒绝非农村集体成员取得。1998 年出台的新《土地管理法》将前述第 41 条完全删除,1999 年国务院办公厅发 39 号文件、2004 年国发〔2004〕(28)文件、国土资源部也颁发文件都规定:“严禁城镇居民在农村购置宅基地,严禁为城镇居民在农村购买和违法建造的住宅发放土地使用证”。但是,农村宅基地的流转并没有因为法律和的限制性规定而停下来,相反随着社会经济的发展,私下流转灰色交易愈演愈烈。

(二)关于宅基地使用权人的身份问题

宅基地使用权制度如何架构一直是困扰农村土地改革的一大难题。《物权法》在用益物权编设专章规定了宅基地使用权,但将宅基地使用权的取得、行使和转让规则授权“土地管理法等法律和国家有关规定”去规定。党的十七届三中全会明确指出,要“完善农村宅基地制度,严格宅基地管理,依法保障农户宅基地用益物权”,为以后的制度架构指明了方向。1998 年出台的新《土地管理法》之前,国家并不禁止宅基地流转和拒绝非农村集体成员取得。《物权法》第 152 条规定,宅基地使用权人依法对集体所有的土地享有占有和使用的权利,有权依法利用该土地建造住宅及其附属设施。在这里,宅基地使用权的主体是“宅基地使用权人”,并不是“集体经济组织的农民”。《物权法》第 135 条规定,建设用地使用权人依法对国家所有的土地享有占有、使用和收益的权利,有权利用该土地建造建筑物、构筑物及其附属设施。对比之则看出,两者均以建造并保有房屋及其附属设施为目的,区别在于二者在不同所有制的土地之上设定。这种立法符合《物权法》第 4 条关于主体平等的基本原则,对于破除我国依主体不同而分别立法所导致的制度不公有重要意义。那么城市居民可不可以依第 152 条在集体土地之上取得宅基地使用权呢?依据法理,可以判断出只要符合法定的条件,任何人均可在他人之物上设立他物权,不应对他物权人的身份作限制性规定,否则有违主体平等的民法基本原则。

在《物权法》中,规定农民成员权的是第 59 条。该条第 1 款规定:“农民集体所有的不动产和动产,属于本集体成员集体所有。”本条明确规定“农民集体所有”的含义就是“本集体成员集体所有”,在一定程度上解决了农民集体所有权主体虚位以及农民集体成员权利保护不力的问题。本集体成员依照法律的规定对属于集体所有的土地共同享有占有、使用、收益和处分的权利,这种所有权形态之下,本集体的每一个成员依成员权行使的规则来行使集体土地所有权,其中当然包括在集体土地所有权之上设立宅基地使用权这种权利负担。由此可见,具有成员权利性质的是集体土地所有权,宅基地使用权并不当然具有成员权性,亦即本集体成员可以经民主设定程序(《物权法》第59条所称法定程序)决议只有本集体成员才能取得宅基地使用权,也可以决定非本集体成员在相应条件下也可以取得宅基地使用权(例如符合规划,支付足够的对价,等等)。

(三)关于本次土地确权登记颁证如何走出宅基地流转的法律困境问题

社会上要求允许农村宅基地上市流转的呼声十分强烈,一些地方适应潮流积极地进行了宅基地流转试点。实践证明宅基地流转不仅有利于农村融资,有利于加快新农村建设,也有利于落实保护农民土地产权,实现财产利益。

农村宅基地与房屋买卖在现实生活中已大量发生,但由于缺少相应的法律政策支持,一直是一个“禁区”,也是当前农村土地产权制度改革和土地管理制度改革中的焦点。自改革开放以来,农民出租、买卖宅基地之风也曾一度盛行,宅基地自由交易曾一直是许多农民的奢望而变成现实。为此,国务院多次下发文件给予制止,在一定程度上遏制了农村出租、买卖宅基地的势头。但是,随着我国高速工业化和快速城市化的发展,便催生了宅基地交易隐形市场的形成和发展。尽管多年来国家相继出台了一系列禁止农村宅基地向本集体以外单位和个人流转的规定,但收效甚微,屡禁不止。据中央党校有关课题调查数据显示,全国各地农村宅基地流转已较为普遍,具体表现形式:出租房屋是目前农村宅基地私下流转最主要的方式,其次是买卖房屋形成事实上的买卖宅基地和以新农村建设名义下的“小产权房”买卖。

农村宅基地私下交易并且屡禁不止,从正面来讲这足以说明有其客观必然性和合理性,使农民与交易人和政府都能获得利益,还有助于土地市场配置,实现土地资源财产化、资本化。是农民对宅基地及其房屋财产价值的追求。同时,也是破解城乡二元结构实现城乡一体化发展的重要途径,是贯彻落实“完善农村宅基地制度,严格宅基地管理,依法保障农户宅基地用益物权”的必要措施。这也从反面凸显了农村宅基地制度层面设计的不正当性,凸显出对农民以及他拥有的宅基地的歧视性。城镇居民商品房可以作为商品在市场上流通交易,而农宅因为宅基地不能流转则无法作为真正意义上的资产进入市场经营,明显体现了城乡差距与分割。这也有违法律公平正义的初衷,房屋属于公民个人的私有财产,使用权人可以依法占有、使用、收益和处分,而我国法律却规定对于农村宅基地农民只能占有、使用而不能处分。我国《物权法》虽然规定了农村宅基地为用益物权的一种,但要求农村宅基地只能在村集体内部流转,而不能转让给本集体经济组织以外的居民、单位。这一规定使农村宅基地的流转被限制在极小的范围内,并不能让其真正流转起来。这种限制,实际上是剥夺了农民作为房屋所有权人的收益权和处分权,也违背了现代物权制度价值观念。

现行的农村宅基地制度存在如下诸多弊端:第一,不断强化了城乡二元格局,加剧了城乡不平等现象更加突出。第二,造成资产浪费,损害了农民的利益。第三,造成农村大量住宅闲置,不利于资源的有效配置和合理利用。第四,交易不受法律保护而引发大量纠纷,使社会矛盾更加突出。

社会发展的需要倒逼农村宅基地制度变革已经不容怠慢。应按照党的十七届、十八届三中全会确定的大政方针和基本原则,以科学发展观为指导,以规划管理为龙头,以明晰产权为基础,持科学、稳重、审慎的态度,坚持“依法、自愿、有偿”原则,以农民为主体,以市场化为取向,完善农村宅基地制度;在严格宅基地管理的同时,通过本次确权登记颁证,还权赋能,允许农村宅基地依法规范流转。通过流转激活城乡要素市场,提高土地集约利用效率,推动农村宅基地及房屋资本化,保障农民宅基地用益物权,促进农民增收和改善农村生产生活条件。具体建议步骤如下:第一,对农民和非本集体人员合法拥有的宅基地、房屋给予确权登记发证,明确永久使用权,做到产权明晰,允许自由流转。第二,制定农村宅基地流转管理办法,设定限制条件,建立健全宅基地流转权益保障机制,规范农村宅基地流转程序。切实保护农民土地权益,出台农村集体建设用地级差收益分配办法。第三,地方政府和主管部门应加强农村宅基地流转的监督和管理,设立集体建设用地交易场所,协调流转纠纷,保障农民利益。

五、关于农村土地承包经营权的确认问题

农村土地承包经营权发证是农村土地承包经营权不断完善发展过程中逐步推进的。1978 年农村改革起源于包产到户的复兴。包产到户是对于人民公社“一大二公”统一经营体制的挑战,是农民为了生存而对于现有人民

公社产权制度的冲击。1982年中央1号文件对于包产到户、包干到户的家庭联产承包责任制予以认可,1984年1号文件规定确认农民15年以上的土地承包经营权。1993年中发〔1993〕11号《关于当前农业和农村经济发展的若干政策措施》规定承包期再延长30年。《中共中央办公厅、国务院办公厅关于进一步稳定和完善农村土地承包关系的通知》(中办发〔1997〕16号文件),2001年《中共中央关于做好农村承包和使用权流转工作的通知》,2002年颁布《土地承包法》为农村土地承包经营权发证提供了法律依据。农业部于2002年5月28日下发关于贯彻落实《中共中央关于做好农户承包地使用权流转工作的通知》的通知(农经发〔2002〕5号)要按照《通知》要求和中办发〔1997〕16号文件的规定,加强对农村土地承包政策落实情况的检查监督,认真做好延长土地承包期30年的后续完善工作。尚未开展延包的,应加强督导,尽快组织好延包;土地承包期不到30年的,一律延长至30年;承包地块没有落实到农户的,要落实到户;没有与农户签订承包合同的,要补签合同;没有发放承包经营权证书的,争取年底前完成到户工作,并切实加强承包经营权证书的管理;对搞"两田制"的,应切实纠正,并将地块确权到户,明确30年不变;对于多留的机动地,应按公平合理的原则分包到户。

2003年11月农业部令第33号《农村土地承包经营权证管理办法》颁布,对于土地承包经营权证书颁发的程序和具体条件、管理作出了规定。各地政府积极开展了农村土地承包经营权发证工作。

根据国务院发展研究中心一项调查统计记载:"2007年,我们又对上海、浙江、湖南、湖北、四川、安徽、重庆、吉林和辽宁进行了调查发现,经过1994年的二轮延包、1997年的土地延包完善和2003年的《农村土地承包法》的实施和落实,农民与土地的承包关系进一步稳定和长期化。到2007年,各省市已颁发《农村土地承包经营权证》的户数占总农户数比例分别为:四川省92%,重庆市95%,湖南省86%,湖北省95%,黑龙江省98%,辽宁省98%,浙江省93.5%,安徽省绩溪市99.6%"。

2008年十七届三中全会之后,农村土地制度改革进一步加快,赋予农民更加充分且有保障的土地承包经营权。农民的土地财产权利固化到农户,推动农村的土地流转与改革,是十八届三中全会之后中央的重要部署。农业部部长韩长赋在全国农业工作会议上说:农村土地承包经营权确权登记颁证是一项基础性工作,直接涉及亿万农民的利益。力争用5年时间基本完成农村土地承包经营权确权登记颁证。农村土地承包关系总体是稳定的,但也存在承包期内随意调地、土地纠纷多发等问题，主要是二轮延包不完善、确权不到位。稳定和完善农村土地承包关系，需要加快推进农村土地承包经营权确权登记颁证。2014 年中国将扩大农村土地承包经营权确权登记颁证试点范围，确定两个省开展整省试点，其他各省份至少要选择 1 个县开展整县试点。在试点的基础上，争取后年全面推开，力争 5 年基本完成。2014 年 1 号文件强调“抓紧抓实农村土地承包经营权确权登记颁证工作，2018 年为确权的最后期限”。

（一）关于土地承包经营权的概念与土地承包制度和期限

《物权法》所规定的用益物权包括土地承包经营权、建设用地使用权、宅基地使用权、地役权。《物权法》第 124 条规定：“农村集体经济组织实行家庭承包经营为基础、统分结合的双层经营体制。农民集体所有和国家所有由农民集体使用的耕地、林地、草地以及其他用于农业的土地，依法实行土地承包经营制度”；第 125 条规定：“土地承包经营权人依法对其承包经营的耕地、林地、草地等享有占有、使用和收益的权利，有权从事种植业、林业、畜牧业等农业生产”。《物权法》第 134 条规定：“国家所有的农用地实行承包经营的，参照本法的有关规定。”根据上述规定可以归纳出土地承包经营权，是指农村集体经济组织成员对集体所有和国家所有，由集体经济组织长期使用的耕地、林地、草地等农业用地，采取家庭承包、公开协商等方式进行承包，依法对所承包的土地等占有、使用和收益的用益物权。[①] 但是分析比较和现实观察可以看出，上述概念的界定并非合适，因为土地承包经营权的主体不仅仅限于农村集体经济组织成员的范围，还应该将其外延扩大至所有依据《物权法》《土地承包经营法》等相关法律和政策依法从事农业土地经营的自然人、法人和非法人组织。比如非集体经济组织成员以外的人通过招标、拍卖或者公开协商和土地流转取得权利而从事土地承包经营的情形。根据上述规定结合近期的政策可以界定土地承包经营权，是指依法从事农业用地经营活动的自然人、法人和非法人组织，通过承包、流转等方式对所承包的土地等占有、使用、收益和有限处分的用益物权。这里的有限处分是指在不改变土地所有性质、用途、不违背规划的前提下再流转的权利（包括转让、赠与、抵押、继承）。

20 世纪 70 年代末包产到户的制度改革，打破了僵死的人民公社制度，逐

① 参见杨立新：《物权法》，中国人民大学出版社 2007 年第 2 版。

步确立家庭联产承包统分结合的经营体制,形成了农户、国家和集体之间的合约关系来确定农户对土地的产权。农地制度的改革是在朝着不断强化农户使用权主体地位继而发展为权利物权化的方向演进。宪法、法律和政策确认农村土地家庭承包制度成为一个基本的经营制度为基础,进一步强化农户和地块的对应关系。明确土地的承包经营证书到户,将承包地的面积和地块到户,并明确 30 年的承包权。十七届三中全会决定又提出了"长久",即将过去一个有期限的承包制度变成一个无期限的承包制度。并且提出建立健全严格规范的农村土地管理制度,"产权明晰、用途管制、节约集约和严格管理"的基本原则,意图是将产权管理纳入整个土地管理而改变过去用途管制和计划管理的模式。以期使农民依法保护他的土地权益、确保经济社会可持续发展。

(二)关于土地流转和适度规模经营

自 1984 年以来中央下发了多个文件,颁布了有关法律,特别是《农村土地承包法》和《物权法》,不仅允许承包权的自愿流转,而且形成了农地承包经营权流转的基本原则。始终强调土地流转的主体是农户,提出了依法自愿和有偿的原则,对集体经济组织在流转中的行为进行了很多限制。十七届三中全会在强调流转基本原则以外,提出要搭建土地流转平台,建立土地流转的评估机构,建立流转市场,完善流转市场的管理。实际上对于今后在整个土地流转过程中各级主体所扮演的角色和市场的形成机制有了很明确的规范。具体表现在集体经济组织不能代农户签订转包合同,土地流转的地租包括未来上涨的绩效收益应该归农户长期所有。集体经济组织只能充当中介服务的角色,不能收取地租,只能收取一定的服务费用。2009 年中央 1 号文件强调:建立健全土地承包经营权流转市场。土地承包经营权流转,不得改变土地集体所有性质,不得改变土地用途,不得损害农民土地承包权益。坚持依法自愿有偿原则,尊重农民的土地流转主体地位,任何组织和个人不得强迫流转,也不能妨碍自主流转。按照完善管理、加强服务的要求,规范土地承包经营权流转。鼓励有条件的地方发展流转服务组织,为流转双方提供信息沟通、法规咨询、价格评估、合同签订、纠纷调处等服务。

坚持走中国特色农业现代化道路,就必须发展适度规模经营。专家学者普遍认为,土地流转虽然推行多年,土地流转面积之所以未能按照政府的目标如愿扩大,重要的一个原因就是各级政府在推进土地流转和适度规模经营的同时,没有创造让农户离开土地的制度条件,没有设置让农民在城市永久落地的制度。目前阶段承包农户还不能完全脱离土地，在农民无法主动割断与土地关系的情况下，土地流转的绝大部分只能以短期出租方式流转，无疑造成形成土地规模经营的高昂制度费用。中央农村工作领导小组副组长、办公室主任陈锡文强调：农地流转与集中的前提条件，是工业化、城镇化发展对农业劳动力和农村人口的吸纳。如缺乏这样的条件，不顾农民的意愿强制流转和集中土地，这样的所谓土地规模经营，便与历史上的土地兼并没什么两样了。正如在我国大城市郊区和沿海一些已经高度工业化城市化的地区，上述问题已经逐步得以解决的前提下，也就具备适度规模经营的条件，规模经营户或农业企业通过从事高价值作物生产和加工，可以获得丰厚的回报。但是应该明确限制租地企业不得将所租土地用于非农开发，严禁企业囤地进行土地投机的行为。陈锡文概括说："一要抓紧完成农村土地承包经营权的确权、登记、颁证，二要使工业化、城镇化能够稳定转移、吸纳农村人口，三要坚持依法自愿有偿的原则。如此，土地的流转、集中和规模经营就自会水到渠成、瓜熟蒂落地健康发展"。

（三）关于农村土地承包经营权确权登记发证

2009年中央1号文件强调：稳定农村土地承包关系。抓紧修订、完善相关法律法规和政策，赋予农民更加充分而有保障的土地承包经营权，现有土地承包关系保持稳定并长久不变。强化对土地承包经营权的物权保护，做好集体土地所有权确权登记颁证工作，将权属落实到法定行使所有权的集体组织；稳步开展土地承包经营权登记试点，把承包地块的面积、空间位置和权属证书落实到农户等。2010年中央1号文件又重复强调：稳定和确保农村现有土地承包关系保持稳定并长久不变。继续做好土地承包管理工作，全面落实承包地块、面积、合同、证书"四到户"，扩大农村土地承包经营权登记试点范围，保障必要的工作经费。加强土地承包经营权流转管理和服务，健全流转市场，在依法自愿有偿流转的基础上发展多种形式的适度规模经营。严格执行农村土地承包经营纠纷调解仲裁法，加快构建农村土地承包经营纠纷调解仲裁体系。按照权属明确、管理规范、承包到户的要求，鼓励有条件的地方开展农村集体产权制度改革试点。2011年5月和11月国土资源部联合财政部、农业部和中央农村工作领导小组办公室分别下发《关于加快推进农村集体土地确权登记发证工作的通知》《关于农村集体土地确权登记发证的若干意见》，明确本次发证不包括土地承包经营权确权登记发证。单就土地承包经营权确权登记发证而言，上述文件的规定要求已经大大落后于农村经济发展的步伐。据国务院发展研究中心农村部研究员刘守英介绍,2007 年,对上海、浙江、湖南、湖北、四川、安徽、重庆、吉林和辽宁进行了调查发现,经过 1994 年的二轮延包、1997 年的土地延包完善和 2003 年的《农村土地承包法》的实施和落实,农民与土地的承包关系进一步稳定和长期化。到 2007 年,各省市已颁发农村土地承包经营权证的户数占总农户数比例分别为:四川省 92%,重庆市 95%,湖南省 86%,湖北省 95%,黑龙江省 98%,辽宁省 98%,浙江省 93.5%,安徽省绩溪市 99.6%。如果按上述数据推算出 2007 年各省市已颁发农村土地承包经营权证的户数占总农户数比例不低于 94.6%。这么高的发证比例表明,农村土地承包经营权登记应该尽快完成而不是在试点范围内运作,成为农村改革发展的阻力。

(四)农村土地承包经营权确认方案

大家都在设计农村土地确权的最佳方案。按现有人口以及土地占有状况确认土地权利好还是打破土地占有现状重新分配土地确认权利优,还是基本不打破土地占有现状,适当调整为补充确认土地权利合适?经过分析比较和现行法律政策的规定,深入农村和农民座谈交流,归纳学者的普遍观点和农民的意愿,不难得出的共识是按现有人口以及土地占有状况确认土地权利,即维护现有土地承包关系长久不变,赋予农民原有农业承包土地永久使用权。农户享有原始承包土地的占有、使用、收益、处分(包括转让、赠与、抵押、继承)等各类物权权利,但不得改变土地的农业用途。除国家依照法律规定征收并给予补偿安置外,任何组织和个人不得收回农民享有永久使用权的土地。即使是实行"大稳定,小调整",即"增人增地,减人减地"的村庄,也应该按照现有人口以及土地占有状况确认土地权利,如果迁就个别村民的意愿将土地以公平的原则重新分配,不仅与现行法律和这次相悖,而且也容易引发新的矛盾诱发社会不稳定现象发生。

六、结　语

自改革开放以来,伴随公民物质的不断丰富和私有财产的日益增加,使产权制度重新构建成为社会必然。"有恒产者,有恒心"孟子所言产即产权,同时也深刻阐明了人与产权的关系。从法律制度层面而言,产权是经济所有制关系的法律表现形式,是指权力主体在一定社会环境中凭借法律的确认和保护,对取得、占有、使用、收益和处分的界限。以法权形式体现所有制关系的科学合理的产权制度,是用来巩固和规范商品经济中财产关系,约束人的经济行为，维护商品经济秩序，保证商品经济顺利运行的法权工具。如今，《宪法》《物权法》等一系列法律颁行与其他法规的实施，使产权制度完善步入了春天。一个社会的产权制度是否受法律保护是社会文明程度的象征。现代产权制度根本要求要做到厘清产权。确认农村土地产权是产权明晰的前提，是农民实现产权权能、产权变动和产权保护的必要条件。十八届三中全会指出，要赋予农民更多的财产权利，主要是指依法维护农民的三大基本权利：一是土地承包经营权，二是集体经济收益分配权，三是宅基地用益物权。根据《物权法》规定，完整的所有权包括占有、使用、收益和处分权。同时指出“保障农户宅基地的用益物权，改革完善农村宅基地制度，选择若干试点，慎重稳妥推进农民住房财产权抵押、担保、转让，探索农民增加财产性收入的渠道。”分析可见，农村土地确权登记发证的核心应该是：依法确认和保障农民的土地物权，还权赋能，最终形成产权明晰、权能明确、权益保障、流转顺畅、分配合理的农村集体土地产权制度，为建设城乡统一的土地市场的创造条件，促进农村经济社会发展、实现城乡经济社会一体化新格局。

土地经营权流转的根本属性与权能演变

李伟伟　张云华*

顺应农民保留土地承包权、流转土地经营权的意愿,把土地承包经营权分为承包权和经营权,实现承包权和经营权分置并行,是继土地承包经营权从农民集体所有权中分离出来后我国农地制度的又一大创新。目前,在大多数地区,承包权与经营权分置的条件已经基本成熟,土地所有权、承包权、经营权"三权分置"将是今后农地制度的一条主线。2015 年 1 号文件提出,界定农村土地集体所有权、农户承包权、土地经营权之间的权利关系,这就需要首先界定三权各自权利性质及权能,而土地经营权作为新创立的一种独立权利形态,更需要及时界定。

一、相关研究述评

正是由于土地经营权成为一种独立的权利形态,近期才得到政策正式回应,前人对此深入研究较少,相关研究主要集中在对土地承包经营权性质及权能讨论,可以概括为因时、因人而异。其间因《农村土地承包法》以及《物权法》的颁布实施对讨论也是"推波助澜",从而使讨论更加热烈。总的来说,土地承包经营权性质主要有债权说(梁慧星,1998 年)、物权说(王利明,2001 年;孟勤国,2004 年;等)、双重性质说(陈煜,2005 年)、多重性质说(靳相木,2001 年)、类所有权说(孙宪忠,2006 年)等,《物权法》则支持了物权说,将其列入用益物权编。

近年来,有学者对传统的物权和债权说进行了突破与创新。一是区分不同的取得方式下土地承包经营权的不同性质。丁关良(2007 年)提出农村

* 李伟伟,农业部农业贸易促进中心;张云华,国务院发展研究中心。

土地承包经营权法律性质的“二元化”，即物权性质的土地承包经营权和债权性质的土地承包经营权。二是用动态发展的眼光及辩证的思维来审视土地承包经营权的性质。定光平、邱红梅(2009 年)认为，随着我国农村经济体制改革的深入，土地承包经营权性质与权能也处于动态变化之中，其中家庭承包方式取得的土地承包经营权先后经历了从最初的债权到后来的“类永佃权”(物权)再过渡到现在的“准所有权”这三个阶段的演进。应该说，这些都为土地经营权性质的研究提供了有益的参考与借鉴。此外，日本、德国等国丰富的立法实践也为我们提供了参考。而有关土地承包经营权权能内涵，笔者曾做过专门的归纳，在此不再多述。

二、土地经营权[①]性质界定及国际经验借鉴

《物权法》明确规定，土地承包经营权是用益物权。那么，第三方经营者的土地经营权是物权还是债权？随着农地流转规模的日益扩大，需要政策与法律层面予以界定。

(一)土地经营权性质界定

一定程度上，从农地流转的第一天起，流入方(第三方经营者)就开始了自身权利的孕育和成熟，并在事实上成为一种需要独立的权利形态，因为越来越多的第三方经营者开始主张自己的土地权利，并希望得到政策支持和法律保护。

1. 土地经营权是流转情况下才独立于承包权的一项权利

一般说来，土地承包经营权是承包农户作为集体经济组织成员，享有对承包地占有、使用、收益以及流转等权利。他可以自己在土地上从事农业生产经营，也可以流转给第三方，由其从事农业生产经营。

未流转情况下，承包农户享有土地承包权与土地经营权“合二为一”的权利，此时他既作为集体经济组织成员，享有“成员权”具体体现的承包权；又作为承包地的实际经营者，享有对土地占有、使用等的经营权。“土地承包经营权”较好地涵盖了承包农户的权利，可以理解为承包权和经营权二者的“耦合”。也就是说，在承包农户那里，这些权利都是属于自己的，因此只要不涉及承包农户“处分”自己的农地权利，就不需要将承包权和经营权“丁

① 如无特别说明，本文中“土地经营权”特指第三方经营者通过出租流转方式取得的土地经营权，不涉及其他流转方式取得的土地经营权，也不涉及原承包农户的土地(承包)经营权。

是丁,卯是卯”地分得特别清楚。

流转情况下(主要是出租),第三方经营者通过合同的形式,在一定期限内,以支付给原承包方租金为对价,“借用”承包方对土地的占有、使用等权能从事农业生产经营,并获得相应收益。法理上,这其实是流出方和第三方经营者通过租赁合同,以土地使用为主要标的物的一种土地债务债权关系,不涉及土地承包经营权自身的分离问题。但是,为了更好地界定和维护承包农户与第三方经营者各自的农地权利,也便于农民群众的理解与接受,就可以将承包农户的土地承包经营权“一分为二”成土地承包权和土地经营权,承包农户将土地经营权“租借”(并非完全、彻底转移或移交)给第三方经营者,后者获得相应的权利,而前者自己则保留承包权①。也就是说,在单独谈及土地经营权时,一般就是指第三方经营者的土地经营权。

2. 土地经营权是债权而不是物权

以下从对抗力、存续期间、转让性、利用内容及对价五个方面进行辨析。

第一,对抗力上,物权是对物的排他性支配权,能够对抗第三人,债权是对某人之请求权,不能对抗第三人。土地经营权是流入方(第三方经营者)通过合同形式,请求流出方将其土地经营权“给付”,是流出方与流入方二者之间的法律关系,一般不对抗第三人。

第二,存续期间上,物权以长期存续为原则,而债权因合同取决于当事人的合意,可以是1年,也可以是5年、10年,甚至更长。从各地土地经营权流转合同来看,有3年的,有10年的,还有到二轮承包期末的,这主要取决于双方当事人的合意。

第三,转让性上,物权以有转让性为原则,租赁债权如无出租人同意不能转让。目前,土地经营权的再流转,都需要得到发包方和承包农户的书面同意,不能随意再流转。

第四,权利内容上,物权人“拥有”占有、使用、收益权能,而债权人只是在一定期限内“借用”物权人的相关权能(物权性占有、使用等权能依然归物权人),具体内容依合同而定。也就是说,并未将物权本来的使用、收益等权

---

① “土地承包经营权”为我国农地权利体系所特有,在世界民法体系中也绝无仅有。理论上,可以将其与农地使用权、地上权、永佃权、田面权等权能较为接近的权利相比较,在实践中也可以将其进行相关改造。但是,考虑到土地承包经营权已经在我国存在并运行了30多年,已成为政策和法律语言被农民所熟知并深入人心,现阶段三权分置实践中,应继续在这一基本“术语”下进行,不宜再为了与世界民法体系相一致而对其进行名称更换。同时,应尽快做好三权分置后相关权利概念的统一与界定。

能真正转移、给予租借人。通过土地经营权流转合同，流入方只是“借用”了流出方的土地占有、使用等权能，合同期满后就将这些权能归还于流出方，并没有获得物权性权能。

第五，对价上，物权不以对价为要素，而债权以对价为当然要素。流入方在获得土地经营权的同时，需要支付相当的土地租金为对价。

综上分析，我们认为，土地经营权的性质为债权，而非物权。这符合物权的“一物一权主义”，即一物之上只能成立同一内容的一个物权，土地承包经营权已经是用益物权的情况下不能再设立土地经营权为物权，在立法上行得通。同时，也不易引起原承包农户与第三方经营者之间更多的矛盾与冲突[①]。然而，随着今后对实际耕作者保护的重视，土地经营权物权化属性可以得到加强，但其债权的“底色”和本质不会变。

（二）土地经营权债权物权化的国际经验及启示

1. 将租赁权性质界定为债权并进行物权化，是国际通行做法

国际上，租赁权与我国土地经营权较为类似。租赁是“当事人的一方约定让相对人使用及收益一定物品，相对人约定支付其租金而生效的”经济行为。虽然对于租赁权性质界定是各国的立法选择，但日本、德国、瑞士、法国的民法都将其界定为债权。同时，一般因为所有权的优势地位，承租人的地位（即租赁权）显得比较脆弱，考虑到租赁权的脆弱可能会阻挠社会生产进步和生活安定，各国的立法也在努力地强化承租人的地位，推进租赁权物权化。特别是第二次世界大战时各国制定的紧急对策对这种物权化倾向产生了促进作用。

虽然战后经济状况趋于稳定，各国逐渐废止了紧急对策立法，但是租赁权的物权化作为这些立法的核心部分，已经作为恒久性制度在各国的民法中扎下了根。可以说，不动产租赁权物权化，使契约产生的债务关系中的承租人的权能具有物权效力是各国的共同倾向，特别是赋予租赁权对抗力以及抑制出租人的自由终止权利这两点几乎没有例外。德国专门对“农地用益租赁”进行了规定，并努力强化承租人的地位。日本则很早就制定了租地法和租房法等特别法，将租赁权（租地权、租房权）按物权处理。这样一来，

---

① 如果将土地经营权性质界定为物权，这对第三方经营者的土地权利无疑是一个极大的保护，那么，他和原承包农户双方就都可以主张在土地上拥有相同的权利，这将给农村社会稳定带来隐患和冲击。日本就曾经发生过农地所有权人与永佃权人之间大规模冲突之类的事情，因为双方都认为自己应该获得政府颁发的唯一的地券。

租赁双方,特别是承租人的权利得到了有效保障。

农地上,日本通过《农地法》等法律对农地租赁权物权化进行了具体规定:

第一,在租赁权的对抗力上。"买卖不破租赁",即承租方的租赁关系与租赁权不因出租方的变动而破灭,可以对抗买主(标的物受让人)。《农地法》规定,即便没有对农地或草地的租赁合同进行登记,如果出现了土地的移交情况,那么承租方对其后取得该土地物权的第三者,可以主张其合同的正当性。

第二,在租赁权的损害赔偿请求权和妨害排除请求权上。日本民法解释租赁权人以租赁权的侵害为理由可以取得损害赔偿请求权,租赁权人取得占有而租赁权物权化后,也可以请求妨害排除。最高法院作出的许多判决,确立了具有排他性及优先效力的租赁权,这其中也包含了妨害排除请求权的理论。

第三,在租赁权的可处分性上。对于出租人,如果租金的取得得到保障,承租人是谁则未必有什么影响。此时,依据其程度,租赁权的处分性得到了承认。日本民法有前提地支持了租赁权可处分性。《民法》第 612 条规定,承租人非经出租人承诺,不得让与其权利或转租租赁物;承租人擅自对第三人提供租赁物的使用收益时,出租人可以解除租赁契约①。可处分性的认可虽然给承租人以回收投入资本的便利,但同时容易发生中间榨取,农地转租中此弊害较多。因此,日本从源头上就设立"关卡"来防止赚取农地租金差价的投机问题。比如对于个人而言,承租者本人或家庭成员不仅要具备有效从事农业生产的能力,而且要切实、长期地(从业天数一年 150 天以上)从事必要的农业生产。

第四,在租赁权的永续性上。一般来说,物权的存续期间长而债权比较

---

① 其实,我们可以更多地将其理解为对租赁权处分的限制性。德国《民法》第 589 条则规定,交给第三人使用时,非经出租人的许可,承租人:无权将用益租赁物交给第三人使用,尤其无权将用益租赁物转租;无权为共同使用而将用益租赁物全部或部分地交给农业联合;承租人将用益租赁物交给第三人使用的,即便出租人已许可交给,承租人也必须就在使用时第三人所犯的过错负责任。为什么两国法律认可出租人的地位可转让性(即买卖不破租赁原则),而并不完全认可承租人的地位的可转让性(即租赁权的转让及租赁物的转租的自由)呢?主要是因为,即使在租赁权的范围内,使用收益的方法,也是因人而异,比如,同一农地的不同承租人,可能会在农地上种植蔬菜,也可能种植花卉。也就是说,承租人使用收益的债权的行使,与出租人提供的使用收益的债务相比,更加具有"人"的色彩。因此,对于租赁权的转让就需要出租人的同意。从另外的角度看,限制租赁权的自由转让,也可以防止土地过度投机。当然,不可否认的是,从承租人的立场看,这不仅使对租赁物投入的资本的回收变得困难,对社会经济也是不利的。

短。所以,租赁权的存续期间变长是物权化的一个体现。归纳起来也就是,不动产所有人有租赁与否的自由,但一旦进行租赁,承租人如果没有债务不履行,而在客观上又无正当事由时,不得将其终了,即便规定了存续期间,其期满也只是提供了以正当事由终了租赁的机会。建立在租赁权上的社会生活关系和经济关系,也因此显著增加了其稳定性。《农地法》规定,对规定了期限的租赁合同,在合同期结束之前的 1 年到 6 个月之内,如果不做出拒绝更改的通知,则要以与从前相同的条件对租赁合同进行更改。由于拒绝更改的通知需要都道府县知事的批准,而事实上很难得到批准,所以租赁合同就自然成了法定更改。如此这般,通过定期租赁合同的法定更改,来保证作为耕作者的承租人经营上的稳定。

2. 土地经营权物权化的目的是平衡权利关系

我们认为,在今后相当长时期,我国土地经营权的性质应界定为债权。同时,随着对实际耕作者保护的重视,土地经营权物权化属性也理应逐步得到强化。但是,无论如何强化,都应该在债权这一基本制度框架下进行完善与合理保护。

其实说到底,土地经营权性质的界定根本上是今后要逐渐在承包权和经营权二者之间找到一个权利的“平衡点”。从现实来看,今后一段时期,作为承包经营权人的农户应当是制度设计中的优先保护对象,土地承包经营权确权登记颁证、规范土地经营权流转行为等工作都把保护农户承包权作为重点,在农户承包权尚未做实、到位的情况下,不宜过早、过快地强调土地经营权的物权化特征。但同时,也需要合理保护第三方经营者,以利于土地经营权的稳定性以及对农业生产投资的信心和积极性,使二者各自权利义务明确,井水不犯河水。必须清楚地认识到,过度地保护任何一方,都会使二者的权利天平“失衡”,从而影响另一方的心理预期与稳定。特别是对于承租人的过度保护,会给出租人带来“出租地难以收回”的心理不安感,从而不愿意出租流转土地[①]。

---

① 这一现象在日本曾经表现得尤为突出。在日本,由于对承租方保护的程度过强,结果成了致使农地出租方不愿出租的规定。在这种情况下,就产生了从农地租赁来促进农地流动的角度出发,应对该规定要么放宽条件要么制定免于适用规定的意见。但是,近几年设置的免于适用,也只是在有限的领域中对有限的事项所设置的而已,限制租赁合同规定的适用范围依然很广。这一现象值得我们在放活土地经营权的政策制定中给予足够关注。

三、现阶段土地经营权的主要权能内涵及相应义务

如上所述,权利是动态和发展的,现阶段,土地经营权的权能应有哪些?我们认为,主要包括继受间接占有、自主有偿使用、全额农产品处置收益及相关补贴收益、发包方和承包方同意下的"再流转"与抵(质)押处分、土地妨害排除与妨害防止、土地征收地上物相关补偿。下面逐一阐述。

(一)土地经营权主要权能内涵

1. 继受间接占有

占有权能是指权利主体对权利客体实际掌握、控制的权能。行使占有权是行使使用、收益及处分权能的前提。因此,对一物的占有是使用、收益和处分该物的必要条件。

对于占有的取得方式,有"原始取得"与"继受取得"。前者需要占有人创设占有的意思,而后者则需要原占有人的"交付意思"与取得人之"取得意思"。土地承包农户与第三方经营者签订流转合同后,作为原占有人的承包农户就将土地及相关权利"交付"给第三方经营者,后者也即"取得"土地及相关权利。直接占有是对物实施事实管领,间接占有则是通过他人——直接占有人——的媒介而行使占有。法律关系上,第三方经营者对土地的占有是通过承包农户"交付"而获得的,其结果表现为间接性占有土地。如果承包农户"不交付",那么第三方经营者就无法占有和支配土地。当然,当双方当事人的法律关系成立后,第三方经营者就转为对土地事实上的占有。

2. 自主有偿使用

一般认为,使用权是指不改变权利客体的本质而依法加以利用的权利。第三方经营者获得土地经营权后,对流转土地在一定期限内享有事实与法律上的占有,在不改变土地用途和不对耕地造成永久损坏的情况下,可以根据合同的约定以及对市场行情的把握,自主选择决定在流转土地上"种什么、种多少、何时种"等生产销售过程中的具体问题,承包农户和发包方都不得干涉第三方经营者依法进行正常的生产经营活动。

在实际操作中,有三点需要特别注意和明确:一是第三方经营者在得到原承包户同意且不违背法律的情况下可以对土地进行整理及相关地上附着物(如大棚)的建造,以利于机械化作业和田间生产管理等,后者无正当理由,不得不同意;对于临时建筑物(如临时仓库)的建造,需要按照有关规定审批。二是参照"买卖不破租赁"原则,明确在第三方享有经营权期间,承包

方将承包权互换、转让或退出承包的，其承包地上设立的经营权继续有效，第三方经营者的权利不因承包方的变动而灭失。三是合同期满后，第三方经营者有优先继续使用土地的权利。

此外，使用分为有偿使用和无偿使用，第三方经营者从承包农户手中获得土地经营权，同时需要支付“地租”性质的流转费，作为对价。

3. 全额农产品处置收益及相关补贴收益

第三方经营者在土地上进行耕种，通过劳动生产出一定的产品，获得产品的所有权，他有权自主处置产品，既可以自己消费这些产品，也可到市场上出售，获得经济上的全额农产品处置收益。

农业补贴是国家对弱势农业的一种扶持，实际从事农业生产的第三方经营者理应成为补贴的直接受益者。实践中，随着今后新增农业补贴逐步向实际耕种者倾斜，政府补贴将是今后第三方经营者获取收益的重要来源。目前应当注意三个问题：第一，为防止实践中存在的乱挂牌、假流转来套取补贴问题，补贴应以产出而非主体为依据。第二，为防止现金补贴可能带来的土地租金上涨等问题，补贴应侧重于实物而非资金。第三，为防止直接补贴带来的市场机制扭曲和寻租风险，补贴应尽可能运用市场机制间接实施。

4. 发包方和承包方同意下的“再流转”与抵（质）押处分

民法理论上一般认为，处分权能是权利中一项核心权能，是最基本的权能。日本、德国民法对租赁权的转让以及租赁物的转租，都规定需得到出租人的同意，而非自由处分。对于第三方经营者是否可以处分其经营权，我们认为，其处分权能主要表现为第三方经营者对经营权的流转权。由于第三方经营者的经营权来自承包方，属于债权，故经营者对经营权再次流转的，应当征得承包方和发包方共同同意，不能滥用其权利，同时应明确经营权再流转应限定在一定次数内（如两次），以防止对农地的投机炒作。此外，第三方经营者可以在征得承包方和发包方同意后将经营权抵（质）押，但抵（质）押不影响承包方的承包主体地位。

5. 土地妨害排除与妨害防止

对于土地第三方经营者来说，当其流转土地遭受无需容忍的妨害时，其有权请求妨害排除。例如，当流转土地因周围化工厂的污水排放而导致土地变性，结果土地上农作物产量大幅下降时，第三方经营者有权请求化工厂排除这一妨害，并可要求赔偿。同时，如果第三方经营者得知其流转土地附近将建造的化工厂会对土地造成污染，他就有权请求妨害防止，而不必等到化工厂建好以后污水流入承包地造成作物减产危害之时。

6. 土地征收地上物相关补偿

当土地因公共利益而被依法征收时,除承包户有权获得足额补偿外,第三方经营者作为土地的实际耕作者,对其投资的地上物也需要给予合理的补偿。具体补偿办法,则需要各利益相关主体具体协商。

(二)土地经营权的义务

权利和义务是统一的,土地经营权权利主体既享有权利也负有相应的义务。总的说来,土地经营权的义务包括按时足额支付租金、不得改变农地用途、不得对农地造成永久性损害等。

1. 按时足额支付租金,并保持合理的浮动

第三方经营者有义务按时足额支付租金,这是其最主要义务。有三点需要明确:一是租金形式以实物形式为一般原则,如一定数量的水稻或小麦,也可根据当年的价格折合成一定的现金,以减少因通胀等外在因素给承包农户造成的损失。二是租金支付方式采取预付制,即在年初支付当年的租金,具体几年一付,由双方协商决定。三是租金应保持合理的上浮机制,如每年或几年递增一个比例,但不能随意上涨。此外,流入方处于对流转土地的使用收益状态时,由于自身的主观原因而没有使用收益,不能免除租金支付;由于不可抗力(如台风等自然灾害)导致收益少于租金,也不能减少或免除租金支付[①]。如果不按时足额支付租金,流出方有权立即终止合同,而不必等到流入方迟延支付达到一定程度。

2. 合法利用农地,不得改变农地用途,确保农地农用

农地用途管制是国际通行规则,作为具体从事农业生产的第三方经营者,在获得土地经营权的同时,就伴有接受用途管制义务。第三方经营者必须接受国家土地用途管制和规划控制,不得擅自改变土地的农业用途,使农地转为非农业用地。一些第三方经营者打着农业旗号,但并非真心地从事农业生产,而是打擦边球,建造农业庄园,开发房地产,以便获取巨额增值收益,对此应进行严格管控。

3. 合理利用农地,不得对农地造成永久性损害,确保农地可持续利用

在流转期限内,第三方经营者必须主动按照合同约定内容,合理地利用土地,不能对农地进行掠夺性开发和经营,更不能对农地造成永久性损害。

① 当然,为降低第三方经营者的风险,相关农业保险应同步跟进。

例如，不能随意在农地上挖坑、挖鱼塘、水田改旱地等。此外，第三方经营者必须接受集体和承包农户日常的监督，未能合理利用农地的，集体和承包农户有权制止。在合同期满后，第三方经营者有义务将土地恢复原状后返还给流出方。因基础设施等地上附着物无法恢复的，第三方经营者可以请求流出方以补偿的形式给予“购买”。

四、土地经营权当下相关政策重点

放活土地经营权是一个长期的过程，目前来看，它才刚刚提上日程。而且在一定程度上说，放活土地经营，主要是划清原承包户与第三方经营者之间的权利义务关系，并在实践中加以具体运行。

一是明确相关概念。随着承包权与经营权分离，除农地所有权外，还有土地承包经营权、承包权、经营权，这些概念各自具体指什么，以后如何使用这些概念，如何向农民解释、宣传这些概念，需要尽快明确。此外，它们与农地使用权的区别与联系，以及是否需要用“农地使用权”这一法律术语取代现有的“土地承包经营权”，也需要尽早统一认识。

二是厘清现有土地流转方式。目前土地流转方式主要有出租、互换、转包、转让、入股等，这是我国基层实践和农民创造的结果。但每种流转方式的标的物各自是什么，它们之间区别在哪里，农民对此的理解认识又是如何，都到了给予具体明确的时候。比如出租和转包，转包是否可以认为是在集体经济组织成员内的定向出租，如果是的话，是否可以将二者统称为“出租”；互换的标的物是承包权，还是经营权，抑或是承包经营权；等等。

三是进一步稳定土地流转关系。主要包括流转期限、租金、条款内容。目前，大部分地区土地流转中都签订了流转合同，合同是双方权利义务的载体，应要求已经发生流转但尚未签订合同的地方尽快补签合同。要在增强双方，特别是流出方合同意识的基础上，重点在规范流转合同具体条款设定上下细功夫。比如，租金方面，除设定具体金额及合理上涨办法外，明确流出方可因流入方不按时足额支付租金可终止合同，但不得因要求涨高租金而终止合同；权利内容上；明确第三方经营者是否可以在流转期限内进行抵押贷款；明确农地被征收时的流入方与流出方的补偿分配。此外，为鼓励对于流转期限超过一定年限（如 10 年），财政考虑给予流出方一定的补贴奖励。

四是对符合条件的第三方经营者可以颁发相关权利证书或进行合同鉴证。在第三方经营者主动提出申请的前提下,可以对其颁发土地经营权证。发证机关应为县级农业主管部门。各地应根据实际情况,原则上可以对流转达到一定面积、时间超过一定期限的第三方经营者进行发证,不符合条件的,则不予发证。同时,要对证书进行统一规范,可以统一为"流转土地经营权证",并注意与农民家庭土地承包经营权确权登记颁证相区别,证书中应明确有证书的用途。此外,在土地经营权抵押贷款中,可以应金融机构要求,由县级农业主管部门或其委托机构对流转合同进行鉴证。

五是继续做好土地经营权流转市场发育的相关工作。放活土地经营权,必然离不开土地经营权流转市场的发育和培育。目前,全国土地流转市场正处在发育之中,而且不同地区的发育程度不同。应该明确,土地流转是农民的市场行为,应给予充分的尊重,政府做的是服务与管理。但是,一些地方片面追求流转规模和流转比例,靠行政命令下指标、定任务、赶速度,损害了农民利益。这些问题出在急于求成,越位、干预过多,代替市场作用,代替农民作主,这种"拔苗助长"式的流转不利于土地经营权流转市场的发育。在土地流转管理服务上,还有大量工作要做。下一步应继续搭建流转服务平台,尚未搭建平台的地方应尽快搭建平台;已经搭建的,在服务的主体上,要兼顾流入方和流出方,考虑地区内各平台间的信息互通、共享。探索流转服务机构与金融机构的对接,为土地经营权抵(质)押贷款的开展创造必要条件。

六是做好相关政策对接与储备。土地承包权与经营权分离,对现有"土地承包经营权"的政策法律体系提出了新的要求,有的需要进一步明确、细化,有的则需要修订、完善。这些要求也将随时间的推移而越来越强烈和紧迫。重点要对《农村土地承包法》中相关条款进行修订或增减。同时,充分借鉴域外的经验,如我国台湾地区"小地主、大佃农"计划、"农龄"制度设计等,对放活土地经营权进行深入系统的研究,为相关政策制定进行理论储备。

五、结语

以上主要从法理上对土地经营权的性质及权能进行了界定。实践中,当事人一般是通过具体合同条款来加以落实,这也是原承包农户和第三方经营者这两个权利主体相互博弈的过程。而当政府部门作为土地市场主体的具体利益相关方介入时,这一问题就更加复杂。下一步,学术界应重点关注"三权分置"的权利框架、结构及权利义务相互关系。毫无疑问,这将是一个较为长期的历史过程,需要有足够的历史耐心,也需要我们给予持续的关注与研究。

农村集体经营性建设用地流转实证分析

——以浙江省瑞安市为样本*

杨　惠　张　圆　庄振鑫**

一、农村集体经营性建设用地流转制度的变迁历程

农村集体经营性建设用地,从内涵层面来看,指的是农村中具备生产经营性质的建设用地。这里所称的"生产经营"仅包括农村工商业的建设和开发,排除农业生产,同时又与"公益使用"相对,前者主要以赢利为目的,而后者则仅限公共利益。从外延层面来看,《中华人民共和国土地管理法》(以下简称《土地管理法》)规定,"乡镇企业用地"是农村唯一合法的具备经营性质的土地类型。显然,这种单一的利用形式已不符合时代发展要求,特别是在土地改革等重大社会经济问题上,往往实践先于法律。从实然角度分析,除乡镇企业用地外,农村集体经营性建设用地还应当囊括私人企业用地、农家乐用地与旅游开发用地等现实中存在的典型用地形式。换句话说,农业用地、未利用地、农村宅基地、公共利益用地以外的土地都应当属于农村集体经营性建设用地的范畴①。

自改革开放以来,我国农村集体经营性建设用地的制度变迁共经历了三个阶段:第一阶段为矛盾形成阶段(1978 年至 2000 年),这一时期经济高速增长,城市用地紧张,催生了农村土地隐形市场,但国家先后颁布《关于发

---

* 本文为国家社科基金课题《土地征收的权利表达与程序保障研究》,农业部软科学课题《农村集体经营性建设用地法律制度研究》,教育部人文社科课题《中国土地用途管制制度市场取向改革研究》的阶段性研究成果。

** 杨惠:法学博士,西南政法大学教授,硕士生导师;张圆、庄振鑫:西南政法大学 2013 级学生。

① 段占朝、余秀荣:"'裸体'交易:农村集体经营性建设用地使用权流转的冰点",载《调研世界》2007 年第 1 期。

展房地产业若干问题的通知》、《土地管理法》(1998 年修订版)和《国务院办公厅关于加强土地转让管理严禁炒卖土地的通知》等文件予以限制。第二阶段为矛盾对抗阶段(2000 年至 2007 年),这一时期农村土地隐形市场已初具规模,浙江、江苏和四川成都等地陆续开展改革试点,但仍未打破制度桎梏,成果有限。第三阶段为矛盾解决阶段(2008 年至今),这一时期国家逐渐放宽管制,如提出建立城乡统一建设用地市场、让集体土地与国有土地享有平等权益等新政策。2013 年,十八届三中全会通过的《中共中央关于全面深化改革若干重大问题的决定》(以下简称《决定》)明确提出,在符合规划和用途管制前提下,允许农村集体经营性建设用地出让、租赁、入股,实行与国有土地同等入市、同权同价。这意味着国家将打破现有城乡土地二元流转格局,允许农村集体经营性建设用地仿照国有土地入市,消除制度障碍,减少行政管制,实现土地资源的合理配置。① 2015 年 2 月 25 日,第十二届全国人大常委会第十三次会议审议并通过了国务院关于提请审议《关于授权国务院在北京市大兴区等 33 个试点县(市、区)行政区域暂时调整有关法律规定的决定(草案)》的议案。该议案意味着北京市大兴区等全国 33 个试点县(市、区)可以克服现有法律规定弊端,是自 2000 年开始区域试点后,农村集体经营性建设用地改革的又一实质性进步。在此背景下,总结试点经验,深入认识农村集体经营性建设用地入市的内在动力、改革落实情况与所遇障碍,尝试在试点经验的基础上构建具备普遍示范意义的符合经济发展规律的入市机制自有其现实意义。

二、农村集体经营性建设用地流转的问题及原因——基于温州瑞安市的实证分析

温州市作为我国农村改革的先行者,先后颁布了《温州市农村集体建设用地使用权交易实施办法(暂行)》和《温州市农村产权交易暂行管理办法》(以下简称《办法》)等地方法规,形成独具特色的"温州土改模式",允许包括农村集体经营性建设用地使用权在内的 12 类农村产权直接在设立的农村产权交易所或分所中进行市域范围内的交易,被认为是"土地入市"改革的一大进步。"温州土改模式"实践经验对我国规范农村集体经营性建设用地

① 孔祥智、马庆超:"农村集体经营性建设用地改革:内涵、存在问题与对策建议",载《农村金融研究》2014 年第 9 期。

入市机制具有重要意义。瑞安市(温州所辖县级市)作为首批土地改革试点地区之一,是“温州土改模式”的发源地。

(一)瑞安市农村集体经营性建设用地利用与流转的问题

基于本文笔者的实地调研,瑞安市农村集体经营性建设用地以商品房开发、农家乐经营与企业建设为主要利用形态,其中商品房开发属法律明令禁止的范畴,但因利润丰厚而不乏暗箱操作者,总体规模有限;农家乐经营以餐饮服务为主,兼以游乐观光,由村民自发投资,近年来呈井喷式的增长正逐步弱化农村土地的保障功能;企业建设是农村集体经营性建设用地利用最为广泛的形式,但具备合法用地身份的乡镇、村办企业日趋减少,私人企业非法用地已成普遍现象。静态利用之无序往往透露动态流转之混乱。瑞安市农村集体经营性建设用流转中的问题突出表现在以下5个方面:

1. 流转主体单一,集体权利属性弱化

一方面,农村集体经营性建设用地流转的权利主要由村民委员会代为行使,集体经济组织及镇政府[①]极少涉足或被排斥虚化。类似商品房开发等违法用地,镇级以上政府受到较强权力监督和限制,难以直接涉足;相反,村民委员会不仅直接掌握土地资源,而且拥有足够的“权力”,成为现实的流转主体。另外,集体经济组织式微是经济社会发展的大趋势,要么名存实亡,要么由村民委员会掌握话语权,农民的参与度严重不足,作出的土地流转决定无法体现农民意愿。村民小组基数虽庞大,但大多履行公共服务职能,极少处理组内经济事务,再加上同村民委员会之间的密切关系,小组代为行使土地流转的权利往往被吸收或弱化。

另一方面,村民个人特别是基层管理者对农村集体经营性建设用地流转的影响日趋加深,逐渐弱化权利的集体共有属性。农家乐经营与企业建设所占用的土地主要通过个人流转所得,即利用自有或并购他人宅基地。此种利用方式擅自变更集体土地用途,淡化其生活保障功能,当个人拥有的土地使用量远超其他村民时,实质上打破了集体土地的平衡性。此外,村民委员会有关土地流转的决策若未经本村村民表决同意而任意执行,本身就失去了作为农民集体代表的属性,无异于个人决断,是对集体共有权利的损害。

18岁至40岁的农村青年群体拥有一定知识水平,在事务对待上一般持

① 从2011年起,瑞安市取消乡一级政府,基层组织代由镇政府直辖。

更为开放、自由、经济的态度，因此更倾向于由个人行使农村集体经营性建设用地流转的权利。而中老年群体作为农村土地隐形流转的既得利益者则相对保守，不愿“分割共有权利”，仍支持由村民委员会或镇政府行使相应权利。由于前者即将取代后者，成为农村社会的中流砥柱，注重听取青年群体的意见对改革明显具有更重要的现实参考意义。

2. 流转平台虚置，土地改革收效甚微

随着《办法》的出台，温州市设立了农村产权交易所，作为农村产权交易的官方平台，但影响十分有限。究其原因，可归结为四个方面：首先，部分农村产权的流转不被许可，如交易农村集体经营性建设用地的使用权用于商品房开发、农房在本村村民之外进行买卖等；其次，隐形交易能避免一定的交易费用（如税费及其他手续费）；再次，网络和平台的普及度不够，农民对交易平台并不熟悉，并且仅在区县设立了分所，远远不能满足需求；最后，农村产权交易平台实质只是一个供求信息的发布平台，相应的农村产权入市机制尚未建立，未能从根本上解决农村产权的流转问题。

3. 流转方式混杂，交易信息隐蔽错乱

瑞安市集体经营性建设用地的流转方式多样①，并因经营模式的不同而不同。商品房开发不被现行法律认可，多为村民委员会通过隐形操作将农村集体经营性建设用地出让或转让给开发商使用，较少采用租赁、抵押等方式，以求直接收益的最大化。而农家乐经营所占用的土地一般为农民的自有土地，也有少部分通过出让或转让取得。相较之下，企业建设占用土地更多地依赖出让或转让等流转方式，以农村集体经营性建设用地的使用权入股也有相当的规模。同时，不少经营主体未经任何程序，直接非法占用集体土地，甚至侵占耕地。现行农村土地流转方式相对混乱、不够公开透明的局面也引起了农民的激烈情绪，期待参照国有土地出让方式对农村土地流转进行改革并支持利用自有土地开展多种模式经营成为众望所归。

4. 流转程序分散，缺乏有效监督管理

就监督范围而言，农民因生产经营占用土地的，基本上均需经过政府审批，但审查期限略有差异。针对农家乐经营，利用自有土地的审查期限较短，而通过土地流转取得农村集体经营性建设用地使用权的则相对更长。企业建设因占用面积大，可复原性差，对农村土地和环境影响较大，因此审

① 流转方式包括租赁、出让、转让、抵押、联营和入股等。

查期限最长,程序最繁杂。但实践中两者大都在批准前或审查期间就开始经营,“先斩后奏”现象多见。从监督内容上看,政府实行形式审查,主要围绕流转对象的合法性展开,即限于流转土地是否符合总体规划和用途管制,不考虑流转权利行使和相关决策的正当性以及收益分配的公平性,难以从实质上保障农民群体利益不受损害。从意愿角度出发,农民倾向政府对农家乐经营放宽准入门槛,而对商品房开发和企业建设设立严格的审查程序。这既反映了农民对土地价值多元化的愿望,也体现出其相对谨慎不求突变的态度。

5. 流转收益不均,农村内部两极分化

一方面,村民委员会对农村集体经营性建设用地的流转拥有实际上的决定权,有效的价格竞争机制未能成形,流转收益普遍低于土地实际价值,造成“土地贱卖”。房地产开发公司寻求低廉的土地和相对稳定的销售市场,而村民委员会成员急于通过土地流转获得收益,两者一拍即合,各建制镇、集镇以及中心村成为“重灾区”。此举不仅造成农村土地资源的浪费与流失,而且极大损害农民群体的共有权利。另一方面,流转收益基本由村民个人享有,分配不均问题突出。经济学认为,农民也是经济人,他们追求土地利益的最大化①,而且这种追求通常具有明显的私有属性。无论是商品房开发、农家乐经营,还是企业建设,土地流转收益极少向集体复流,一定程度上造成了农村内部的两极分化,即一部分人因为土地流转而增加收入,而另一部分人则因权利受侵害而丧失土地经济利益。

(二)瑞安市农村集体经营性建设用地流转问题的原因

1. 城乡土地供求失衡

从供应角度出发,农村集体经营性建设用地储备充足,但开发程度低,大量闲置,资源浪费严重。根据《瑞安市土地利用总体规划(2006—2020年)》(以下简称《规划》)数据显示,瑞安市2005年农村集体经营性建设用地总量为4914.03公顷,并拟在规划期末(2020年)增至7207.37公顷,总体增幅达47%,占建设用地的比重也将由37.7%上升至45.3%,土地储备充足,开发潜力巨大。同时,农村宅基地总量呈逐年下降趋势,居民点集中与“四荒地”开发,使分散的农村集体经营性建设用地连接了起来,空间集约化程度不断加强。除部分工业乡镇外,同类土地资源被闲置或非法占用现象

① 李永安:《中国农户土地权利研究》,中国政法大学出版社2013年版,第225页。

较为普遍,综合使用率较低。市场机制缺位,土地规划不完善,导致多数乡镇或村还停留在"自给自足"甚至"难以自我消化"的阶段,一旦资本出于利益最大化的考虑,无法与土地资源有效结合,容易造成市场"过热"与"过冷"现象并存,不利于统一市场的建立与资源的合理配置。

从需求层面深入,城镇经济发达,资金充足,但建设用地紧缺,征地规模有限,土地需求旺盛。随着瑞安市经济社会的发展,一方面,流动资金集中于市区有限土地之上,造成不动产价值虚高;另一方面,城镇规模有序扩大,外来人口大量涌入,市区居民住房、公共设施、企业商铺等建设用地的需求膨胀,造成城市用地相对紧张的局面。在现行体制下,国有土地是城镇化建设的唯一合法用地,但根据《规划》显示,瑞安市每年征收的土地仅为 39 公顷,而与之相对的建设用地需求却在百公顷之上。此外,土地征收不仅规模有限,而且具有一定的滞后性,无法与瞬息万变的市场相适应,又须以"公共利益之需"为限,显然无法满足城镇用地的迫切需求。

在建设用地市场上,城市和农村呈现互补性特点,依照市场规律,农村集体经营性建设用地应由农村流向城市,带动经济资本再次分配。因此,为合理分配土地开发资金与推动城乡可持续发展,农村集体经营性建设用地入市是必要的。但大量法律法规与政策文件对流转进行了严格限制,致使市场供应链条被制度打断,互补性市场需求无法实现。

2. 政府与农民意愿冲突

从基层立场来看,农民入市意愿强烈,具体模式意见纷呈。大多数农民支持商品房开发、农家乐经营与企业建设,其中犹以农家乐为重。由此可见,市场化与利益观逐渐溶解了农民原有的结构性固化思维,使其更倾向于农村土地的经营性使用,以弥补耕地不足的缺陷,拓宽收入渠道,改善基本生活,加快新农村建设。尽管在农村与城市之间的建设用地应当以何种方式流转等具体问题上,各人之间存在分歧①,但这并不影响农村集体经营性建设用地入市的心理趋势。规范入市需要考虑农民意愿,倾听各种不同的声音,同时,更需要结合我国复杂国情科学论证,谨慎改革,不可盲从大多数意见。也就是说,并非所有的民愿都应当顺从,也并非仅仅顺从民愿,就能解决一切民生问题,关键在于核心价值的坚守和良好的制度安排。

从高层决策推断,政府受利益与制度束缚,入市改革谨小慎微。近年来

① 多数观点:以国家征收为主,以农村集体经营性建设用地入市为辅。

瑞安市的国有土地一级市场土地出让收入一直呈上升态势,2010年至2013年的国有土地出让收入分别为51.4亿元、60.3亿元、78.9亿元和112亿元,增速较快,总额较大。同时,随着城市化的推进和国有土地的开拓,瑞安市国有土地出让收入在政府财政总收入中的比重越来越大,政府对土地财政的依附性也越来越强。农村集体经营性建设用地入市,将不可避免地致使土地征收规模缩小,从而间接地减少国有土地出让收入,压缩政府财政总量,直接制约地方的财政能力和政府公共职能的发挥,所以政府态度不积极。但值得注意的是,只要一方面合理控制农村集体经营性建设用地入市规模,强调土地征收的基础地位;另一方面为补偿国家在财政收入方面的缺损,使其保持灵活、迅速、有效的宏观调控能力,适当允许国家同农民集体按比例分享土地流转收益,那么农民与政府的两个积极性将会得到有效发挥。

近年来中央虽颁布了一些放开农村集体经营性建设用地管制的政策,但仅停留在方向倡导层面,规定较为粗略,可操作性不强。现行有效的诸多法律政策不仅不承认农村集体经营性建设用地入市,而且还禁止或限制其流转。如《土地管理法》《城市房地产管理法》《国务院办公厅关于加强土地转让管理严禁炒卖土地的通知》等均进行了不同程度的限制,所以地方改革只能在制度边缘打擦边球,不能大展拳脚。因此,"温州模式"假如想要推广到城镇,首先要突破国务院的相关规定①。只有在制度层面扫清土地产权和流转障碍,给改革地区提供制度依托,才能促进入市改革的顺利进行。

三、农村集体经营性建设用地流转机制的完善

(一)固化权属、明晰产权

我国现行针对农村集体经营性建设用地入市的法律制度较为滞后,已有规定产权不明,可操作性较差,专家学者争议不断,未形成可上升至法律层面的产权理论。若产权不明,政府将无法进行有效管理和决策,土地改革探索也将成为无源之水、无本之木,难以真正达到效果。因此,明晰产权,是解决入市问题的前提和关键。而明晰产权首先要解决两个基本性问题:其一,固化农村集体经营性建设用地权属;其二,合理限定农村集体经营性建设用地的产权权能。

---

① 林海、王绍君:"温州土改:推土入市新试验",载《新产经》2013年第10期。

1. 固化权属关系，限定农民集体

《宪法》《民法通则》以及《土地管理法》等法律均明确指出，农村土地归农民集体所有，但未明晰集体的内涵和外延，也未阐述农民与集体的具体联系。现行《土地管理法》第10条作为国家界定集体关系的重要条款，规定农村土地由集体经济组织、村民委员会或村民小组代为经营管理。但我国现有集体经济组织数量有限并逐年减少，难以承担管理农村土地之重任，村民委员会、村民小组和集体经济组织管辖范围不清，无法具化权利主体和权利界限，实际可操作性极差。三者相比较，集体经济组织可以实现“资产变股权、农民当股东”①，然而这种“类股权模式”不能凸显农民与集体之间的社会关联性；村民小组虽然便于决策和经营管理，但因基数庞大，分布零散，不具广泛代表性，难以充分反映农民集体的意愿，也无法提供必要的人才与物质支持；村民委员会系我国法定的基层群众性自治组织②，与农民联系密切，且内部已有完善的决策机制，更适宜代表集体经营、管理农村集体经营性建设用地。

2. 强化物权属性，减少行政干预

我国对农村集体经营性建设用地实行严格的行政管制，只有被征收、退集体化后方可流转入市，物权属性减弱，所有权淡化。根据十八届三中全会的会议精神和《国土资源部关于促进农业稳定发展农民持续增收推动城乡统筹发展的若干意见》的有关内容，肯定和实现农村集体经营性建设用地的物权属性为改革的基本方向。农村集体经营性建设用地产权系法定物权，必须强化产权的物权属性，恢复经济性质。一方面，为满足城市需求，弥补征地制度不足，应在现有基础上允许农村集体经营性建设用地入市流转。同时基于平衡协调考虑，需以城镇规划区为界，规划区内以征收方式实现农村集体经营性建设用地“变质”入市，规划区外则允许多种流转方式优化资源配置。另一方面，政府应当合理监管一、二级市场。一级市场事关土地用途管制和国家核心利益，为保证土地有序出让与出租，必须对农村集体经营性建设用地规模和单价予以规范。二级市场以一级市场为基础，没有必要进行过多限制，应当充分尊重权利人的意思自治，允许以转让、转租、赠与、互换、抵押等多种方式进行处分。同时，完善备案登记制度以保障交易安全

---

① 方志权：“农村集体经济组织产权制度改革若干问题”，载《中国农村经济》2014年第7期。

② 《中华人民共和国村民委员会组织法》第2条第1款规定，村民委员会是村民自我管理、自我教育、自我服务的基层群众性自治组织，实行民主选举、民主决策、民主管理、民主监督。

与相对人权益。

(二)三机一制,综合管理

"三机一制"是指由相互独立、相互配合的农村产权交易所、产权代表机构与流转代理机构有机组成的农村集体经营性建设用地入市制度。

农村产权交易所是农村集体经营性建设用地入市的重要交易平台。在成都等地的实践中,交易所由于交易半径小、交易程序复杂、设立成本高、整体运行效果不佳等,受到人们的质疑和非难。究其根本,并非农村产权交易所机制本身存在缺陷,而是交易所仅具有中介职能,无法解决流转主体、方式、程序及收益等核心问题,把明晰产权与打破制度障碍的希望寄托在它身上是不妥当的。但需要明确的是,它在汇集交易信息、公开供求链条、规范交易程序、保障交易安全以及减少贪污腐败等方面具有重要作用。

产权代表机构是指产权制度中的权属代表主体,即依照法律规定可以代表农民集体经营、管理农村集体经营性建设用地的主体,其实质为农民集体的代表人。如前文所述,村民委员会相对于集体经济组织和村民小组更能反映农民和集体之间的特殊关系,但因缺乏有效监督和信息公开,时刻隐藏着道德风险,容易滋生"权力"腐败,出现不尊重农民集体权利而私自流转的情况。因此,只有限制产权代表机构的"权力",公开决策和交易过程,才能真正实现农民集体利益。

流转代理机构是指具有一定资质,接受农民集体代表人的委托,依据自己的专业知识,为农民集体提供农村土地流转服务的专门机构,受政府和委托人监督,对农民集体负责。现实条件下,确定产权并不能保证农村集体经营性建设用地顺畅入市,产权代表机构往往基于专业缺陷与信息闭塞等原因,难以完成诸多法定性程序工作,无法充分利用市场规则。相较之下,流转代理机构通常更了解法律规范和交易习惯,能及时抓住机遇,形成科学决策,同时减少产权代表机构的"权力"滥用,促进农村集体经营性建设用地流转与农村产权交易所相衔接。

三个机构之间紧密联系、相互配合、相互作用。首先,农村产权交易所为农村集体经营性建设用地流转的信息发布平台和过程公开手段,可以规范产权代表机构和流转代理机构的交易行为,减少权力滥用和贪污腐败。其次,流转代理机构为产权代表机构提供专业知识储备,推动农村产权交易所高速运行,成为农村土地的直接流转者。因流转代理机构只对农民集体负责,受农民集体监督,所以更能反映农民集体利益,最大化实现土地的经济价值。最后，产权代表机构只拥有委托权而没有决定权，委托权只能通过农村产权交易所以招标、挂牌等方式公开行使，在确定流转代理机构后，产权代表机构便只发挥辅助作用，达到“权力”限制之目的。

（三）平衡利益，规范分配

农村集体经营性建设用地入市将产生巨大的流转收益，如何合理分配收益是构建入市机制的敏感区和矛盾集合点。目前，各土地改革地区对此存有不同的实践情况，江苏苏州模式集体收益占流转收益70%，市县乡政府收益分配按首次和再次流转不同；安徽芜湖模式县（区）、乡（镇）、行政村收益分配比例1∶4∶5，市级政府不参加分成；重庆市收益分配区县和农民集体之间没有统一分配比例，江北区为2∶8，江津区为6∶4，荣昌县为5∶5[①]。各地实践均解决两大问题：其一，分配主体的限定；其二，分配比例的确定。本文立足各地实践，不仅从以上两个角度探讨利益分配，还将论述集体内部如何进行有效分配和所获收益的用途限制。

农村集体经营性建设用地产权系典型物权，本质为私权。农民集体作为物权所有人，享有流转收益为其应有之义，分配主体地位不可动摇。但值得注意的是，国有土地出让收入在政府财政中通常占有较大比重，农村集体经营性建设用地入市，势必震荡并压缩国有土地出让市场，一定程度上将减少地方财政收入。一方面，为保障政府职能的发挥，促进流转机制构建及维护，应确定政府参与流转收益分配的主体资格。另一方面，流转机制发展将会带动一系列的产业进步，为政府提供其他财政收入，推动地区转变经济发展方式，加快现代化进程。然而，如果政府分配利益过多，不仅会继续拉大城乡差距，而且将挫伤权利主体进行土地流转的积极性，无异于“变相土地征收”。因此，需要根据各地经济发展情况，将政府分配比例限定在一定范围内，既要尊重农村集体的主体利益，又要维持政府必要的宏观调控水平。

此外，调研结果显示，大多数被调研者希望农村集体所获收益归个人所有，也有相当部分人员认为应将所获收益的一部分作为专项基金进行农村基本保障建设。农民作为农村集体经营性建设用地使用权主体，理应是土地改革的最终受益者。但农村集体经营性建设用地入市在充分实现土地经济属性的同时，难免会削弱其社会保障功能，减少村民抵御经济风险的能

① 文枫、鲁春阳、杨庆媛、周桂芳、王成：“农村集体建设用地流转研究进展”，载《地理科学展》2011年第30卷第9期。

力。因此,集体所获的土地流转收益除主要分给村民个人外,必须抽出部分资金强化农村保障,进行新农村建设。

因为利益分配是改革的高危敏感区,我国需要以法律方式确定政府和农村集体的分配主体资格,同时规定基准比例范围,允许各地结合经济发展水平,根据利益各方的具体情况,在充分协商调研的前提下审慎划定具体比例范围。最后,加强监督和执法宣传,落实已制定的法律政策。

农业行政执法体制改革对策研究

——以温州市为例

叶苏达*

在经济新常态下，推进农业行政执法体制改革，加强农业行政综合执法，既是农业行政管理体制改革的重要内容，也是突破农业行政执法工作瓶颈的具体路径，更是严厉打击农业违法行为的迫切要求。党的十八届四中全会通过的《中共中央关于全面推进依法治国若干重大问题的决定》，明确提出“深化行政执法体制改革”。浙江省人民政府专门出台《关于深化行政执法体制改革全面推进综合行政执法的意见》（浙政发〔2015〕4 号），贯彻落实好这项改革要求和任务，对深入推进依法行政、加快建设法治政府具有重要意义。

一、现行农业行政执法体制存在的主要问题

（一）农业执法队伍数量多且执法权力划分过细，是现行农业行政执法体制的管理弊端

在现行的农业行政执法体制下，农业行政主体多而分散，且专业跨度非常大，以温州市农业局名义行使执法权的就有多支行政执法队伍，主要有：

* 叶苏达：温州市委农办（市农业局）副处长，硕士研究生学位。

市农业行政执法支队、市农业机械管理处、市牲畜屠宰管理所、市农民负担监督管理办公室;而温州市农业局下属单位以其自己名义行使执法权的又有:市动物卫生监督所、市植物检疫站等。在实践中,容易出现以“一事一法一机构”的方式开展执法,这种设置延伸到基层,又演变为“一法一站一人”,一些执法机构各自为政、互相扯皮。同时,在一些执法管理权模糊地带,容易出现多头管理、重复执法或者无人执法的尴尬。若以“专项”整治等方式联合执法,但不易达到很好的执法效果。

(二)既当“运动员”又当“裁判员”,是现行农业行政执法体制的根本缺陷

权力与制约是相互依存又相互对立的矛盾的两个方面,有权力而无制约,权力就会失控。权力与制约的相对平衡,即权力制衡是现代社会公正行政的基本原则。但由于农业行政执法的各项职能基本上是分散执行的,部分执法机构存在既从事技术推广服务甚至经营,又履行执法职能等问题。这种政事、政企不分,执法人员既当“运动员”,又当“裁判员”的体制,容易导致农业执法主体的不明确乃至“错位”,从而影响了农业执法的公正性、权威性,也损害了农业行政执法的形象。

(三)农业行政执法队伍素质参差不齐,是现行农业行政执法体制的工作瓶颈

行政执法人员的执法活动代表国家执法机关,要高质量的完成行政执法任务,行政执法人员就要具备较高的综合素质。近年来,各地高度重视农业行政执法人员的教育培训,在教育培训内容、范围以及投入、方法等方面不断加强,有力地促进了农业行政执法队伍素质的提升。但是行政执法队伍中部分人员综合素质不高、法律知识欠缺、依法行政意识不强、执法形象不好等方面的问题还不同程度的存在。如一些执法人员原先是农业技术干部,缺乏从事执法工作经验;一些执法人员是兼职承担执法任务,难以全身心投入到执法工作上等。

二、全面推进农业行政执法体制改革应以实施农业综合行政执法为突破口

所谓农业综合行政执法,就是将执法职能从技术推广、经营服务机构中剥离出来,集中农业部门行政执法权,改变以往多头、分散执法,从而提高农

业执法的专业性、公正性和权威性。自1998年温州市率先成立全国第一家地市级农业综合执法支队以来，温州市各级农业部门对农业行政执法体制进行了大胆的改革和探索，均取得了明显成效，也积累了许多经验，其中最重要的一条就是要推进农业综合行政执法工作。

（一）实施农业综合行政执法，能进一步规范农业行政执法主体，提高农业行政执法的公信力

一是由综合执法机构专门负责执法，符合《行政处罚法》的有关规定，进一步增强了农业执法的公正性和权威性；二是有效地克服了农业行政部门政事不分特别是政企不分的状况，使农业系统的技术推广、经营服务机构能够集中精力抓好本职工作；三是通过专门的执法机构集中执法，打击各类农业违法案件，有利于全社会增进对农业执法工作的了解和理解，有利于进一步树立农业部门的执法主体地位。

（二）实施农业综合行政执法，能进一步强化农业行政执法力度，提高农业执法的权威性

成立综合执法队伍后，职权上，统一调配农业部门各专业机构的执法力量，使分散的执法得以整合，对管理相对人能形成较强的威慑力，农业执法的整体实力将大大提升；人员上，可以根据需要统筹组织力量，提高了执法的时效性，维护法律的权威和尊严。

（三）实施农业综合行政执法，能进一步增强农业行政执法队伍素质，提高农业执法的专业性

实行综合执法，统一执法人员从兼职执法转变成为专业执法，有利于集中培训和素质提升，引导执法人员将有限的精力，精准地运用到工作目标上，激励执法人员增强学法的紧迫感和自觉性，有效提高执法队伍的法律素质和办案水平。

三、全面推进农业综合行政执法体制改革的对策建议

能否合法设置综合执法机构，合理配置职能，是农业综合行政执法体制改革的关键。浙江省人民政府《关于深化行政执法体制改革全面推进综合行政执法的意见》（浙政发〔2015〕4号）文件明确指出："一个业务主管部门下设多支执法队伍的，原则上归并为一支，实行部门和领域内集中行政执法。积极改进执法方式，探索开展多种形式的部门联合执法。"该文件明确

了行政执法体制改革的方向和要求,为全面推进农业综合行政执法体制改革提供了依据。为此,我们建议:

(一)组建或整合农业综合行政执法局(支、大队),增挂动物卫生监督所、植物检疫站牌子,进一步理顺农业执法体制

市、县(市、区)二级分别组建农业综合行政执法局,具有独立法人资格,作为归口各级农业行政主管部门的二级机构,定性为行政机关(在行政编制紧缺情况下,可暂定为行政事业编制混岗)或者参照公务员管理事业单位。其执法主体可以按以下两种选择其一:一是经政府明确以自己的名义集中行使农业行政执法权(包括法律法规直接授权),而不再委托执法;二是以农业行政主管部门的名义行使农业行政执法权,法律法规另有直接授权的以自己的名义集中行使农业行政执法权。

(二)明确农业综合行政执法局(支、大队)职责范围,做到权责相一致

各级农业综合行政执法局,是依法设立的农业行政综合执法机构。其主要职责应该包括:负责国家有关种植业、畜牧业、农业机械化、牲畜屠宰和其他农村经济发展工作的法律法规规章在辖区内的贯彻实施;负责动植物的防疫检疫监督工作;负责兽医医政、兽药药政、农机监理工作;负责种畜禽管理、农产品质量安全和牲畜屠宰管理工作;负责种子、农药、化肥、兽药、饲料等农业投入品的质量监督检查工作;集中行使有关种植业、畜牧业、农业机械化、农产品质量安全、牲畜屠宰管理以及其他农村经济工作等方面的法律法规规章规定的行政处罚权。农业行政综合执法的工作重点应放在县一级,市(地)综合执法机构主要负责查处跨县的违法案件和辖区内的重大案件,负责执法指导和执法监督。

(三)优化农业综合行政执法局(支、大队)执法职能设置

针对农业行政执法领域多、执法面广、管理相对人多而复杂,涉及广大人民群众的消费安全等特点,农业综合行政执法局职能设置要考虑以下内容:负责农产品质量、农作物种子、植物新品种保护、农药、肥料、农业转基因生物安全、基本农田保护等方面的执法检查、行政处罚工作;负责种畜禽、蚕种、兽药、饲料和饲料添加剂等方面的执法检查、行政处罚工作;负责农业机械及农业机械安全等监督管理和处罚工作;承担对定点牲畜屠宰场(点)的监督管理工作,依法查处、取缔非法屠宰场(点)的各种违法经营活动;负责

农业植物有害生物的监测和防控，植物检疫的执法检查、行政许可和行政处罚工作；负责动物防疫与动物防疫监督及行政处罚工作。

（四）全面推进农业综合行政执法局（支、大队）队伍组建（整合）

新的农业综合行政执法局（支、大队）的组建（整合），人员应采取内部调剂的办法，根据机构设置相应增加职数。撤销原市农业行政执法支队（市植检站）和市牲畜屠宰管理所建制，其人员全数归入新组建（整合）的市农业综合行政执法局（支、大队），另外根据职能划入情况，从市农业机械管理处和畜牧兽医局安排人员及编制归入新组建（整合）的农业综合行政执法局（支、大队）。各县（市、区）可就此对队伍组建进行参照。

（五）健全农业综合行政执法的保障机制，强化执法机构的主体资格和执法人员的职业保障

一是综合执法机构应取得行政执法主体资格。行政执法主体必须依法设立，并赋予对外的行政管理职能，同时必须由法律、法规和规章授予相应的监督、检查、处理等执法权，并能自行承担行政执法的后果。要符合这些条件，农业综合执法机构就应该纳入国家行政机关的范围，而非按事业单位建制。这也是行政执法权作为国家公权力的内在要求。因此，原由事业单位承担的法律法规授权的执法职能，也应归并到农业综合执法机构中来，相对集中处罚权。二是执法人员应纳入国家公务员管理系列，执法经费应由各级财政全额拨款，而不是以收费、罚没收入作为经费来源。执法人员有了相应的地位和经费保障，将更有利于执法队伍的稳定，有利于公正执法、文明执法，有利于消除行政不作为，有利于提高执法效率和执法水平。

（六）加快综合执法队伍制度化、法制化建设

一是建立执法人员资格准入制度。该制度包括职业准入考试、选拔录用程序、岗位任职条件等内容规定。通过制度的完善来推进建立一支既有农业专业知识和实际工作能力，又系统地掌握农业法规知识，能严格依法执业的专职化、职业化农业行政综合执法队伍。二是推行执法案件主办责任制，建立完善主办执法人员和助理执法人员组成的制度。主办执法人员制，是指由具备一定任职条件的执法人员主管某类案件的办案工作，并赋予其应有的独立办案职权的一项制度。助理执法人员制，是指依法录用或者调入的执法人员即可转为执法助理岗位，负责执法文书的填写、记录等工作，

无独立办案权。

(七)推进农业行政执法专业技术支撑保障体系建设

农业行政执法有着很强的专业性和技术性,对农药、兽药、化肥、饲料及饲料添加剂、种子等农业投入品的质量检测、检验等,都需要许多专用的仪器、设备和设施。因此,在理顺执法体制时,应支持原承担专业技术性检验检测、鉴定职能的事业单位进一步改善工作条件,更好地支持执法工作。同时应考虑建立通过质量认证中心等区域性的专业技术性检测检验中介机构,形成网络,为各级执法机构提供应有的技术保障。

草原司法解释实施情况调查分析

卫　琳*

2012年11月,《最高人民法院关于审理破坏草原资源刑事案件应用法律若干问题的解释》(以下简称《草原司法解释》),明确了非法开垦草原、非法征用使用草原的定罪量刑标准,为依法打击破坏草原资源的犯罪行为提供了重要依据,对增强草原执法的威慑力、依法保护草原资源和环境、促进生态文明建设具有十分重要的意义。2013—2014年,中心对各地实施草原司法解释的情况进行了跟踪调研。草原司法解释实施对打击非法破坏草原发挥了积极作用,但"其他草地"、"犯罪证据鉴定"、"草原行政执法与刑事司法衔接"等问题也亟待研究和解决。

一、草原司法解释实施的总体情况

(一)涉嫌犯罪案件移送数量成倍增加

总体来看,自草原司法解释公布实施以来,各地移送和查处的涉嫌犯罪案件数量大幅增加,一批破坏草原资源犯罪行为人受到刑事处罚。据统计,2013年各地共向司法机关移送涉嫌犯罪案件279起,比2012年增加了1.23倍;2014年,共移送涉嫌犯罪案件621起,比2013年又增加了1.23倍。其中,内蒙古、新疆、吉林、黑龙江四省(区)移送案件数量最多,占全国的98%。

(二)草原行政执法与刑事司法衔接取得积极进展

近两年来,各地在推动建立草原行政执法与刑事司法衔接机制方面取得了不少突破。草原行政执法机关与司法机关共同打击草原违法犯罪行为的局面初步形成。黑龙江富裕县、杜蒙县和辽宁彰武县的草原行政执法部

---

* 卫琳:农业部草原监理中心执法监督处。

门与公安机关建立了联系工作制度和联合办案模式,公安机关提前介入涉嫌犯罪案件的调查,在调查取证阶段就实现了衔接。宁夏中宁县依托检察机关与行政执法机关“两法衔接”信息共享平台,对符合立案条件的案件及时进行网上录入,实现了涉嫌犯罪案件移送一起,公安机关受理一起。新疆乌苏市出台了《关于加强行政执法与刑事司法相衔接工作的若干规定》,明确了行政执法机关、监察机关和检察院在涉嫌犯罪案件移送环节的相关责任。

二、草原司法解释实施中存在的问题分析

(一)关于“其他草地”的问题

1. 问题

根据国土二调数据,我国草地总面积为43.1亿亩,其中10.1亿亩被划定为“其他草地”,占总面积的23.5%。从各省区情况来看,“其他草地”占草地总面积的比例超过90%的省区就有18个,包括云南、贵州、广西、河南、湖北、湖南、辽宁、江西等草地面积较大的省(区)。由于在《土地利用现状分类》国家标准中,“其他草地”被对照为未利用地,一些地方在追究破坏“其他草地”行为的刑事责任时,能否以“非法占用农用地罪”定罪,尚有不同看法和意见。这种情况直接影响到草原司法解释的有效实施,对加强草原征占用管理等工作也产生了不利影响。

2. 分析

“其他草地”是在国家质量监督检验检疫总局和中国国家标准化管理委员会2007年发布的《土地利用现状分类》(国家标准GB/T 21010—2007)中提出的一个概念。该标准把“草地”划分为“天然牧草地”、“人工牧草地”和“其他草地”三类,并将“天然牧草地”和“人工牧草地”对照为“农用地”,将“其他草地”对照为“未利用地”。实际上在《土地管理法》、《草原法》等法律法规和草原司法解释中均没有“其他草地”这一概念。

通过合法性分析,我们发现,《土地利用现状分类》与《土地管理法》《草原法》的有关规定相矛盾。《土地管理法》规定草地属于农用地,而《土地利用现状分类》将草地中的其他草地对照为未利用地,明显与《土地管理法》相悖。根据《土地管理法》的规定,农用地和未利用地在土地管理、土地征用使用的审核审批等方面存在许多不同。《土地管理法》第44条第1款规定,“建设占用土地,涉及农用地转为建设用地,应当办理农用地转用审批手

续。"《草原法》第38条中规定,"进行矿藏开采和工程建设,应当不占或少占草原;确需征用或者使用草原的,必须经省级以上人民政府草原行政主管部门审核同意后,依照有关土地管理的法律、行政法规办理建设用地审批手续。"按照《土地管理法》的规定,国家限制对包括草原在内的农用地的开发,却鼓励对未利用地的开发。一个国家标准就轻易地把属于农用地范畴的草地中的一部分变为未利用地,致使大量其他草地包括已经由农牧民承包经营的草地被当做未利用地随意开发利用。

3. 结论

我们认为,法律的效力要高于国家标准。在《土地利用现状分类》国家标准与《土地管理法》等法律规定相矛盾的情况下,基层法院在审理破坏"其他草地"的刑事案件时,应当以《土地管理法》《草原法》等法律法规为依据,对破坏所有草原资源的行为,都应以"非法占用农用地罪"追究刑事责任。

(二)关于犯罪证据鉴定的问题

1. 问题

调研中了解到,在一些地方,公安机关以缺乏证据鉴定为由,对草原行政执法机关移送的案件不予受理,影响到案件的及时查处。如黑龙江省嫩江县草原行政执法机关在移送4起案件时就遇到了这类问题。当地公安机关要求草原行政执法机关必须出具具有法律效力的草原损失评估鉴定,否则法院无法量刑。而黑龙江省并没有具备草原损失评估鉴定资质的机构,导致了4起案件移送受阻。

2. 分析

目前,一些地方草原行政执法机关和司法机关在犯罪证据鉴定方面还有不同看法,如哪些证据需要鉴定、由谁组织鉴定、在哪个环节进行鉴定等问题尚未形成一致意见,直接影响到涉嫌犯罪案件的移送、受理和审理。

(1)哪些证据需要鉴定?

什么样的证据需要检验或鉴定?首先要倒推认定刑法罪名需要的条件,即刑事犯罪的构成要件。按照刑法条文对犯罪进行分析可以看出,刑事犯罪构成要件包括犯罪主体、犯罪行为、犯罪结果。同时具备三个犯罪构成要件的,构成犯罪;缺少其中任何一个犯罪构成要件的,都不构成犯罪。其中,犯罪结果有不同的判定标准。刑法根据犯罪行为社会危害性的不同程度规定构成犯罪的不同犯罪结果。有的规定,只要实施了犯罪行为,使刑法所保护的重要社会关系被侵犯,就具有严重的社会危害性,也就构成犯罪结果,即“行为犯”;有的规定,侵犯社会关系须达到一定的社会危害程度,才构成犯罪结果,即“结果犯”。对于行为犯,只要实施了犯罪行为,就应追究刑事责任;对于结果犯,则必须达到一定的犯罪结果方可定性为犯罪。

草原司法解释第2条规定了构成非法占用农用地罪的标准和情形,即同时具备“数量较大”的标准和“大量毁坏”的情形,方可追究刑事责任。

“数量较大”是关于面积标准的界定,专业的取证工具即可以完成,无需专门鉴定。“大量毁坏”的五种情形中,既有行为犯,也有结果犯,举证的要求也不同。前两种情形属于“行为犯”,即①开垦草原种植粮食作物、经济作物、林木的。②在草原上建窑、建房、修路、挖砂、采石、采矿、取土、剥取草皮的。这两种情形只要发生并符合数量较大的面积标准,就可以定罪。草原行政执法机关只需收集证明犯罪行为人实施上述犯罪行为的证据即可,无需对犯罪行为造成的危害后果进行鉴定。后三种情形则属于结果犯,即③在草原上堆放或者排放废弃物,造成草原的原有植被严重毁坏或者严重污染的。④违反草原保护、建设、利用规划种植牧草和饲草作物,造成草原沙化或者水土严重流失的。⑤其他造成草原严重毁坏的情形。这三种情形不仅要符合数量较大的面积标准,还需要经专业机构评估鉴定,证明其危害结果达到一定程度才能定罪。

同理,草原司法解释第3条第1款中应当认定为刑法第410条“情节严重”的第3项,以及第2款中应当认定为刑法第410条“致使国家或集体利益遭受特别重大损失”的第3项,关于造成直接经济损失的内容,也要提供专门的鉴定意见。

另外,调研时发现,部分地方司法机关因为草原未确权或权属不明而对草原行政执法机关移送的案件不予受理,要求对草原属性进行鉴定。我们认为这种鉴定没有法律依据,因为草原确权属于政府的具体行政行为,而政府的行政行为是无需鉴定的。

(2)在哪个环节、由谁来组织鉴定?

就破坏草原资源的刑事案件而言,如果需要提供危害结果鉴定意见,应当由具有草原专门知识的人员或机构进行鉴定。至于在哪个环节、由谁来组织鉴定,要分两种情形来分析。

一是草原行政机关先受理案件再移送公安机关的情形。《行政执法机关移送涉嫌犯罪案件的规定》第4条和第6条对相关证据鉴定和移送作出了明确规定。第4条规定:“行政执法机关在查处违法行为过程中,必须妥善保存所收集的与违法行为有关的证据……对需要进行检验、鉴定的涉案物品，应当由法定检验、鉴定机构进行检验、鉴定，并出具检验报告或鉴定结论。”第6条规定：“行政执法机关向公安机关移送涉嫌犯罪案件，应当附有下列材料：……（四）有关检验报告或者鉴定结论……”[①]从上述规定可以看出，如果属于结果犯，即需要鉴定意见方可定罪的犯罪行为，行政执法机关在向公安机关移送案件的材料中应包括有关的检验报告或者鉴定结论。所以，对草原行政执法机关先受理再移送的案件，应当在案件移送前，由草原行政执法机关组织具有草原专门知识的人员或机构对犯罪证据进行鉴定。

二是公安机关直接受理并立案侦查案件的情形。公安机关也是直接查处破坏草原资源刑事案件的合法行政主体。《关于加强行政执法与刑事司法衔接工作的意见》（中办发〔2011〕8号）规定，“行政执法机关在执法检查时，发现违法行为明显涉嫌犯罪的，应当及时向公安机关通报。接到通报后，公安机关应当立即派人进行调查，并依法做出立案或者不予立案的决定。公安机关立案后依法提请行政机关做出检验、鉴定、认定等协定的，行政执法机关应当予以协助。”

新修订的《刑事诉讼法》关于鉴定的规定包括第126条、第144条、第145条和第146条。第126条规定，侦查人员对于与犯罪有关的场所、物品、人身、尸体应当进行勘验或者检查。在必要的时候，可以指派或者聘请具有专门知识的人，在侦查人员的主持下进行勘验、检查。第144条规定，为了查明案情，需要解决案件中某些专门性问题的时候，应当指派、聘请有专门知识的人进行鉴定。从上述规定可以看出，关于检验报告或鉴定结论，公安机关作为侦查机关可以现场勘验、检查；需要解决某些专业问题时，应指派、聘请有专门知识的人进行鉴定。所以，对公安机关直接立案侦查的案件，在案件侦查过程中，应当由公安机关组织具有草原专门知识的个人和机构对犯罪证据进行鉴定。

3. 结论

关于以“非法占用农用地罪”入罪的破坏草原资源的案件，只有需要评估危害结果的情形才需要专门鉴定。开垦草原种植粮食作物、经济作物、林木的情形，以及在草原上建窑、建房、修路、挖砂、采石、采矿、取土、剥取草皮

① 新修订的《刑事诉讼法》第52条第2款规定：“行政机关在行政执法和查办案件过程中收集的物证、书证、视听资料、电子数据等证据材料，在刑事诉讼中可以作为证据使用。”由此可见，行政机关收集的证据可直接适用于刑事诉讼程序。

等情形,无需提供专门鉴定意见。

需要专门鉴定的证据,根据立案主体的不同,组织鉴定的主体也有所不同,但都应由具有草原专门知识的个人和机构进行鉴定。

(三)关于草原行政处罚与刑事处罚衔接的问题

1. 问题

草原行政处罚与刑事处罚衔接的问题,集中反映在犯罪当事人被追究刑事责任后,如何承担恢复草原植被的法律责任。

《草原法》第66条明确规定了非法开垦草原的法律责任,包括行政责任、刑事责任和民事责任。其中限期恢复草原植被就是一种行政责任,即由县级以上人民政府草原行政主管部门责令违法行为人在一定期限恢复草原植被。违法行为人在接到限期恢复草原植被的通知后,应当在规定的期限内,采取措施恢复被其破坏的草原植被。草原司法解释实施以来,涉嫌犯罪的非法开垦草原案件通过移送司法机关,解决了追究非法开垦草原行为人刑事责任的问题,但同时又出现了恢复草原植被的行政责任难以追究的问题。

2. 分析

(1)恢复草原植被的法律责任

法律责任,是违反法律的规定必须承担的法律后果。由于草原被开垦后依靠自然恢复植被周期长、成效差,所以《草原法》明确规定了当事人恢复植被的法律责任。从法律责任的追究来看,一方面是对破坏草原的当事人进行惩戒,尚不构成犯罪的,依法给予罚款等行政处罚;构成犯罪的,依法给予判处有期徒刑、罚金等刑事处罚。另一方面是停止违法行为,恢复草原植被的法律责任。两方面法律责任都应追究,对当事人的惩戒不能代替其承担恢复草原植被的责任。

(2)追究恢复草原植被责任的路径探讨

我们分析,在追究破坏草原资源当事人刑事责任的同时,如何使其承担恢复草原植被的责任,有两条途径。

一是先做行政决定再移送。根据《行政处罚法》和《草原法》的规定,限期恢复草原植被属于行政决定,是让当事人承担恢复原状的义务,不是一项行政处罚决定。所以,草原行政机关如果发现有非法开垦草原的行为发生,应当及时作出限期恢复草原植被的行政决定书。经过调查取证后,如果当事人的行为涉嫌构成犯罪,依法移送公安机关;如果尚不构成犯罪,再依法做出行政处罚决定。即先作出“限期恢复草原植被”的行政决定,再移送司法机关或作出行政处罚决定。如果在法院对当事人作出刑事判决之前,当事人已经履行了恢复草原植被的责任,法院可以依此作为从轻量刑的参考因素。这种做法,可以保证草原植被得到及时恢复,实现保护草原生态的目的。

二是在法院审判中一并解决。根据《草原法》的规定,非法开垦草原构成犯罪的,当事人既要承担刑事责任,也要承担恢复草原植被的行政责任,如果给草原所有者或使用者造成损失的,还要承担民事赔偿责任。一个案件可能涉及多重法律关系。而我国法院传统的三大诉讼分立的审判模式,有可能造成环境案件在民事、行政与刑事裁判中产生冲突或矛盾,从而出现司法标准不统一的结果。最近,我国法院系统开始设立专门的环境资源审判庭,并开始探索集中审理刑事、民事、行政等多重法律关系的环境资源案件,此问题有望得到解决。

经中央批准,最高人民法院已于2014年成立了环境资源审判庭,目前各地法院也在积极设立环境资源审判庭[①]。针对单个破坏资源环境案件具有综合性和复合性的特征,往往包含民事、行政、刑事中的两类或两类以上法律关系,已有地方法院探索实行了“二合一”或者“三合一”的模式,集中审理全部或部分破坏环境资源案件。这种审判模式既可以统一环境资源案件审判的司法理念和裁判标准,提高案件质量,又能够发挥三大审判在环境法律保护上的整体合力,提高审理效率,还有利于加强专业化审判队伍的建设,优化审判资源。因此,今后在解决当事人承担恢复草原植被行政责任的问题时,可以通过法院审判一并解决。

三、对策建议

(一)进一步加大对草原司法解释的宣传力度

加大草原普法宣传力度,不断提高社会各界遵守草原法律法规、依法保护草原的意识。积极创新普法宣传方式,针对各级党政机关工作人员、相关企业和农牧民群众,采取不同的宣传方式,强化宣传效果。对依法查处的重

① 正是由于环境资源案件在审判理念与裁判标准、诉讼模式与审理机制、证据规则与事实认定、损害评估与责任承担等很多方面都具有特殊性,决定了必须建立符合环境纠纷特点的审判组织及运行机制,以达到依法追究环境违法者法律责任、预防环境损害与资源破坏、促进生态环境恢复的目的。

大草原违法案件和受到刑事处罚的草原犯罪案件,及时予以通报曝光,充分发挥重大典型案件的警示教育作用,进一步提高草原执法威慑力。

(二)进一步健全完善草原行政执法与刑事司法的衔接机制

草原行政执法机关应进一步强化与公检法机关的沟通协调,就涉嫌犯罪案件移送的时间、程序、证据材料、鉴定材料等细节问题进行深入探讨,形成共识,确保案件移送顺畅。积极推动建立草原行政执法机关与司法机关联席会议制度,及时研究和协调解决涉嫌犯罪案件移送、侦查和审理过程中的重大问题。推动建立案件咨询制度和案件信息共享平台,逐步完善草原行政执法与刑事司法无缝衔接机制。

(三)进一步加大草原执法力度,及时做好涉嫌犯罪案件的移送工作

各地应积极争取当地政府和相关部门支持,进一步建立健全草原监理机构,理顺管理体制,壮大执法队伍,改善执法装备。草原行政主管部门和草原监理机构应密切配合,形成执法合力。积极创新草原执法监督方式方法,通过组织开展联合执法,充分利用相关部门的执法力量。执法监督工作中发现违法案件涉嫌犯罪的,要按照规定及时向公安机关移送,并提供规范、完整的案件移送材料。

(四)修订《土地利用现状分类》国家标准,将“其他草地”对照为“农用地”

向国家标准化管理委员会提出修订《土地利用现状分类》国家标准的建议。通过修订《土地利用现状分类》国家标准,把“其他草地”对照为“农用地”,确保国家标准与法律相一致,切实把所有草地都按照农用地严格管理。各地在征占用草原开展各类工程建设时,将受到农用地转建设用地控制指标的限制,并需要办理农业地转建设用地审核审批手续,这对减少非法征占用草原行为、保护草原资源和生态环境、建设生态文明至关重要。

行政处罚自由裁量权的运用与控制

黄　超*

一、行政处罚自由裁量权的定义

行政处罚自由裁量权是指国家行政机关在法律、法规规定的原则和范围内有选择余地的处置权利。它是行政机关及其工作人员在行政执法活动中客观存在的有法律、法规授予的职权。行政执法机关作为对社会监督管理的职能部门,国家法律法规赋予了大量的自由裁量权,也给了执法人员很大的裁量的空间。如违反《中华人民共和国渔业港航监督行政处罚规定》第16条规定,无有效的渔业船舶船名、船号的,可处船价2倍以下的罚款。这其中的处罚区间就变成了就从一元的起征点到几十万元不等的巨大区间。由此可见其比例之悬殊,自由裁量权的空间之巨大。对上述例子中具体的行政相对人究竟罚多少,是由渔港监督机关,更严格地说是行政处罚作出者决定。这种行政行为人可根据具体情况和自己的意志,从而影响行政相对人的权利义务关系的权力,自行判断,作出相应的处罚结果,就是行政自由裁量权。

二、自由裁量权在渔港监督行政处罚中的体现

根据《中华人民共和国渔业港航监督行政处罚规定》,在具体的渔业港航行政处罚中,自由裁量权主要体现在以下四个方面:

(一)对事实要件人定的自由裁量权

渔港监督部门对当事人的行为性质和渔港监督管理事项的性质认定酌

* 作者单位:上海渔港监督局(上海渔业船舶检验局)。

情裁量,确认其行为是否违反渔业港航监督行政处罚规定。

(二)对情节轻重的自由裁量

渔业港航监督的相关法律法规中规定的是酌定情节,即在量罚时,需由渔港监督部门酌定违法情节的范围和轻重程度。法条中常见根据不同情节,视其严重程度等模糊语言概括、规定,其本身又没有明确的内涵和外延,又缺乏认定情节轻重的法定条件,具体理解和适用,只有听凭渔港监督执法人员去判定。如违反《中华人民共和国渔业港航监督行政处罚规定》第12条第1项,未经批准,擅自使用化学消油剂情节严重的,渔港监督部门可以处100元至1000元罚款。

(三)选择处罚的对象种类和幅度的自由裁量

我国现行的渔港监督法律法规规章规定渔港监督行政处罚主要由警告、罚款、扣留或吊销职务船员,船长证书、扣留或吊销船舶证书、禁止船舶离港、责令停止作业等。

(四)选择行为时限的自由裁量

渔港监督法律中有些法条所规定限期行政相对人履行某种义务,既未具体规定履行的期限,也未规定其履行的幅度。如《中华人民共和国渔业港航监督行政处罚规定》第22条规定,未按规定配齐职务船员的,责令其限期改正,并处200元至1000元罚款。

三、行政处罚自由裁量权的特征

1. 普遍性。行政执法自由裁量权普遍存在于行政机关履行行政执法职能的各项具体实践之中,是行政机关作出具体行政决定的主要依据。学者肖金明提供研究的成果表明:"行政执法权力90%有余都属于自由裁量性权力,以至于自由裁量行为几乎占据了行政执法的所有领域。"据不完全统计,我国现行有效法律、行政法规1200多部,现行有效的地方性法规、地方规章及部门规章21000件左右。在这个庞大的体系中,涉及行政处罚条款的占95%以上,授予行政机关处罚裁量条款的有90%以上。

2. 选择性。行政执法自由裁量权系法律授权,但法律对相应管理行为的具体内容、范围、形式、实施方法甚至行为的条件、时间等都未加具体确定,行政机关享有根据自己的判断选择和决定作为或不作为以及如何作为的广泛空间。但这种权力并非绝对自由、不受限制的任意选择,必须严格约束在法律规定的权限、原则、目的、程序、范围内。选择性是行政执法自由裁量权的基本属性。

3. 法定性。行政执法自由裁量权是由法律规范赋予行政执法主体的一项行政权。它来源于法律的授权，法律规范是行政执法自由裁量权存在的依据。法定性为行政执法自由裁量划定了边界，选择性总是在法定性的框架内的选择性。法定性是确定行政执法自由裁量权之"自由度"即执法者能够单方影响行政相对人权益之权威度的基本尺度或标准。

4. 伦理性。行政执法自由裁量权是行政执法机关一种自由度高、自主性强的行政权力。法定性并不天然导致行政执法自由裁量权具有正当性。不同理性的执法者，对行政执法自由裁量权可能存在不同的偏好。执法者个人的素质、道德、情感等伦理价值判断，对行政执法自由裁量权的正确行使产生直接影响和制约。行政执法自由裁量权的正当性，在一定程度上取决于执法者在与行政相对人交往过程中所表现出来的伦理性。伦理性是判断行政执法自由裁量权正当性的关键性因素。

5. 灵活性。行政执法自由裁量权是一种很灵活的能动性、应变性很强的行政权力。它总是趋于积极、主动地干预人们的社会活动和私人领域，对复杂多变的社会问题作出迅速反应，对法律规范的局限性作出适时补救。更重要的是，拥有行政执法自由裁量权的机关可以通过具体个案，积极实现一定的社会目标和个别公正。灵活性是行政执法自由裁量权存在的基本理由，也是行政执法自由裁量权可能被滥用的主要根源。

四、行政执法自由裁量权面临的问题和挑战

（一）授予行政处罚自由裁量权的立法规定不规范、不科学

1. 裁量权主体混乱，权限不清。行政处罚本应由特定的国家行政机关实施，而我国目前并没有统一的、明确的限制性法律规定。导致了实际实施处罚的主体过于宽泛，任何行政机关均有托辞随意处罚。同时行政处罚权限也没有严格的规定，以致无论什么级别和地位的行政机关均拥有广泛的行政处罚权。这些严重影响了行政处罚自由裁量权被合法合理地行使。

2. 法律赋予的有关实体内容的自由裁量权弹性太大，即适用处罚裁量权依据的实体规范存在着过于粗疏的现象。

(1) 裁量依据的弹性用语缺乏明确的适用标准。例如，"情节较轻"、"情节较重"等决定处罚的法律用语没有认定的法定条件，给处罚裁量权被滥用

留下了隐患。又如,“态度恶劣”、“主动承认错误”等规定在实践中也容易造成单纯“罚态度”的不良倾向,影响了处罚裁量权的客观合理地行使。

(2)罚种、罚度的规定不科学。a. 有的法律法规规定了“可以处罚”,却未规定罚种,究竟适用人身罚、行为罚还是财产罚?行政机关无所适从,而选择不同的罚种对违法相对人制裁的严厉程度是截然不同的。这样就实际丧失了自由裁量权的真正含义,成了任意裁量。b. 有些法律法规只规定了罚种而未规定罚度。c. 有的规定了很大的处罚幅度,甚至只有上限而无下限,或只有下限而无上限,却未设定任何操作标准,给自由裁量权的合理实施造成了困难。

3. 行使裁量权所依程序的法律规定简单粗糙,行政机关在程序上随意性太大。完整、连续、合理的羁束性程序规范的欠缺,严重影响了对相对人实体权利的保障。

(二)从具体执法人员来看,存在着素质不高的普遍问题

缺乏全面的行政管理知识和行政法律知识,导致了裁量权不能被适当、合理行使。法律在于实施,得不到贯彻落实的法律是没有生命力的,但法律的实施机关是抽象的,离不开具体的执法人员,执法的质量是由执法人员的素质决定的。由于法律基础理论知识的不扎实、法律思维的不理性、个人价值观的差异等因素导致在实践中执法水平低,自由裁量权的不合理行使常常发生。

(三)对于处罚自由裁量权的监控机制不完善、不健全

不能有效产生促使处罚自由裁量权合理行使的合力。司法监督是对行政权最好的制约手段,但面对行政自由裁量领域,司法机关显然有些手足无措。我国是个行政大国,官本位的思想根深蒂固,历史上司法机关的地位就比较低,这种想法还没有完全改变。司法机关严格恪守自己的司法领域,除非行政机关的自由裁量结果显示不公正,才去干涉。这种监督机制势必会给行政机关不合理地行使权力提供温床,公民的权利保障更无从谈起。

五、行政执法自由裁量运用时必须遵从的原则

1. 合法性、合理性原则。合法性是指行政主体应该依法行政,按照法定的授权、形式和程序实施行政行为,并对其不法行政行为承担相应的法律责任。行使自由裁量权,必须结合法律授权的目的,法律规则的内容,并考虑各种相关情况做出全面客观的判断。行使行政自由裁量权合理性原则是指

行政主体所实施的行政行为必须适度、公正，必须符合法律的意图和精神，要合乎人们的正常思维。必须从社会的公平、正义的价值观出发，充分考虑行为的原因、性质、情节、后果。

2. 公正、公平、公开原则。公正是相对于行政机关而言的，它维护正义和中立，防止徇私舞弊。公正，就是在行使自由裁量权时要出于公心，做到对事实、性质、情节、社会危害后果相同的违法行为应给予相同的行政处罚，做到相同情况相同处理，不同情况不同处理。公平是对行政相对人而言的，公平最重要的价值是保障法律面前人人平等和机会均等，应平等地对待行政处罚相对人，避免歧视对待。公开是对政府和行政机关的要求，其最重要的价值是建立透明政府、廉洁政府，保障相对人和社会公众的知情权，防止腐败。"公开、公平、公正"是一个相互联系、不可分割的统一整体。

3. 过罚相当原则。对违法事实、性质、情节等因素基本相同的同类违法当事人在实施行政处罚时，适用的法律依据、处罚种类和幅度应当基本相当，不得畸轻畸重。能够轻罚的原则上不重罚。对违法行为情节严重，在社会上造成恶劣影响或严重后果的，应从重处罚。

自由裁量权的行使，要善意、人性化，要以人为本。善意，就是行使自由裁量权时，要出于善良的意愿，不是图报复；人性化，就是做到以人为本，合乎情理，不要感情用事。如某一建筑企业发生一起死亡事故，其经济能力只能承担赔偿死者家属的民事责任，已无力承担行政罚款责任，那么只能先承担民事责任，后承担或免于承担行政罚款责任。

自由裁量权的行使，要仅为正当目的，要合乎法的目的。任何法律、法规的制定，都有它的价值取向，那就是法所追求的目的。自由裁量权的行使如果偏离乃至违背法的目的，必然导致行政不合理，自由裁量权也就成了个人私利、报复的工具。如当事人违法事实轻微，却被处以最高额的处罚，显属对自由裁量权的滥用。为罚款而罚款，为完成单位罚款任务而执法，就属于违法行为。

六、行政执法自由裁量权的控制

(一)加强立法控制

不能寄希望法律穷尽社会生活的方方面面，也不能要求法律规定的面面俱到。但必须满足最起码的底线，能规定的内容就不要省略；能用范围和幅度加以限定就应给执法机关最小的空间，这既能为执法机关行使权力提供法律依据,又能为司法审查提供标准。在立法层面,要处理好法律条文的“弹性”和执法的“可操作性”关系,尽量做到明确、具体,减少“弹性”。法律、法规、规章、规范性文件,要一致,避免互相矛盾,互相打架。

(二)建立司法控制

虽然我国不是实行三权分立体制的国家,但我国的权力也是由三个机关去行使,原则上机关间独立行使各自的权力,一切机关都由人大选出,并对人大负责,司法机关实行监督。从这个层面上看,司法权和行政权彼此制约,但制约的程度和深度各国的制度设计不同。我国司法监督的效能发挥很有限,有必要在现在的基础上更加完善。司法机关应能动司法,用法律思维和法治方式解决行政纠纷,而不是看到行政机关作为被告的案件就退缩、逃避。时时刻刻坚持司法为民的价值取向,不向权力低头,公正、独立司法。我国不同英美法系国家的法官,在通常情况下法官不能造法。但法官至少必须正确地追寻立法的意图,运用多种法律技巧阐述立法的目的,从更广阔的视角给予限制行政自由裁量权。

(三)建立监督机制

推动行政自由裁量权的规范化、制度化。一是建立上一级主管部门对下一级渔港监督部门行政执法监督工作的指导制度、定期执法分析制度,评估执法效果,研究和改进执法的方法和措施,减少自由裁量权盲目性和随意性。二是建立行政自由裁量权依据和程序公开制度、行政处罚说明理由制度。三是建立重大或复杂自由裁量案件的案件审查委员会制度和集体讨论决定制度。四是建立司法审查制度,把自由裁量权行为纳入司法轨道。行政执法人员应当告知行政管理相对人具有申辩权、回避权、请求举行听证权、申请行政复议权、提起行政诉讼权、请求国家赔偿权等,使行政管理相对人的权利具有可救济性、可诉性,凡是涉及公民权利和公民义务的行政处罚行为都应确立司法最终解决原则。监督主体不仅要有党和政府、国家机关(包括立法机关、检察机关、审判机关),还要有新闻、企事业单位、社会团体和公民。

(四)细化自由裁量权

细化自由裁量权,将模糊的概念具体化,对裁量范围较大的根据案件划分不同档次。明确裁量权考虑的因素,综合考虑违法行为时间、区域、面积、危害后果,确立罚款基准制度。在细化自由裁量权中,坚持以下原则:一是依法设定,所有自由裁量权严格按法律法规的条文来进行设定。二是分类原则。将法律法规规定的处罚幅度分为免于处罚或减轻处罚及法律规定处罚幅度的下限、中限和上限。三是适度原则。同一违法行为可能违反了几部法律法规，根据其违法的性质和后果来选择最为准确、最能体现处罚效果的法律法规和处罚幅度。四是从轻原则。对社会没有造成危害或没有潜在的危害因素，相对人能主动配合执法检查的，或对于“弱势群体”一般给予从轻处罚。五是参照原则。自由裁量权的细化不可能面面俱到，要求执法人员在办案和案件审理过程中，根据违法的事实和性质，对未作出明确规定的其他行政处罚参照执行，在处罚标准的设定上可以参照以往国内外的典型案例。六是对同一违法行为，可以适用多部法律、法规、规章实施行政处罚的，应当遵循新法优于旧法、特别法优于一般法的原则。七是法律、法规、规章规定既可以单处又可以并处行政处罚的，对较轻违法行为，一般实施单处的处罚方式对严重违法行为，如屡教不改、多次重复违法、阻碍执法以及在重大活动期间或特定禁止时段违法等情形时适用并处的处罚方式。

（五）加强执法队伍建设

执法者是执行法律的基础，执法者的素质是法律能否贯彻执行的关键。控制行政处罚自由裁量权，依赖于执法人员权力意识和业务水平的进一步提高。一是加强思想道德教育。增强公仆意识，使执法人员树立正确的人生观和世界观，增强内控力，遏制私欲膨胀，在思想上消除主观滥用自由裁量权的欲念。二是加强业务培训，不断提高队伍的执法水平，使执法人员的法律专业水平与不断发展变化的执法任务相适应，使执法队员运用法治思维和法律手段解决矛盾和处理问题的能力得到提高。三是深化依法行政观念，即树立法律意识、责任意识、服务意识和职权法定观念、权责统一观念、法律权威观念和依程序执法观念。

域外法制

生物遗传资源权属国际制度安排的冲突、协调及我国的应对策略

刘丽军　宋　敏*

一、问题的提出

生物遗传资源对农业和生命科学产业的技术创新尤为关键。据不完全估计全球药物市场75亿~150亿美元中,植物性药物就占到20亿~61亿美元①。近三十年来,各国纷纷加紧对遗传资源的"跑马圈地",引发了许多利益冲突。有人引用"种子战争"(Seed War)来描述这场竞争,甚至提出"拥有种子就可以掌控整个世界"、"一个基因决定一个国家的未来"等观点。

过去遗传资源一直被当做人类的共同财产,可以自由采集和传播。但是,随着生物多样性的不断减少和因生物经济迅猛发展对遗传资源需求的不断增加,遗传资源的稀缺性日益凸显。根据诺斯的产权起源理论,某种资源出现了稀缺之后,人们展开了争夺这种稀缺资源的竞争,由此才产生了解决争夺稀缺资源的利益冲突的产权规则。因此要解决遗传资源的利益冲

* 刘丽军:男,湖南炎陵县人,博士,助理研究员。

宋敏:中国农业科学院农业资源与农业区划研究所;中国农业科学院农业知识产权研究中心。

① Dutfield, G. Intellectual Property, Biogenetic resources and traditional knowledge [M]. Canada: Earthscan, 2004. 1 - 12.

突，迫切需要完善生物遗传资源产权的国际制度安排。

国际社会为此组织了大量的磋商与谈判，先后达成《生物多样性公约》、《波恩准则》、《粮食和农业植物遗传资源条约》、《生物多样性公约关于获取遗传资源和公正公平地分享其利用所产生惠益的名古屋议定书》（以下简称《名古屋议定书》）等重要的国际条约与规范①②③④。但不同的制度安排本身之间存在许多重叠、矛盾与冲突之处，这种复杂的国际形势，也对我国遗传资源的国内管理与立法、遗传资源对外交流与合作不断提出新的挑战。

我国具有优越的遗传资源禀赋，国家种质资源库保存了 39 万份作物种质资源，长期保存数量跃居世界第二位。但是，我国兼具遗传资源提供大国和利用大国的双重身份。一方面，在发达国家借用知识产权制度的海外战略强化研发创新者的利益时，我们应采取灵活有效的应对措施，确保我国的植物遗传资源主权和实现国家资源利益最大化；另一方面，在过度依赖国外遗传资源的形势下，需充分利用遗传资源获取与惠益分享的国际规则，保障本国遗传资源安全。如何充分运用遗传资源国际和国内的制度规则，维护我国遗传资源安全及利益最大化，是我国当前面临的重大战略问题。

本文主要从揭示惠益分享问题的根源出发，分析现有知识产权制度安排下，发达国家如何运用品种权、基因专利等权利工具圈占遗传资源；在此基础上讨论生物遗传资源权属及其惠益分享国际规则的冲突与协调机制，分析现有国际制度安排的内在缺陷以及改进方向，并总结国际制度演变对我国国内立法和管理体制的要求和挑战，最后提出我国的应对策略。

二、遗传资源圈占与利益矛盾

与工业相比，知识产权制度运用到农业领域的时间较晚，所以在早期生物遗传资源开发的利益矛盾并不突出。20 世纪初发达国家当时育成的品种大都视为公共物品，任何人都可以使用。20 世纪 30 年代后，尤其在杂交种育成后，农民无法留种，每年必须向种子公司购买，种子产业萌发出巨大商机。出于保护自身利益的需要，西方育种团体通过不断游说与酝酿，不断地

① 薛达元："论遗传资源保护的国家策略"，载《自然资源学报》1997 年第 12 卷第 1 期。

② 陆文聪、倪琪："植物遗传资源保护与利用的市场化机制与国际制度"，载《自然资源学报》2000 年第 15 卷第 3 期。

③ 薛达元：《中国生物遗传资源的现状与保护》，中国环境科学出版社 2005 年版。

④ 薛达元："《生物多样性公约》新的里程碑：《名古屋 ABS 议定书》"，载《生物多样性与传统知识》，中国环境科学出版社 2010 年版。

将专利制度延伸到农业和生命科学领域,并推动建立了植物新品种保护制度。从此,各类含有遗传功能单位的材料(如基因、种质)作为技术知识的物质载体,可以借助法律制度保障转化为技术拥有者的具有独占性权利的合法私有财产。

随着农业的国际化发展,凭借知识产权保护,发达国家的跨国种业集团逐渐实现了对世界种子市场的垄断。目前世界十大种子企业约占全球种子市场贸易额的67%,其中孟山都与杜邦两家公司就占40%(见表1)。

表1　全球最大的十家种子企业

Table 1　The world's top 10 seed companies

公司	所属国家	2007年销售额（百万美元）	占世界种子市场份额
孟山都	美国	4964	25%
杜邦	美国	3300	15%
先正达	瑞士	2018	9%
利马革兰	法国	1226	6%
兰德湖	美国	917	4%
KWS AG	德国	702	3%
拜耳作物科学	德国	524	2%
Sakata	日本	396	<2%
丹农公司（DLF-Trifolium）	丹麦	391	<2%
Takii	日本	347	<2%

资料来源:各企业2007年的年报。

进入21世纪以来,许多跨国公司和研究机构更是大力推行生物遗传资源及其知识产权的"海外战略",到生物多样性丰富但技术较为落后的发展中国家进行生物勘探(Bioprospect)甚至"生物剽窃"(Biopiracy),以低廉的成本获取遗传资源,进一步研发之后或甚至直接申请知识产权保护,"改头换面"后又高价行销到发展中国家。在生物多样性特别丰富的发展中国家,尤其如哥伦比亚、肯尼亚、乌拉圭等,品种权的申请量一半以上来自外国国民,而这些国外申请者又主要是发达国家的跨国种业公司(见图1)。在绝大多数情况下，发展中国家作为资源提供方却不能分享遗传资源开发所带来的各种利益，因而对此表示强烈不满，要求建立公正合理的惠益分享制度。

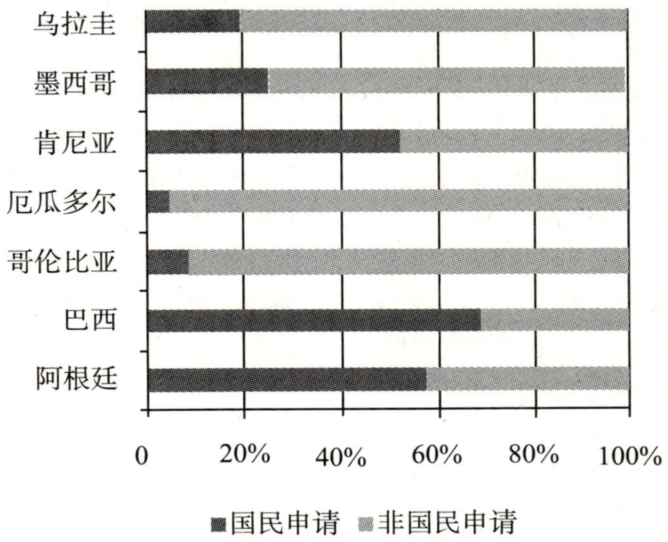

图1　2001—2007 年生物多样性丰富国家的植物新品种权申请来源

数据来源：UPOV 历年统计资料。

三、国际规则的制定与演进

目前，许多国际论坛与组织都在讨论遗传资源的权利及惠益分享问题，但是影响最大并已经具有法律约束力的主要是 CBD 和 FAO 两大体系。

1. CBD 体系

1992 年 6 月，在巴西召开的世界环境首脑会议通过了《生物多样性公约》（Convention on Biological Diversity，CBD），承认遗传资源的国家主权原则，并要求资源利用国应与资源提供国公平公正地分享由使用遗传资源及相关传统知识所产生的惠益①。CBD 一直致力于建立一个能体现公平惠益分享的国际制度。2000 年 5 月在肯尼亚召开的 CBD 缔约方第五次大会设立了遗传资源获取与惠益分享（Access and Benefit-sharing，ABS）议题不限成

① CBD（Convention on Biological Diversity）Convention on Biological Diversity：Convention Text[EB/OL]. http://www.biodiv.org/convention/articles.asp 1992-6-5.

员名额特设工作组,为建立 ABS 国际制度开展政府间谈判。2002 年 4 月经 CBD 第六次缔约方大会批准的"波恩准则:关于遗传资源取得及其利用所产生的利益的公平合理分享",确定了 ABS 过程的基本程序,并着重强调利用者有义务征求提供者的"事先告知同意"(Prior Informed Consent,PIC),确定了"共同商定条件"(Mutually Agreed Terms,MAT)的基本要求。波恩准则成为 CBD 框架下 ABS 的基本程序①。截至目前,ABS 工作组已召开十次会议,对达成一个有法律约束力的 ABS 国际制度形成基本共识。具有里程碑意义的是,2010 年 10 月 18—29 日,日本名古屋召开的 CBD 第 10 次缔约方大会上,通过了《生物多样性公约关于获取遗传资源和公正公平地分享其利用所产生惠益的名古屋议定书》(以下简称《名古屋 ABS 议定书》),使"惠益分享"成为具有法律约束力的缔约方义务。

2. FAO 体系

为平衡资源提供者和技术研发者之间的权利,FAO 早在 1986 年就首次提出"农民权利"的概念②。在 1993 年制定的《粮食和农业植物遗传资源的国际承诺》中 FAO 提出用"农民权利"来协调与知识产权之间的关系③。农民权利主张承认农民对生物遗传资源的主权,并容许农民通过一定方式参与分享遗传资源后续开发所产生的利益,这一概念正逐渐得到国际社会的接纳和支持,并成为此后遗传资源权属国际规则制定和演进的基本精神④。

在 CBD 生效之后,遗传资源的取得与流通在手续上就会变得相对复杂,不利于农业研究。为此,FAO 提出多边协定的概念,将有关粮食、纤维作物与高附加值的药用、观赏植物加以区分。2001 年 11 月 FAO 通过了《粮食和农业植物遗传资源国际条约(International Treaty on Plant Genetic Resources for Food and Agriculture,ITPGR)》,并于 2004 年 6 月 29 日开始生效。ITPGR 倡导在尊重国家主权原则的前提下,建立一个高效、透明的多边系统,以方便获取粮食和农业植物遗传资源,并在互补和相互加强的基础上公平合理

---

① CBD (Convention on Biological Diversity) Bonn Guidelines to Genetic Resources and Fair Equitable Sharing Benefits Arising Utilization. Secretariat of the CBD[EB/OL]. http://www.biodiv.org/doc/publications/cbd-bonn-gdls-en.pdf,2002-12-20.

② Farmers' rights[EB/OL]. http://www.farmersrights.org/about/fr_history_part0.html,2008-12-5.

③ FAO(Food and Agriculture Organization of the United Nations). Revision of the International Undertaking. Issues for consideration in stage II:access to plant genetic resources,and Farmers' Rights[R]. CPGREx1,1994(5),1-3.

④ 宋敏、刘丽军:"我国保护与利用植物遗传资源的制度选择",载《中国软科学》2008 年第 8 期。

地分享因利用这些资源而产生的利益。所提供的遗传资源只限于粮食和农业研究、育种和培训等用途,不得用于化学、医药或其他非食用(饲用)等工业用途。获取者也不得从多边系统获得的粮食和农业植物遗传资源或其遗传部分或成分的形态,提出限制其方便获取的任何知识产权和其他权利的要求①。

但是,ITPGR 并没有对粮食和农业植物遗传资源的实际所有权问题上做出明确规定,缔约方也没有审查这方面的立法的义务。各缔约方只是在行使对资源的主权的前提下,同意建立一套多边系统。如此一来,在国家利益最大化的前提下,缔约国会列出哪些材料是被自己管理和控制以及公共持有,是否会采取适当措施最大程度地将全部资源都纳入到多边系统中共享,各国的实际努力程度必将影响到多边系统的运行效果。

四、国际制度安排的冲突与协调

CBD 和 ITPGR 主要关注资源提供者的利益,包括资源提供者获得惠益分享的权利。实际上,目前植物遗传资源保护和使用的国际管治还要受 TRIPS、UPOV 两种国际制度的制衡。WTO 的"与贸易有关的知识产权协定"(Trade-related Aspects of Intellectual Property Rights, TRIPS)和植物新品种保护国际公约(International Union on the Protection of New Varieties of Plants, UPOV)主要关注研发者和使用者的利益,尤其强调知识产权保护对技术创新的作用。这种近乎对立而又交叉重叠的国际制度安排,导致国际社会对 ABS 的具体操作存在激烈争论,进而影响了不同制度安排的实际效率②③。

1. CBD 与 TRIPS

TRIPS 协定与 CBD 规定的责任(Obligations)之间的关系,一直备受争议。尽管 TRIPS 没有直接阐述植物遗传资源问题也没有提及生物多样性保护,但是 CBD 声明专利和知识产权可能会影响公约的执行,CBD 第 16 款第 5 条明确要求缔约国应确保专利和知识产权支持而不是阻碍公约目标的实现。另外,CBD 第 16 款第 2 条又提出,在涉及属于专利和其他知识产权范

---

① 郭华仁、谢铭洋、陈昭华等:"植物遗传资源取得与惠益分享的国际规范",载《台湾植物资源之多样性发展研讨会专刊》2005 年,第 25~42 页。

② London Geoff andTasmin. The future control of food[M]. Canada:Earthscan,2008. 118,134 – 135.

③ Davis,K. Uses,Benefits,Tracking and Trade – offs – A Botanical collections perspectives[A]. In (M. Bellot-Rojas and S. Bernier,eds.) International Expert Workshop on Access to Genetic Resources and Benefit Sharing:Record of Discussion[C]. Mexico:2004,24 – 27.

围的技术转移时,技术的取得和转移所根据的条件应承认且符合知识产权的充分有效保护。

显然,承认知识产权的保护和确保知识产权不阻碍公约目标的实现,两者必须协调一致。但是,真正的问题在于当 WTO 成员方的任何行为与 TRIPS 要求相矛盾时,他们是否会援引 CBD 的目标来证明其行为的正当性。这是一个国际法的冲突问题,因为 TRIPS 和 CBD 都没有提供“特殊规则”来解决这类问题。在解决冲突时,到底是 CBD 还是 TRIPS 作为更具体的条约而优先使用权,CBD 和 WTO 委员会显然会各执一词。

同时,对于“充分和有效”的知识产权保护的具体要求,TRIPS 和 CBD 都没有给出明确定义,这就造成了发达国家和发展中国家的认识冲突。发达国家为了保持技术优势,呼吁加强知识产权保护的力度和范围,这样能刺激发达国家在发展中国家的研发投资,间接增加对保护生物多样性的激励。而发展中国家为了能接触到先进的技术,强调“知识产权的保护水平应该与一国的经济和技术发展条件相适应,不能阻碍技术向发展中国家转移”。

最致命的是,CBD 确认了生物遗传资源的国家主权原则、事先知情同意、惠益分享和对传统知识的保护,而 TRIPS 则特别强调知识产权是私权。如果对某一生物遗传资源授予专利,这种生物资源在一定时期内就不再是公共的,而只有权利人才有权处分它。这对于生物多样性的保护显然是不利的。如何在合理保护专利的同时,确保该专利所基于的生物资源能获得相应的惠益是 WTO 新一轮谈判需要解决的问题。

目前在协调 TRIPS 和 CBD 关系问题上,主要集中在是否应该要求 WTO 的成员立法规定专利申请必须揭露遗传资源的来源信息,即将信息披露作为专利保护的条件之一。TRIPS 并没有特别提到遗传资源专利的问题,而根据专利的授予条件,它并没有禁止缔约方授予基因专利。但如果授予基因专利,又必然涉及遗传资源的来源问题,TRIPS 只字未提遗传资源获取的事先知情同意和惠益分享原则。

各国对于 TRIPS 和 CBD 的关系协调在 WTO 讨论 TRIPS 的第 27 条第 3 款得到了充分体现,尽管许多发达国家认为这两个条约之间不存在任何矛盾之处,但是发展中国家依然表示可能需要通过修改 TRIPS 使两者相协调。TRIPS 和 CBD 以及传统知识和民间文艺的保护之间的关系问题已经成为 TRIPS 协定理事会的常设议程项目,同时也是多哈工作方案项下的未执行问题之一。但是,许多发达国家反对通过 TRIPS 的专利制度来实施 CBD 要求的有关义务。尽管有好几个 WTO 成员方反复要求,CBD 仍然还没获得在 TRIPS 委员会的永久观察员身份。

上述冲突的局面,导致来源披露问题至今尚未在国际层面就此取得显著成果,即使是 2010 年 10 月份 CBD 通过的《名古屋议定书》对遗传资源来源也没有强制披露的遵约规定,对于设立国家检查点以监测和追踪 PIC 和 MAT 的履行也没有硬性的要求。不过,欧洲和拉美的一些国家已经开始在国内的专利制度中引入遗传资源的来源披露制度。目前我国也正建立生物遗传资源来源的信息披露制度,2008 年 12 月修订的《专利法》第 26 条规定,依赖遗传资源完成的发明创造,申请人应当在专利申请文件中说明该遗传资源的直接来源和原始来源;申请人无法说明原始来源的,应当陈述理由。

2. CBD 与 UPOV

UPOV 强调的是"育种者权利",CBD 主张的是"遗传资源权利",两者在对待遗传资源的原则和立场上存在根本性冲突,对于目前 CBD 讨论的遗传资源的身份证制度和来源信息披露,UPOV 坚决反对将任何强制性披露原产地信息作为获得植物新品种保护的条件之一,因为这会与 UPOV 的条款相矛盾。UPOV 也反对将任何身份认证要求作为获得品种权保护的一个先决条件。并且,UPOV 还反对任何惠益分享机制,因为如果品种用于后续育种开发,执行惠益分享机制会给主管品种权的机构增加额外的行政负担,也会给育种者带来额外的财务义务。UPOV 认为 ABS 机制会与 UPOV 公约的"研究者免责"(Breeders' exemption)相抵触。

3. CBD 与 ITPGRFA

ITPGRFA 承认 CBD 关于遗传资源的国家主权原则,并且把"事先知情同意"和"共同商定条件"加入到"多边系统"中[①][②]。但是,最具争议的是 ITPGRFA 的第 12.3(d)条,获取者不得申请任何知识产权和其他权利的要求来限制其他人从多边系统获得粮食和农业植物遗传资源或其遗传部分或成分的形态。但是,接受方从遗传资源中进一步分离出的某种物质,是否属于从多边系统中获得的形式,是否应按照第 12.3(d)条的要求不能申请知识

---

① FAO. Revision of the International Undertaking: Analysis of some technical, economic and legal aspects for consideration in Stage II[R]. CPGREx2, 1994, 5(Supp), 2-5.

② FAO. Official versions of the International Treaty on Plant Genetic Resources for Food and Agriculture[EB/OL]. ftp://ext-ftp.fao.org/ag/cgrfa/it/ITPGRe.pdf, 2001-12-5.

产权保护[1]。对于发达国家而言,允许这种类型的专利有利于激励遗传资源的创新和利用。但是,对于许多发展中国家(甚至包括部分发达国家)而言,对这些具有国家主权的遗传资源的不正当占有,有悖于 ITPGRFA 所强调的交换精神。CBD 和 ITPGRFA 这两种机制在某些规则上的不同,使得在一些具体的适用范围上产生了大量的争议。目前,同时批准了 CBD 和 ITPGRFA 的国家,将多边系统的规则应用于作物清单中的粮食和农业植物遗传资源,而将 CBD 的规则适用于除此之外的资源。

但是,很多时候粮食、营养和健康的用途也很难区别,关于哪些是用于粮食和农业研究,哪些是用于其他用途,这两者的界限也不清晰。一个最著名的例子就是"金色大米"。金色大米是用转基因技术生产富含维生素 A 的大米,以解决许多儿童因缺乏维生素 A 而导致失明。显然,金色大米是用于粮食和农业相关的种植和食用。但是,它也可被视为是解决健康问题,因此可以不适用于 ITPGRFA。而且,如果最初的用途是仅用于粮食和农业研究,但是后续得研究目的又有所变化,后续的利用者则必须追溯到遗传资源的原产地以达成 ABS 协议。

还有一个冲突之处,ITPGRFA 的规则适用于全部粮食和农业植物遗传资源,但是多边系统的规则只适用于作物清单中的遗传资源。而在 CBD 的《名古屋协议》中,指出 CBD 的管辖范围主要是国家管辖权范围内的生物资源,不包括粮食和农业遗传资源。那么,对于那些作物清单之外的资源,该适用于哪种 ABS 规则?是参照多边系统沿用 CBD 的相关规定,各个国家的做法都不太一致。

4. ITPGRFA 和 UPOV

ITPGRFA 第 13(d)条要求"接受方如果将从多边系统中获得的粮农植物遗传资源开发出来的产品予以商业化,就应该将商业化过程中产生的一部分利益支付给多边系统,除非这个产品无论何时都不限制其他人对它的进一步研究和育种。"这就意味着,接受方一旦销售了含有从多边系统中获取材料的产品,就必须向多边系统支付货币收益,这个条件意味着无论是它拥有该产品的专利,还是采取了某些技术措施限制他人对产品的研发和育种。但是,如果这些产品也获得了植物新品种保护,那么根据 UPOV 的"研

---

① Moore, G. and Tymowski, W. Explanatory guide to the International Treaty on Plant Genetic Resources for food and agriculture[EB/OL]. www.iucn.org/bookstore/HTML - books/EPLP057 - expguide - international - treaty/cover.html, 2005 - 12 - 20.

究者免责”机制，惠益分享机制就没有必要发生。

5. ITPGRFA 和 TRIPS

ITPGRFA 的第 12.3(f)条和第 13.2(b)(iii)条也指出“获取受知识产权和其他产权保护的粮食和农业遗传资源应符合有关的国际协定和有关的国家法律”。但目前 ITPGRFA 的管理机构还没有深入讨论 ITPGRFA 和 TRIPS 的相互关系，尽管它已经意识到两者之间的关系很重要，因为相关的知识产权势必会影响到粮农植物遗传资源的取得和使用。

五、结论、讨论及对我国的政策启示

发达国家主导的 TRIPS 和 UPOV 等知识产权制度侧重资源利用者的利益，而 CBD 和 ITPGRFA 则强调资源提供者的权利。制度设计的出发点不同又注定了制度安排之间必然存在根本性的冲突。因此，要想在国际层面建立统一的乃至与知识产权制度并行的遗传资源权属国际制度短期内很难实现。今后国际制度协调的方向应是推动遗传资源的现有制度与知识产权制度的有机衔接，例如推动修改 TRIPS，强调在专利申请过程中要求披露遗传资源来源信息的国际义务，这样才能有望真正落实 CBD 体系关于来源披露的要求。

《名古屋议定书》是发达国家与发展中国家妥协的结果，但在遵约部分也没有硬性规定，特别是对遗传资源来源没有强制披露的规定，只是要求缔约方采取立法、行政和政策措施，以确保获取与惠益分享义务的切实履行。实际上，《名古屋议定书》只是为推动各国建立遗传资源获取与惠益分享的公平体制提出一些政策建议，具体的实施效果还依赖于成员国的国内立法。我国目前尚缺乏相关配套的政策与法规体系，也没有明确的管理体制和机构安排。

因此，我国迫切需要根据《名古屋议定书》的要求，调整和制定相应的国内规则。当前的主要任务是先在国内建立遗传资源的权属管理制度，促进国内遗传资源的身份管理体系与 CBD 倡议的遗传资源国际证书制度相衔接；同时，推动建立统一的、规范的遗传资源流转机制，尝试推行标准化的“材料转移协议”，并在相关条款中明确资源提供方和利用方进行惠益分享的条件和内容。此外，也需要进一步调查清楚目前遗传资源的本地状况和国际交流情况，以便在今后参与相关国际谈判时、在讨论具体条款时能明确到底是以资源提供者，或资源使用者，还是资源提供者和使用者的双重身份来表达我国的立场和主张，以充分利用国际规则确保国家利益最大化。

美国农业环境治理及对我国的启示

课题组*

2014年11月15日—12月5日,全国农业资源区划办公室组织中国农业科学院、农业部规划设计院以及天津、河北、内蒙古、江苏、安徽、贵州、宁夏等7省(区)共13位从事农业资源区划、农业环境研究和管理的人员,赴美国旧金山、芝加哥和华盛顿开展了为期21天的"农业环境治理模式与技术"培训。培训团赴美国农业部自然资源保护局和农业统计局、美国农业部农业遥感研究院、美国环境保护署加州办公室、美国内政部地质调查局、伊利诺斯大学、乔治梅森大学进行了专题培训和访谈交流,考察了有机农产品生产、规模化玉米生产农场和绿肥种植农场,听取了近20位专家学者和政府官员的专题讲座,与农场主、政府官员、大学教授、科研人员进行了研讨。培训组认为,美国农业环境治理经历了从盲目开发、破坏资源到全面治理、恢复生态的过程,目前美国农业环境治理机构设置完备、法律体系完善、技术模式成熟、项目运行规范,为我国农业环境治理工作提供了许多有价值的借鉴。现将有关情况报告如下。

一、美国农业环境治理的历史演变

由于大规模、高强度开发以及重用轻养、重产出轻保护,美国经历了一系列农业资源环境问题。

(一)20世纪30—40年代:土壤严重侵蚀

历史上美国西部处于"草地—野牛—印第安人"和谐相处的生态系统。19世纪,美国鼓励到西部移民开荒,过度开垦、放牧使土地大面积沙化。20

* 本课题组为赴美农业环境治理模式与技术培训组,课题组成员有刘北桦、詹玲、尤飞、翟丽梅、王亚静。

世纪30年代暴发了强度大、频率高的沙尘暴，成为美国历史上最严重的人为生态灾害。仅1935年，约3亿吨黑土流失，全美粮食减产一半。沙尘暴后，美国颁布了《农业调整法》、《土壤保护法》等法律，对农场主削减生产给予补贴，永久禁止垦殖未被占用草地，把农作物分为"消耗地力型"（包括谷物、棉花等）和"增强地力型"（包括豆科作物、牧草等），凡是改种"增强地力型"作物的，政府给予10美元/英亩补贴。通过10年努力，荒漠化得到有效整治，大平原又成为美国重要的粮食生产基地。

（二）20世纪50—60年代：水土资源持续恶化

"二战"后，美国农业生产技术水平和集约化程度大幅提升，但也付出巨大的环境代价。农用地流失严重，1950—1972年间，每年约120—200万英亩农田变为城市用途；土壤污染加剧，大量施用化肥农药造成耕地板结、有机质丧失、微生物活性减弱等问题。水污染严重，全美47条主要河流湖泊中，有22条污染面积占总面积的40%以上。这个时期，美国仍然十分注重土壤侵蚀治理，通过停耕、技术示范以及购买种植过剩农产品的土地、改为永久土壤保护或娱乐用地等措施，来保护土地资源；但却忽视了其他环境问题，导致农业整体环境恶化。

（三）20世纪70—80年代：农业环境治理步入法制化轨道

第三次科技革命推动了生产力大发展，对自然资源开发掠夺愈发严重，土壤污染和侵蚀、水体污染等问题更加突出。随着美国民众物质生活水平和科学文化素质的提高，对健康生活环境的呼声愈来愈高，爆发了著名的环境保护运动，驱动了美国农业环境治理朝法制化方向发展。这一时期，美国成立国家环境保护署，颁布了《环境政策法》《环境质量改善法》《资源保护和恢复法》《联邦水污染控制法》《联邦土地和管理法》等一系列环保法案，标志着农业环境保护从以治为主变为以防为主，从防治污染变为保护整个生态环境，被称为美国史上的"环保十年"。

（四）20世纪90年代以来：农业环境管理科学化

进入20世纪90年代，美国土壤侵蚀、水土资源污染等问题显著改善。但随着农场规模不断扩大，农田生态系统出现单一化、脆弱化趋势，对农业生态环境提出新的挑战。为巩固治理成果、提升治理效率，美国不断健全管理机构、创新管理方式。从管理机构上看，主要包括美国农业部、环境保护署、环境质量委员会等。农业部是实行农业环境保护的主要机构，设有自然资源保护局、林业局等专门从事农业环境保护的机构，其中自然资源保护局是农业部第二大部门、有工作人员11500名;在州、县设有办公室,是执行治理措施、科学规划指导、技术推广应用的核心力量。环境保护署负责制定、执行、监督农业环境治理相关法规;环境质量委员会设在总统办公室下,负责向总统提出环境政策咨询和建议,并监督协调各部门活动;科研机构和非政府组织负责研究、推广应用农业环境治理先进技术,开展相关教育培训。这一阶段,美国农业环境治理分工协调更加明确、管理方式更加科学,形成了国会抓立法、环境保护署抓监管、农业部抓援助(资金和技术援助)的协调治理体系。

从技术层面上看,轮作、缓冲带、生物防治、堆肥、垄耕、暗管排水等农业环境治理技术在美国得到广泛应用,对美国保护农业环境、维持生态系统平衡发挥了重要作用。此外,不断引入"3S"技术(遥感技术、地理信息系统、全球定位系统),充分发挥遥感、资源、生产等数据在农业环境治理中的决策支持作用,建立完善全国农业环境项目管理软件平台,农业环境管理效率显著提高。

二、美国农业环境保护相关项目

(一)2014年农业法案中的资源环境保护项目

每隔5年左右,美国国会制定新的农业法案。2014年2月7日,《2014年食物、农场及就业法案》(以下简称2014年农业法案)正式签署颁布。2014年农业法案中的资源环境保护项目旨在帮助农场主应用资源环境保护技术,解决土壤侵蚀与污染、水土流失等问题;与以往的法案相比,更强调项目因地制宜,具有更大的针对性。2014年农业法案中资源环境保护项目预算560亿美元(2014—2023年),约占法案总预算6%。主要有以下5类项目:

1. 退(休)耕项目(以下简称CRP)。这是美国经费支持最大的资源环境保护项目。主要通过将极易侵蚀的土壤和环境敏感作物用地退出农业生产,改种保护性的覆盖作物,保护与改善土壤、水、空气、野生动植物等资源。政府向参加该项目的农场主提供土地租金、并对采取保护性措施(植树、种草等)给予一定补助。该项目年度面积上限为2400万英亩。

2. 环境保护管理项目(以下简称CSP)。该项目针对使用中的私有耕地、草地和非工业用林地,通过资金补助的形式(补助资金与环境保护成本相挂钩),帮助解决资源环境突出问题,从而保护自然资源环境,改善动植物生存生长条件。该项目年度面积上限为1000万英亩。

3. 环境保护激励项目（以下简称 EQIP）。该项目针对使用中的私有耕地、草地和非工业用林地，鼓励生产者采取改良土壤和植被、改善水质、保护野生动植物栖息地等措施，实现提高农产品质量和环境质量的双重目标，对实现目标的农场主给予一定奖励。

4. 农业资源保护地役权项目（以下简称 ACEP）。该项目主要包括三个方面：一是通过购买农地发展权，将私有土地变成国有，限制农地向非农用地流转；二是通过资金、技术支持，恢复和保护草地，并保持草原适度放牧；三是通过资金、技术支持，保护和恢复湿地，涵养水源。

5. 区域资源保护合作项目（以下简称 RCPP）。联邦政府与州政府、印第安部落、农民合作社等组织签订协议，通过资金补助等形式，实施资源保护措施，共同推动地区和流域内的资源保护。

（二）清洁水法案约束下的综合养分管理计划（以下简称 CNMP）

1977 年美国出台了《清洁水法案》（CWA），它是控制美国污水排放的基本法规。法案把大规模集约化畜禽养殖场定义为点源污染，其他养殖场被纳入面源污染源；法案要求规模化养殖场必须持有畜禽粪污排放许可，通过实施综合管理计划，将粪污作为养分还田，提高土壤有机质含量、减少水土流失，实现种养业协调发展。1999 年，美国环境保护署、美国农业部开始联合实施综合养分管理计划，包括养分管理、田间措施、粪污预处理和储存、跟踪记录等。

一套完整的综合养分管理计划主要由 6 个部分组成。一是规划粪便和污水预处理及储存方案。要求大规模集约化养殖场建有适当的收集、存储、处理或运输粪污的设施设备，容量应满足粪污从产生到施用全过程的需要；提出应对粪污外溢和灾难性事件的应对处置措施。二是制订田间措施。分析农场氮磷流失、土壤侵蚀等现有或潜在的资源环境问题，标识出对养分敏感的区域，提出相应的田间防治措施。三是制订养分管理计划。提出年度种植和施肥计划，分析土壤成分，计算养殖场及周边农场内所有氮、磷、钾养分量。四是优化畜禽喂饲管理方案。优化饲料配方，减少粪污中的养分排放，尽可能减少农田需要消纳的粪污量，减小对周边环境的污染。五是提出备选处理方案。针对可能出现的畜禽粪便养分供给超过农作物营养需求和土地消纳能力的情况，提出备用处理方案，如固液分离、堆肥、制造颗粒肥料、生产沼气和有机肥等，避免产生重大的环境风险。六是记录和监测。随时、全程记录综合养分管理计划实施情况，包括粪肥养分、土壤养分以及农作物种植面积、品种、产量等,积累形成历史数据,供监管机构考核使用。

综合养分管理计划将饲料、畜禽、肥料等全部养分量作为农场养分输入量,将生产的肉蛋奶、粮食、有机肥等总养分量作为农场养分输出量,通过综合考虑农场现有的畜禽饲养量、作物对氮或磷的利用率和使用粪肥的农田数量三个参数,计算需要转移或另行处理的多余养分,从而实现养分平衡。该计划强调"零排放",而我国目前的循环农业项目仅强调产业间的循环,没有突出"零排放"。

三、美国农业环境保护项目运行机制

美国农场主申请项目的程序大体相同。此次培训中,我们重点了解了美国退(休)耕保护项目的运行机制。该项目由美国农业部农场服务局负责实施,在项目实施中,以大数据为基础,以软件系统为工具,有效避免了人为因素干扰,减少了繁杂程序,项目效果显著。

(一)项目实施程序

项目实施紧紧依托环境资源评价系统(以下简称 TERRA),这是美国农业部于 2008 年开始正式应用的退(休)耕保护项目专用软件系统。该系统以地理信息系统(以下简称 ArcGIS)为运行平台,后台数据库包括基本地块单元空间分布数据、农作物用地空间分布数据、土壤地理信息数据库(包括土壤物理性质、化学性质、生物性质以及土地生产力等)、土地管理系统数据库(包括土地基本价、鼓励价、维护价、签约价和措施补助价)等一系列数据。这些数据以及相应的数学模型共同构建了确定项目实施范围、建设内容、投资规模、效益以及项目监管的专用软件系统。

退(休)耕保护项目实施共分三个阶段。一是提交申请。农场主根据美国农业部农场服务局通告,直接到县级办公室提出项目申请,全国范围的农场主都可以自愿参与。二是项目方案选定与签约。①农场服务局县级办公人员根据农场主申请,在 TERRA 系统中首先选择项目所在的县,载入航片和保护区边界、土壤数字地图、基本土地单元数字地图,在基本地块单元内选择保护地带,确定项目实施范围。②TERRA 系统根据每块地的资源、生产等实际情况,形成几种不同的保护方案(包括项目建设内容、时间、效益等),并计算出不同保护方案所能得到的补贴价格;县级办公人员(主要由各类专家组成)向农场主提出最优保护方案的建议。③农场主根据 TERRA 系统形成的保护方案及县级办公人员建议，自主选择其中一种保护方案，向网络系统提交入约计划，并签订合同。三是项目核查与资金支付。农场主按照所确定的方案实施项目，农业部县级办公人员负责核查项目实施效果；项目资金拨付采取先建后补的形式，核查通过后，农场服务局通知财务总监办公室，将项目资金拨付给农场主。

（二）项目实施特点

退（休）耕保护项目在运行中有以下四个方面突出的特点和优势：一是综合设计项目。美国农业环境治理项目是区域性的综合治理项目，将保护水质、防止水土流失、提升土壤质量等分解为若干建设内容，而不是单独的项目，避免了建设内容与实际不符，单项治理达不到应有效果。二是避免人为因素。依托强大的数据支持，锁定项目实施范围、建设内容、政府补贴资金等，把人为干扰降低到最低程度，避免了项目的随意性、主观性和不确定性。如由于有基本地块单元空间分布数据，项目建设地点明确、固定，无法在建设过程中随意变更。三是强调因地制宜。美国农业部自然资源保护局县级办公室拥有地理信息、土壤学、土壤环保学、农学、水质、灌溉、草原管理、生物学、土木工程等多领域专家，依托强大的专家力量，保证每个项目实施方案能符合当地实际，具有针对性、科学性和可行性。四是预期效果明确。农场主选择方案后，TERRA 软件系统会自行计算出价格补贴金额以及经济、社会、生态效益，项目实施效果非常明确；项目管理与资金拨付为农业部内的不同机构，有利于保证资金安全，加快项目实施进度，也确保了项目建设效果。

四、美国农业环境治理对我国的启示

近年来，我国农业发展面临着资源约束趋紧、环境污染严重、生态系统退化等突出问题。为此，我们应借鉴美国经验教训，切实加强农业环境保护，积极促进农业可持续发展。

（一）加强农业资源环境保护法制建设

美国非常重视发挥法制在农业环境保护中的基础性作用，建立了完整的农业资源保护体系，并依法推进农业环境保护工作。目前，我国农业环境保护的法律体系雏形已基本形成，但缺乏完整性、系统性和协同性，应进一步加强立法顶层设计。一是制定全国统一的《农业环境保护法》（或条例），完善地方法规与部门规章，逐步完善农业环境保护法律体系。二是研究制修订土壤污染防治法以及耕地质量保护、黑土地保护、农药管理、肥料管理、基本草原保护、农业环境监测、农田废旧地膜综合治理、农产品产地安全管理、农业野生植物保护等法规规章,强化法制保障。三是建立一套从"投入品到农田"、"从农田到餐桌"的全过程监管体系,切实加强农业资源环境保护执法体系建设。

(二)加强农业资源环境保护组织机构建设

"生产、市场、可持续"是美国农业部的三大目标,促进农业可持续发展是美国农业部的重要职能,自上而下、庞大的人员队伍为农业资源环境保护提供了强大保障。而我国从事农业资源环境保护机构人员严重不足,在工作上长期以抓生产为主,对农业资源环境保护重视不够。建议把这项工作作为新常态下促进农业可持续发展的重要任务,强化农业部门在农业资源环境保护方面的职能,加强农业资源环境保护(或农业可持续发展)的专门管理机构建设,充实人员队伍,开展相关战略研究、规划编制、技术创新与推广、项目实施等工作。

(三)加强农业环境保护资金投入力度

近年来,美国农业政策实行"绿色补贴"的趋势越来越明显,把大量农业补贴转变成农业污染补贴,将保护农民收入与改善环境质量目标有机挂钩,用于农业资源环境保护的资金已经超过农业生产支持资金。我国应进一步加大对农业环境治理投入力度,加快转变农业发展方式。一是健全农业可持续发展投入保障体系,推动投资方向由生产领域向生产与生态并重转变,投资重点向推进农业可持续发展倾斜。二是大力支持农业结构调整优化,探索开展粮草轮作、粮豆轮作、粮肥轮作、退耕种草补贴试点;加大对循环农业发展支持力度,鼓励施用有机肥、积造农家肥、种植绿肥。三是充分发挥市场配置资源的决定性作用,鼓励引导金融资本、社会资本投向农业资源利用、环境治理和生态保护等领域。

(四)加强农业可持续发展科研体系建设

美国农业部不仅是行政管理机构,也是科研机构。美国农业部农业研究局承担着开展环境资源方面的农业技术研究,政府每年拨出大量经费用于农业科研。当前,我国农业科技研发整体上滞后于农业可持续发展的需求,应着力加强科研体系建设。一是尽快实现农业科研从以农业生产为主向生产与生态并重转变,满足农业可持续发展对科研的需求。二是加强农业可持续发展科技工作的顶层设计,在耕地地力提升、化学肥料农药减施、高效节水、农田生态、农业废弃物资源化利用、环境治理、气候变化、草原生态保护、渔业水域生态环境修复等方面推动协同攻关。

（五）强化农业项目的科学化管理

利用大数据软件实施项目，每个专项项目都有相应的实施专用软件和数据系统，是美国农业项目管理规范化的突出特征，这为我国加强农业项目管理提供了很好借鉴意义。一是应紧紧依托农业遥感、资源、生产等各类数据，开发适合不同类型项目的实施软件，严格按照软件系统实施项目，尽可能排除人为因素干扰，将项目实施漏洞降低到最小程度。二是按照立体、综合的要求设计农业环境治理项目，改变目前农业面源污染、地下水超采治理等不同环境治理项目行业管理“单打独斗”的局面，项目区内实施综合治理，切实增强项目建设实效。

国外农村金融立法的特点及对我国的启示*

杨东霞　朱家贤　贺　燕**

一、国外农村金融立法的特点

尽管各国的农村金融制度都是根据其自身的国情尤其是农业发展情况、金融业的市场化状况等，而在具体规定上有所差异，但因为农村金融本身的特性使然，国外发达国家的农村金融立法体现以下几个特点：

(一)法治性，以法律来规范和保障农村金融

通过考察美国、英国、法国、日本的农村金融制度，无一例外的以立法形式对于农村金融进行规范。如美国自政府开始介入农村金融之时，作为其政府行为的合法性依据，于1916年制定了《联邦农场贷款法》。英国农村金融立法始于19世纪末至20世纪初，国家颁布《土地改良法》和《小农地法》。早在19世纪，法国就颁布了《土地银行法》，以通过建立农村金融法制来促进农业和农村的发展。日本在1900年就出台了《农业协同组合法》。

究其原因，以法律的形式来规范农村金融，不仅明确了政府对农村金融市场进行干预(扶持和引导)、提供财政补助的法律依据，使国家机关的行为具有合法性，同时也明确了政府各部门在发展农村金融方面的职责，保障了农村金融的发展。对于农村金融主体而言，法律能提供相对政府指令、部门规定等文件更为稳定的预期，确保农村金融主体在从事农村金融活动过程中的权利义务具有可预见性，使各主体的财产权利和其他利益得到有效保

* 本文系农业部软科学“农村金融立法研究”(项目编号D201403)的阶段性研究成果。

** 杨东霞：农业部管理干部学院农业法律研究中心(农业部法律服务中心)主任，法学博士；
朱家贤：中央财经大学教授，法学博士；
贺燕：首都经贸大学副教授，法学博士。

护。只有农村金融的参与主体能够对自身的权利义务和可能的法律风险有所预期，才可能积极投身于农村信贷活动，实现促进农村和农业发展的目标。

（二）区别性，建设综合的农村金融结构

综观各主要国家的农村金融制度，可能在模式上有所区别，如美国是集中大农业的模式，日本是农协模式，法国重视政策主导，但农村金融结构都综合采用政策性金融和合作金融、商业金融。例如，即使是商业金融最为发达、重视自由化的美国，在经济危机后也非常重视构建政策性金融和合作金融；日本和法国也都构建系统的政策性和合作金融制度。

1. 区别性首先体现为分别立法

不同的金融形式中，政府责任不同，政府进行引导的方式不同，多数国家对政策性金融和合作金融分别进行立法规范，对于农业村合作金融要么单独立法，要么专章规定。如美国有《联邦农场信贷法》和《联邦信用合作社法》，分别根据两个法案建立了政策性银行体系和信用合作社体系。英国也有专门的信用合作社法案。日本则针对农协出台了大量的配套法规。农业保险方面，考察的各个国家也有专门的立法，区别于一般的商业保险予以规定。

2. 区别性还体现在根据农村需求采取不同的金融策略

农村金融需求主要包括基础设置建设、非农生产需求和生活消费需求。对于基础设施需求，各国基本采取财政投入和政策性金融相结合的方式，如日本的农林渔业金融公库通过各种优惠为农村基础设施提供中长期贷款。而对于非农生产需求则主要通过合作金融和商业金融相结合的方式。生活消费需求也主要以合作金融的方式予以满足。

此外，在市场准入和金融监管、信用体系等方面，各国对于政策金融、合作金融和商业金融都会有所区别。

（三）政策性，明确政府的引导和财政扶持

农村金融是为农村的发展而服务的。农村和农村经济具有先天或者后天的弱势性，各国都重视对于农村的倾斜性扶持，缩小城乡差距，实现实质正义。但农业活动的特性使然，农村金融与一般的商业金融有较大的差异，如前者的高风险、低收益以及农村信用形式与商业活动相比也存在差异，商业金融一般不愿意介入或者仅按照效益优先选择性的提供金融产品。农村金融市场供给不足，农村的金融需求得不到满足。要促进农村金融繁荣、实现农村发展,政府就需要进行干预,采取合适的手段进行调控。在调控的手段上,多采取政策引导和财政扶持的方式。如各国都通过政策性银行的方式提供低吸贷款,弥补金融市场空白,对于合作金融都有财政和税收的鼓励政策。如美国为鼓励合作社银行的发展,在联邦信用法案中明确规定其为非营利性的合作互助组织,免征联邦所得税,且对其社员的受益也免征个人所得税。英国对信用社的利息收入免税。日本对农协有大量的财政资金支持。农业保险方面同样体现了较强的政府引导和扶持特点。

(四)合作性,鼓励共同参与和发展

农村金融法律制度的合作性根源于农村合作金融的内生性和有效性。首先,合作制能克服信息不对称所带来的监管成本以及信用风险。与城市不同,农村金融需求主体(以农户为主)数量众多而且分散,使得贷款者和借款者之间的信息高度不对称。商业性金融机构难以获得农村金融需求主体的足够信息,加上商业金融的规模经济问题的制约,使得其在农村金融市场往往无利可图。事实上,正是因为农村金融需求的分散性、担保机制的脆弱、贷款监督的高成本等原因,使得商业金融在农村金融市场上无可作为。而在监管一方,对农村庞杂的金融体系进行监管也面临信息不充分、监管力量不足等问题,监管部门难以实现有效的监管。从经济意义上讲,商业性金融在分散的农户金融需求面前,其金融服务是不经济、非效率的。而合作性金融是合作社员联合起来自愿入股、团体互助的资金融通形式。其次,合作制更符合农村社会的形态。与商业金融不同,合作性金融是基于互助原则、共担风险的金融形式,具有“人合性”,即合作金融组织与其成员之间既是借贷关系又是风险共担、利益共享的合作关系。基于此,体现在农村金融法制化的国际实践中,各国都把合作制作为农村金融法律制度的基础,在制度设计上注重导引合作机制,激励并促进农村合作金融的有效发展。①

日本的合作金融模式中,因农民的组织化程度比较高,农协的运行比较成熟,且农协的功能并不限于信贷,还发挥着对农业及农户的服务指导功能,提供诸如农业技术指导和经营指导、生活指导的功能。

(五)有限性和有效性,合理处理政府与市场的关系

尽管“三农”及农村金融问题所具有的特殊性都要求政府给予政策支持、财政投入等。但并意味着不是替代商业金融,而是加大引导,强调提供

① 参见王煜宇:“农村金融法制化:国际经验与启示”,载《农业经济问题》2011年第8期。

制度依据和行为规范，对于商业金融采取一些优惠的做法予以引导。合理选择财政支持的方式，提高财政资金的效率。如美国的政策性农村金融建立前期都是政府出资，发展起来之后，政府资金退出，在农业保险方面，在经过政府的引导政策，商业保险机构能够提供农业保险产品后，政府随之退出。

二、我国农村金融立法应注意的问题

我国农村金融发展中存在诸多问题与瓶颈，表现在：首先，我国农村金融法律制度中农民金融权益的保护缺位，国家对农村金融资源的配置不利于农民金融权益的保护。其次，农村金融组织制度不完善，具体表现为农村金融组织体系不健全，农村金融组织的产权结构不合理，农村金融组织的监管制度不完善。再次，农村民间金融发展受到制度的制约。农村民间金融缺乏法律制度保障，政府对农村民间金融过度管制。最后，农村金融市场制度存在问题，农村金融市场形成了垄断格局，且缺乏运行保障机制，市场服务体系不健全。此外，农村金融法律制度还存在着信用制度不健全和农村金融机构内控制度不完善等问题。因此，农村金融立法中应注意以下几个问题：

（一）明确政府支持的方式与途径

政府的支持是各国建立农村金融制度的普遍做法。一是直接出资支持，如美国联邦土地银行主要由政府出资发起成立，在经济危机中，政府曾出资认购股票进行救助；日本农林渔业所需的长期资金主要来源于日本政府的有偿拨付；法国在长达50多年的时间里，国家资助几乎成了它的全部中长期贷款。二是在财政税收等方面给予优惠措施，如美国对信用社不征收营业税和所得税。三是政府提供担保帮助筹集资金。四是实行有差别的存款准备金制度，日本农村金融机构上交的存款准备金比例均低于城市商业银行上交的比例，美国的信用社可免交存款准备金。五是实行利息补贴、损失补偿。美国和日本对农业贷款普遍实行贴息制度。

（二）坚持农村政策性金融、农村合作金融和农村商业性金融等多元主体共同发展

发达国家的经验表明，农村合作性金融和商业性金融的发展需要政策性金融的长期引导、扶持和配合。以法律的形式稳定规范农村政策性金融机构的性质、地位、功能、经营目标、业务范围、管理方式、考核指标、资本来

源、融资方式、会计核算原则、融资方式和法律责任等，明确界定其与政府、财政、中央银行、银行业监管机构与外部主体的关系，以正常稳定地发挥农村政策性金融诱导培育功能。要立足于法制建设与政策设计的有效配合，充分发挥政策性金融的窗口效应和引导作用，鼓励民间资本进入农村金融市场，逐步培育新型农村金融机构等新兴市场力量的成长，进而推动农村金融发展环境的根本改变。

与此同时，农村合作性金融的发展，必须依法强化法人治理结构和转换内部经营机制，使农村合作金融成为名副其实的合作金融组织，真正体现为社区服务、为社员服务的宗旨。明确农村合作金融的法律地位、性质、设立条件、程序和监管方式，将自愿、民主、互助互利作为农村合作金融法律制度的基本原则，使农村资金互助社、扶贫基金、民主互助基金等新型农村合作金融机构能够依法设立、有法可依、受法律保护和监管，顺应农村合作性金融内生于农村经济的客观现实，确保农村合作金融的基础地位。

(三)合理设计农村金融组织法律制度

合理的金融组织法律制度不仅是防范金融组织风险、提高金融服务效率的基础和前提，也是促进农村经济健康、快速发展的重要保证。反之，落后的金融组织法律制度将成为阻碍农村经济发展的因素。当前，我国农地金融组织体系的构建和风险分担机制的设计尚存理论争议和立法困惑，通过域外考察和理论分析，可以发现发达国家农地金融、合作金融与政策性金融的立法嫁接机制，运用“三位一体化”的分析框架将有助于整合我国农村信用合作社、资金互助社和农业发展银行等现有资源，优化我国农地金融组织体系的构建和风险分担机制的设计。

(四)建立农村金融市场准入制度，规范农村金融市场的经营行为

我国新型农村金融机构的设立原则是核准主义，抑制了农村金融新政“宽准入”制度效应的发挥。我国可以借鉴国外经验，并结合实际，对不同的农村金融机构实行不同的设立原则。现行农村金融机构市场准入制度对非银行资本入股商业性金融机构存在一些歧视性限制，产生一些消极效果。消除对非银行资本歧视性规定，可能会引发以下一些风险：过度竞争风险、关联贷款风险、资本规模不足引发的风险、经营管理经验不足风险、过分注重自身回报而忽视社会利益的风险以及监管力量不足的风险。因此消除对非银行资本的歧视，应当建立与随之而来的风险相对应的化解机制，即建立

主体资格限制机制、差异化的最低资本额制度、关联贷款控制机制、商业银行向农村金融机构的融资机制、创新监管机制以及农村金融机构富余资金流出限制机制等。现行农村金融机构市场准入制度对农村资金互助社社员资格规定也有不少弊端,需要加以完善。

（五）保障农村金融市场的监管

在农村金融监管制度的设计上要按照因地制宜、区别对待的原则,建立一套符合农村经济运行规律,增加有效金融供给,促进农村经济市场发展的监管制度。改变现行"大一统"金融监管模式,变自上而下、标准统一的监管模式为分类指导、差别监管的模式。

（六）农业保险法律制度

国内外农业保险的实践证明,作为农业持续稳定和健康发展的保障,农业保险是准公共物品,对相关法律法规具有很强的依赖性,法律法规的制定与完善是农业保险发展的前提和保障。应明确农业保险的保障性及其在国家农业保护制度中的主体地位,明确规定农业保险的目标、保障范围、保障水平、保险机构和运行方式;明确政府的职能作用,农民的参与方式,各方当事人的权利义务,资本来源和募集方式,财政补贴标准和计算方法,管理费和保费分担原则;明确巨灾风险准备金积累和赔付方式、再保险主体和原则等,为农业保险的发展提供法律依据和制度保障。

欧盟植物种子与繁殖材料法立法评估及启示

贺利云*

十八届四中全会报告指出,要完善立法体制,要加强风险评估,对重要立法事项,由决策机关引入第三方评估,充分听取各方意见。农业部关于贯彻党的十八届四中全会精神深入推进农业法治建设的意见,也指出要坚持依法科学民主决策,引入专家论证、风险评估。2010 年国务院《关于加强法治政府建设的意见》重申:"积极探索开展政府立法成本效益分析、社会风险评估、实施情况后评估工作。"农业行政立法后评估是指在农业行政立法出台并实施一定时间之后,由立法主体或其他相关主体按照一定的评估方法和程序,对农业行政立法的合法性、合理性、实效性、协调性等指标进行评价,并根据评价结果提出完善农业行政立法建议的活动。在农业行政立法领域,《农技推广法》参与了立法后评估的试点工作,积累了一定经验。但是总体而言,目前农业行政立法后评估工作还缺乏相关理论研究、技术探索和经验积累,本文将通过描述欧盟种子立法评估的过程,得出对完善我国农业立法评估的启示。

2001 年开始,欧盟委员会推动立法评估,所有涉及政府与市场的重要立法、条例、规章、指令等议案,都要进行对经济的、社会的、环境的潜在影响的评估,分析其成本和收益或者成本有效性,包括直接和间接的影响、积极和消极的影响、欧盟内部和外部的影响。判断监管影响的标准是提高社会的净福利。

欧盟商业种子市场有 68 亿欧元收入,代表世界商业种子 20% 以上,

* 贺利云:农业部管理干部学院农业法律研究中心副主任。

2002 年至 2003 年度成为了种子净出口国,是最大的出口国,出口额达 44 亿欧元,占世界出口额的 60% 以上,且该行业高度集中,10 个公司占据了 67% 的全球市场。但欧盟的种子法渐渐不适应欧盟种业发展的需要,欧盟自 2006 年起开始准备修改。2007 年开始了较为漫长的法律评估过程。

一、评估主体

欧盟作为一个超国家性质的高度区域一体化组织,其组织结构是一种多元化的治理模式,在《欧共体条约》的授权范围内,欧盟委员会(European Commission)、欧盟理事会(European Council)、欧洲议会(European Parliament)承担着立法权、司法权以及执法权等重要职责,并因此在立法评估中当然地扮演着重要角色。

欧盟植物种子与繁殖材料法由外在咨询机构 FCEC(Food Chain Evaluation Consortium)担任评估主体,由来自每个成员国和委员会相关机构的专家组成一个领导小组协助该咨询机构开展工作。这个委员会是农业领域最权威的评估机构。

二、评估对象

欧盟关于种子和繁殖材料的立法主要有两大核心内容,即品种/材料① 的注册与种子和繁殖材料独立批次的鉴定/检验②。该立法由 12 项欧盟理事会基本指令组成,包括 1 项关于农业植物物种品种通用目录的横向指令和 11 项纵向市场营销指令,其中 5 项是关于种子的指令(饲用植物种子、谷物种子、甜菜种子、油类和纤维类植物种子以及蔬菜种子),3 项是关于植物繁殖材料的指令(藤本植物繁殖材料、土豆种子、除种子以外的蔬菜繁殖材料)以及 3 项同时涉及种子和繁殖材料的指令(水果植物繁殖材料、观赏植物和林木繁殖材料)。

具体概括起来,欧盟种子与繁殖材料法的内容有以下几点:

一是先在国家目录后在欧盟(通用)目录中列出用于销售的(农业和蔬菜作物)植物品种清单,只有列入目录中的品种才能进行销售和推广。要将

---

① 根据植物物种的不同,在基本指令中使用"品种"或"材料"的说法。为方便阅读,本文件中两种情况都使用"品种"一词。

② "鉴定"是指官方部门的介入,譬如对种植田地和批次进行视检,包括取样和测试,而检验可以由官方部门或供应商执行。为方便阅读,本文件中两种情况都使用"鉴定"一词。

品种列入目录,应先证明品种具有特异性、一致性和稳定性(DUS)且遵守品种名称规则。此外,农作物品种必须接受关于栽培和利用价值(VCU)的测试。

二是种子和植物繁殖材料独立批次须遵守以官方测试或官方监督下的测试为基础的销售前种子认证体系。认证制度不适用于观赏植物,而欧盟强制性规则自 2012 年起才适用于水果植物。

三是最新发布的指令要求供应商进行注册,原因是大部分相关的种子和繁殖材料销售时都贴有供应商标签。

这些指令的名称分别为:66/401/EC(草料、饲草),66/402/EC(谷物)2002/53/EC(共同目录),2002/54/EC(甜菜),2004/55/EC(蔬菜),2004/56/EC(土豆),2004/57/EC(油菜和纤维类植物种子),68/193/EC 制作葡萄湘的蔬菜繁殖材料 1998/56/EC(观赏类植物),92/33/EEC 除种子外的蔬菜系列和种植材料,92/34/EEC 用作水果生产的水果植物繁殖材料和水果植物,1999/105/EC 林木繁殖材料。

三、评估过程

2009 年 3 月 15 日修订后的《欧盟政策影响评估指南》在其第 2 章明确规定了影响评估程序的关键性步骤:识别问题;确定目标;提出主要的政策选择,形成政策选择清单(a shortlist of potentially valid options for further analysis);进行经济、社会和环境影响分析;进行不同方案之间的比较;形成书面的立法评估大纲。

植物种子与繁殖材料法的评估关键步骤大致如下:

首先,由外在咨询机构 FCEC(Food Chain Evaluation Consortium)组织每个成员国和委员会相关机构的专家组成一个领导小组,这个领导小组协助该咨询机构开展工作。FCEC 自 2007 年开始识别问题,确定目标,从 2008 年 2 月开展问卷调查和访谈、座谈会等方式。针对一些关键性问题,如品种登记的主体、植物新品种保护的范围等,针对这些问题的问卷调查在 2008 年 11 月底结束,对于现行法律的评估报告于 2010 年提出,并于 2011 年年底召开种子与繁殖法修订研讨会,之后提出了 5 个可供选择的立法方案,于 2012 年公布,对这 5 个可供选择的方案广泛向社会征求意见,2014 年一季度汇集了这些政策建议,提出了新的政策建议清单,目前正在审议。

具体过程:该评估历时 7 年。2007 年至 2008 年度完成了对种子和植物繁殖材料销售法令的评估调查,2010 年上半年完成了对品种注册制度的评估研究。建立在对于所有利益相关方的广泛调查研究基础上,特别是成员国的管理机构、私人种子公司、国际机构、非政府组织和欧盟植物新品种保护办公室 CPVO。之后匈牙利总统在某些作物种子主题下成立了 4 个工作组,同时,欧盟委员会成立了“种子和繁殖材料”咨询工作组,并在 2009 年至 2011 年间多次召开会议。自 2009 年 3 月,关于“保证种子在 21 世纪可获得”的开放会议一直延续至今。最后,在网络上对利益相关者进行调查,从 2011 年 4 月开始在网络上征求对于 5 个选择方案的意见,共收到 257 份意见。结果是没有一个方案获得一致同意,多数人都同意组合二、四、五方案,后来,又提出一个方案,将由几十条指令、条例和进一步的相关规范性文件吸收到一个文件即关于植物繁殖材料法,这个文件共分 7 章,主要是把品种登记、品种保护、种子生产销售、种子认证等都合在一起。该文件又向社会广泛征求意见。之后将这个文件以及收集上来的意见提交欧盟委员会讨论,于 2013 年年底提交欧盟理事会和欧洲议会审议。2014 年年底,欧盟委员会撤销该提案,对于其撤销理由,委员会只是表示,议会和理事会对这一方式没有达成任何政治协议,从而撤回了该提案。欧洲种子协会秘书长 Garlich v. Essen 认为委员会的决定主要出于政治动机。

四、评估的具体内容

(一)对现有法律的评估

1. 总体评估

外在咨询机构 FCEC(Food Chain Evaluation Consortium)在此次评估过程中共回收了 250 份问卷,对不同类型的企业、不同规模的农户、种子管理机构、种子认证机构、科研机构、行业协会、司法系统广泛召开了几十次座谈会,对现有的 12 项指令为主体的植物种子与繁殖材料法律体系进行了评估。主要是从经济、社会、环境的影响方面,得出以下结论:

植物繁殖材料立法,使植物繁殖材料在欧盟成员国间自由流动,对植物繁殖材料的可用性和质量起到了积极的作用,并且促进了欧盟内部间的贸易。植物繁殖材料售前授权许可制度,确保了单一市场的公开竞争,同时,也考虑到成员国的各自需求,保障了成员国的利益。但现行法律同时还存在一些问题。

2. 问题的表现

(1)导致公共机构的行政负担畸高并且限制了企业主体的灵活性

公共主管机构在很大程度上参与种子批次的各种登记和认证,所需测试和检查目前由行政机关实施或在其监督下进行。随着成员国国家预算萎缩,给行政机构带来较重的财政负担。如种子认证制度的成本,负责认证的成员国工作人员同时也负责植物卫生检验,经费日益紧张。根据一项调查(欧盟成员国2007/2008年评估和认证调查问卷),估计成员国政府部门在种子和繁殖材料的认证的每年开支7300万~7900万欧元。对于农业和蔬菜作物行业,2007/2008年间评价,主管部门登记和认证品种产生的总费用估计略低于1.2亿欧元。因此,各国都呼吁要求改革这套体制,使其变得更加理性,减少负担,应将工作分配给私营部门去做。根据成员国反馈,目前实施品种登记规定的成本估计为每年5500万~6000万欧元,其中DUS和VCU分别占该费用的45%和55%。每年登记注册和认证的总费用大约相当于农作物市值的3%(其中约60%由运营商承担)。加上,国家预算面临的压力增大,使上述问题更加不容忽视。

现行制度仅有官方机构依据现行法规进行的一系列检测。这限制了企业的经营,品种注册、品种审定、种子认证、种子检验都需要成本,加上品种注册和品种区试时间长、成本高,导致品种进入市场慢,市场上供应的品种和种子数量无法满足农民需要。这种制度非常不利于企业在国际竞争的环境下生存,若不采取措施,制度短板将会显现,对政府机构和企业来说都将成为愈发沉重的负担,并继而影响其竞争力、适应市场需求的能力以及非欧盟竞争企业出口的能力。

(2)成员国的标准不统一,难以形成统一欧盟市场

当前制度凸显成员国法律执行不统一,各种因素的驱动扭曲使得国内市场扭曲。在欧盟层面上没有收费规则,因此在费用和责任分担上没有统一框架。一些成员国从生产商那儿回收种子品种测试和认证的全部费用,有的国家则回收一部分。不同成员国的品种测试程序也不尽相同。就认证而言,一些成员国实施额外或更为严格的国家要求,致使出现欧盟法律执行不统一的情况。植物繁殖材料技术要求存在差异,这也丝毫无益于在国际市场创建公平的竞争环境。法规的复杂性和分散性将保持实施过程中存在的不确定性。

现行法例的复杂性和分散性将固化法律执行中的不确定性和差异,进

一步维持或加剧国家主管部门和企业面临的困难局面。

(3)品种登记的标准不太适应形势要求

在现行制度下,测试主要重点是提高产量。评价结果显示,虽然产量仍是新品种开发的重要因素,其他因素也开始显现,诸如重点开发只需更少的农药、肥料或水分的品种,以提高农业的可持续性。保护环境变得更为重要,如有机作物等具体产品的市场份额也在不断增长。

因此,当前的品种登记和认证制度也备受批评,两个制度的规定既严格又费时。在今天的全球市场,普遍认为在通信手段越来越快,需要运营商对市场作出迅速反应的条件下,这种制度较为僵硬。当前相对僵化的品种登记制度不利于创新,无法确保让同一块土地上对灌溉、化肥、农药需求更少、产量更高的新品种顺利上市。此外,登记和认证测试方面的某些差异将继续在成员国中存在。这对一些运营商造成不利局面,可能扭曲竞争和内部市场的运作。

(4)与欧盟其他政策和战略不协调,阻碍了现行的欧盟法规、政策和战略(农林业、生物多样性保护、气候变化和生物经济的可持续发展)向更有效率的实施方向发展。

欧盟委员会在对现行的法律法规进行经济的、社会的、环境的潜在影响的评估后,分析其成本和收益或者成本有效性。判断监管影响评估的标准是是否提高社会的净福利。提出了修改种子与繁殖材料法的原则。

(二)提出修法的原则

为培养欧洲企业,尤其是中小企业竞争力的需要,并大幅削减利益攸关者的行政负担,系统须平衡利益攸关者、中小企业和微型企业的自由和生存能力,确保种植者的准入机会,帮助扩大植物繁殖材料的保护范围,并且在保持富有弹性的农业生产系统及植物基因多样性。提出了以下修改的原则。

1. 简化。应以规范的方式从实质上简化法律架构,并以此为基础在成员国顺利实施,从而为所有企业主体创造公平竞争的市场环境。现行法规的复杂性和分散性使其在实施过程中存在很大的不确定性。

2. 灵活性和责任共享。企业主体需要更高的灵活性,以在多样化的登记和认证环境中充分竞争。同时,政府机构需要将关注点放在欧盟植物繁殖材料生产的监管上(从产品检测到过程审核)。为此,应保障公共服务的融资需求。多种植物繁殖材料以独立名称在本国及欧盟登记上市,并且基于相应植物繁殖材料种类的辨别特性(特异性、一致性和稳定性——的辨别)和特征(培养及使用价值——特征)通常是对植物繁殖材料营销的要求。此外,个别植物繁殖材料还受到质量检测标准的制约。上述活动可由主管部门监管,或者由企业主体在官方监管(针对特定植物繁殖材料种类)下或在企业主体责任驱使下实施。责任共享和灵活性应使企业生产处于更有效、更及时的制定企业生产策略,从而节省综合成本,此外,还将会更快地给互联网市场带来革新品种。

3. 连贯性和协同性。除了企业生产水平和植物繁殖材料质量问题,还须应对可持续性、生物多样性保护和气候变化。

4. 减轻财政负担。如不采取措施,将制约企业在国际竞争中的发展。若不采取措施,制度短板将会显现,无论对于政府机构抑或企业来说都将成为愈发沉重的负担,并继而影响其竞争力、适应市场需求的能力以及非欧盟竞争企业出口的能力。再者,国家预算面临的压力增大,使上述问题更加不容忽视。

(三)提出的政策目标

1. 综合目标

- 保障植物繁殖材料的卫生和高质量;
- 提供有助于革新和竞争力的单一规范框架;
- 支持可持续生产、生物多样性、气候变化的适应性,并为食品安全和扶贫开发出力。

2. 特定目标

- 通过简化、有序的规则确保公平的竞争环境;
- 减少不必要的成本和行政负担,增强灵活性;
- 植物繁殖材料法规与其他最新的欧盟战略相一致;
- 为植物育种而规范市场准入。

3. 运营目标

- 提供程序灵活、均衡的植物繁殖材料立法;
- 通过审计和培训,促进法规的顺利实施;
- 通过增加实效性和欧盟登记处信息登记来促进革新;
- 通过运营商登记增强市场透明度和可追溯性。

(四)根据目标提出可供选择的政策方案

问题定义确认了植物繁殖材料法律体系为适应不断变化的经济、环境、社会、科学背景所应遵循的以下几个主轴线:(i)基本法案(从12项指令到1

项条例)的简化;(ii)实施成本以及提高系统有效性和效率;(iii)与欧盟通过的最新政策进行更新协调。为了提高企业效率,已经尝试了诸多方法,比如增加灵活性、放松管制或集中化,同时确保高质量植物繁殖材料、提高竞争力并处理诸如生物多样性之类的新挑战。根据上述三个轴线,第一阶段已确认了5种政策方案,且无论对于哪一种,法律简化和成本回收均应继续施行。在各种中小企业和微型企业相关方案、议题中,尤其是为了确保上述企业享受公共服务,单独完成特定任务,同时提高企业进入植物繁殖材料市场的灵活性。

五种方案:

方案1——成本回收:所有的登记费用全由利益相关者承担,减轻政府的财政负担。

方案2——复合系统:坚持品种注册,DUS 和 VCU 都做,但实验由企业在官方监管下实施,坚持官方种子认证。

方案3——放松管制:坚持 DUS 测试,农作物 VCU 测试不再要求。取消官方种子认证,规定所有植物繁殖材料出售时最低质量标准,要求标记了供应商标签。

方案4——增强灵活系统:两种系统进行选择,一是官方来做检测(以可持续性标准为基础的 DUS、VCU);二是非官方检测品种,由第三方检测机构提供说明。植物繁殖材料认证仅限于官方检测品种。保护品种或特定"缝隙市场"品种等品种的营销十分自由,无须对品种进行强制性技术检查,亦无须进行强制性植物繁殖材料认证,因此,这些品种可以"非检测品种"特性进行销售。

方案5——集中化:欧盟植物品种局(CPVO)将取得授权,决定品种注册,包括技术检查(DUS 和 VCU)以及品种命名。许多植物繁殖材料的认证要求均保持不变,但认证须在官方监管之下进行。将成立"参考认证中心"用于开发最优手段实施比较测试和试验,开展政策研究,并传播植物繁殖材料认证知识。

(五)对政策选择方案进行影响力评估

目前,欧盟实施品种登记规定的费用总额大约为每年5500万~6000万欧元。DUS 和 VCU 分别占费用的45%和55%。植物繁殖材料认证的费用约在7300万~7900万欧元。迄今为止,大多数成员国已全部或部分收回成本,但是还有小部分国家尚未实现成本回收。这些费用中大约有60%是由各成员国的主管部门收回。每年登记注册和认证的总费用大约相当于农作物市值的3%(其中约60%由运营商承担),但中小企业和微型企业一直深受其影响。

方案1,只强调成本回收。这一方案将为运营商创造一种公平的竞争环境,降低成员国主管部门成本的同时也保障其持续运作。此举不会对竞争力构成影响,但同时也不会为环境或可持续性目标的实现提供支持和保障。主管部门将继续保障公共服务的有效性,以便开展技术检查和检测。而没有独立能力开展这些检查和检测所需的相关资源的中小企业和微型企业则将成为这一制度的主要受益人。由于这项原则的实施确保了中小企业和微型企业能够持续获得市场营销所需的政府服务,所以也为这些企业带来很多好处。

方案2,也将为内部市场的竞争者提供一个更加公平的竞争环境。由于许多任务可以由运营商在官方监管下完成,比如认证、注册登记测试等,行政管理负担将有所降低。这将大大提高运营商的灵活性,为市场带来更多新品种。部分工作可能从公共部门转向私营部门,这样做是为了让运营商在其想直接调整企业经营策略时更具灵活性,但是,同样还需要保障公共服务的长期存在性,以便中小企业和微型企业能够得到主管部门提供的技术检查和检测服务。这一方案同样没有对环境或可持续性目标做出明确规定。

方案3,废除官方强制性认证使得植物繁殖材料面临植物保护和质量风险。但是,主管部门和运营商在能够节省大量成本的同时,废除认证也意味着欧盟方面从第三世界国家进口种子的同等要求也将被废除。另外,各种经济活动(如种子繁殖等)也可能被迫迁移到更多的非欧盟国家地区。取消了VCU,中小企业将处于不利地位。由于缺乏有效的方式对这些目标引导植物育种,废除VCU也使得环境目标面临威胁。

与方案3相似,方案4不仅可以帮助主管部门和企业节约追加成本,而且能够更有力地保证植物繁殖材料(官方参与VCU)。但是,采用这一方案仍将面临非强制性认证和品种登记导致的风险。另外,中小企业和微型企业,必将随着行动自由度的提高而受益。随着保护品种/非保护品种注册的行政手续简化,这一方案同时还将为可持续农业和农业生物多样性的发展提供良好机遇,并将加快这一领域的市场准入。

方案5,通过欧盟中央集权式的品种登记政策,不仅为植物繁殖材料的质量和植物保护提供了强有力的保证，而且为运营商创造了一种公平的竞争环境。这一方案建立了一套高效透明的体系和统一的技术要求。新的改良品种的市场准入速度将得到提升。从长远来看，这将增加就业机会。而所有运营商都将有可能向欧盟植物品种局（CPVO）做出单项申请，以获得植物新品种登记或植物新品种保护，尤其减少中小企业在品种登记或保护上的工作量。尽管如此，这一方案仍然缺乏清晰的思路来引导植物育种实现可持续性目的和保护农业生物多样性，它更倾向于关注传统植物育种的需求。

对这五种方案进行评估时，要求对各项备选方案进行成本效益比较、环境影响、社会影响等各方面的评价，以提供选择和判断的依据。

五、对我国农业立法评估的启示

通过分析评估欧盟种子与繁殖材料法的评估过程，我们可以看出欧盟农业立法有较明确的评估体系，在评估主体、评估内容、评估标准、评估方法、评估结果的运用等方面都做出了明确的规定，相对来说，我国农业立法评估在制度上还存在空白，因此，对我国农业立法评估体系的建设提出如下几点建议：

（一）建立多元评估主体

针对目前评估主体单一化的现状，公共政策评估可以参照国外的成功经验，在目前官方绩效评估的基础上，实行政府、党的组织、权力机关（人大）、专业评估组织（包括大专院校和研究机构）、社会组织和公众特别是“受到影响的相关利益群体代表”参与等多元评估主体的结合，实现评估主体“多元化”。其中，要特别重视社会组织和公众代表参与以及专业评估组织的作用。社会组织和公众作为政府行为相对人，他们参与公共政策评估，能够提高公共政策评估的客观性和全面性，更能够提高公共政策评估结论的公信力。

（二）确保评估有关信息的公开和透明

为消除公共政策评估过程中的信息不对称，一方面需要建立一个完善的信息系统进行及时的信息收集、分析，以满足公共政策评估的信息需求；另一方面需要建立相应的信息公开机制，除了国家法律规定应该保密的信息之外，公共政策过程应做到公开透明。

（三）完善政策评估的制度保障，实现政策评估的制度化、法制化

首先，实现政策评估工作的程序化。其次，要建立评估基金。政策评估是一次庞大而复杂的系统工程，需要大量的人力长期深入到实践中去收集各方面的信息，需要耗费巨额资金。因此，必须建立政策评估基金，以免政策评估成为“空中楼阁”。最后，要重视评估结论，消化、吸收评估成果。

图书在版编目(CIP)数据

农业法律研究论丛.2015/农业部产业政策与法规司,中国农业经济法研究会,农业部管理干部学院编.—北京:法律出版社,2015.12

ISBN 978-7-5118-8910-2

Ⅰ.①农… Ⅱ.①农…②中…③农… Ⅲ.①农业法—中国—文集 Ⅳ.①D922.44-53

中国版本图书馆CIP数据核字(2015)第301563号

农业法律研究论丛(2015)

农业部产业政策与法规司
中国农业经济法研究会 编
农业部管理干部学院

责任编辑 刘秀丽
装帧设计 李 瞻

开本 720毫米×960毫米 1/16　**印张** 14.5　**字数** 240千
版本 2015年12月第1版　**印次** 2015年12月第1次印刷
出版 法律出版社　**编辑统筹** 独立项目策划部
总发行 中国法律图书有限公司　**经销** 新华书店
印刷 三河市兴达印务有限公司　**责任印制** 张建伟

法律出版社/北京市丰台区莲花池西里7号(100073)
电子邮件/info@lawpress.com.cn　销售热线/010-63939792/9779
网址/www.lawpress.com.cn　咨询电话/010-63939796

中国法律图书有限公司/北京市丰台区莲花池西里7号(100073)
全国各地中法图分、子公司电话:
第一法律书店/010-63939781/9782　西安分公司/029-85388843
重庆公司/023-65382816/2908　上海公司/021-62071010/1636
北京分公司/010-62534456　深圳公司/0755-83072995

书号:ISBN 978-7-5118-8910-2　**定价**:39.00元
(如有缺页或倒装,中国法律图书有限公司负责退换)